AF330363

NOUVEAU MEMENTO

DE

L'OFFICIER D'INFANTERIE

EN CAMPAGNE

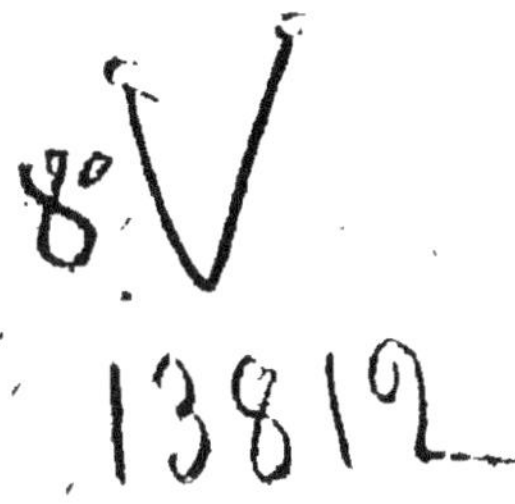
8° V
13812

DROITS DE REPRODUCTION ET DE TRADUCTION
RÉSERVÉS.

NOUVEAU MEMENTO

DE

L'OFFICIER D'INFANTERIE

EN CAMPAGNE

PAR

Le Lieutenant-Colonel breveté COUSIN

DU 39ᵉ D'INFANTERIE

2ᵉ ÉDITION

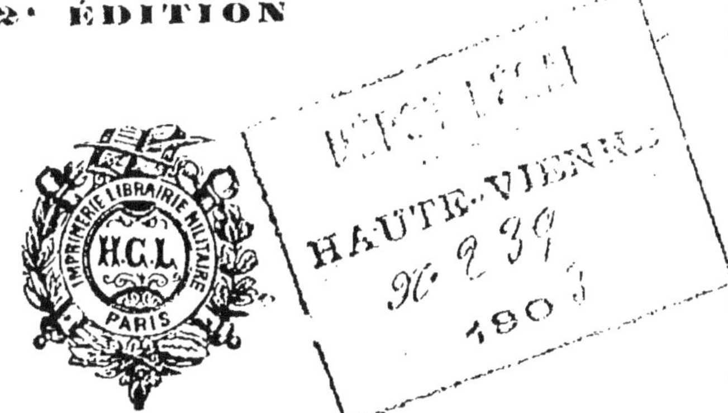

PARIS

Henri CHARLES-LAVAUZELLE

Éditeur militaire

10, Rue Danton, Boulevard Saint-Germain, 118

(MÊME MAISON A LIMOGES)

AVERTISSEMENT

***

Cet aide-mémoire ne contient dans son texte que des prescriptions réglementaires. Sur quelques points seulement, ces prescriptions ont été complétées par des notes placées *hors texte* et puisées dans des auteurs militaires qui ont été soigneusement indiqués.

Les numéros placés entre parenthèses dans l'intérieur du texte sont ceux auxquels il faut se reporter pour plus amples détails.

I^{RE} PARTIE

ORGANISATION

CHAPITRE Ier

PERSONNEL

SERVICES ADMINISTRATIFS

1. Major : Les fonctions sont remplies par un capitaine qui conserve le commandement de sa compagnie.

Trésorier et officier d'habillement : Le lieutenant adjoint au trésorier réunit aux fonctions d'officier payeur celles d'officier d'armement délégué à l'habillement, sous l'appellation de lieutenant chargé des détails. Il commande la section hors rang (secondé et suppléé au besoin par le porte-drapeau).

Officier d'approvisionnement : Son rôle comprend : 1º Le commandement du train régimentaire, la prise en charge, la garde et la conservation du matériel et des denrées, leur distribution; 2º le réapprovisionnement des trains régimentaires. Il a sous ses ordres directs un sous-officier par bataillon.

SERVICE SANITAIRE

2. Service en marche (59), au cantonnement (89, 127), au combat (197).

SERVICE VÉTÉRINAIRE ET FERRURE

3. Assurés par l'artillerie divisionnaire. Les médicaments nécessaires aux chevaux des officiers de tout grade sont fournis gratuitement. En cas de nécessité, vétérinaire et médicaments sont demandés aux troupes à cheval les plus rapprochées. Quand le bataillon de chasseurs n'est pas rattaché à une division, ses chevaux sont ferrés par le peloton d'escorte du quartier général du corps d'armée. Taux de l'abonnement pour ferrure, en campagne, par cheval et par mois : 4 francs. La ferrure des chevaux n'appartenant pas à l'État est à la charge des officiers. Les aides-maréchaux ferrants des régiments d'infanterie sont pourvus d'outils leur permettant de faire des opérations à froid, remettre les clous et réparer les ferrures (14).

ORDONNANCES

4. Officiers et assimilés montés. Tous ont droit à des ordonnances, à raison de 1 homme pour 1 ou 2 chevaux.

Officiers et assimilés non montés. Ont chacun 1 ordonnance pris dans la troupe. Les soldats des officiers de tous grades des corps de troupe sont exempts de service et de corvée, mais ils rentrent dans le rang pour marcher et combattre. Il n'est fait exception que pour ceux employés par des officiers auxquels le règlement alloue plus d'un cheval ; ces soldats conduisent les chevaux de main et marchent à la gauche de leur bataillon (33).

VÉLOCIPÉDISTES

5. Sont avant tout des estafettes, chargées d'assurer la transmission des communications de toute nature (33, 38, 92, 140,156,) et d'établir la liaison entre les différents échelons d'une troupe en formation de marche. Ils peuvent encore être utilisés : soit isolément ou en petits groupes, comme agents de renseignements ; soit, exceptionnellement, en groupes plus importants, constituant alors des détachements d'éclaireurs ou de partisans à marche rapide. Ils sont tirés des hommes de la réserve et de l'armée territoriale, qui, provisoirement, seront tenus d'apporter leur machine.

PERSONNEL DES VOITURES DE COMPAGNIE

6. Dans un régiment, le personnel spécial affecté aux voitures de compagnie comprend : 1º par régiment, 1 sergent-major chef artificier monté; 2º par bataillon, 1 sergent artificier chef de groupe; 3º par compagnie, 2 soldats conducteurs. Le sous-officier est attaché en permanence au groupe des 4 voitures du bataillon, les 2 soldats à la voiture de leur compagnie; ils assurent le chargement et la distribution des munitions, outils, etc., ainsi que la marche de la voiture dans tous les terrains, au moyen des outils qu'elle transporte (184).

CHAPITRE II

MATÉRIEL ET APPROVISIONNEMENTS

ARMES EN SERVICE

7. Fusil modèle 1886. Carabine, modèle 1890 — Re volver modèle 1892 — Sabre d'adjudant d'infanterie modèle 1845. — Sabre-baïonnette modèle 1866, série Z. — Le fusil modèle 1886 (magasin vide), calibre 8mm, pèse 4k,180 (4k,580 avec baïonnette). — Le revolver modèle 1892, calibre 8mm, pèse 840 grammes.

ARMEMENT DES TROUPES EN CAMPAGNE

8. Sont armés du revolver seul : Les sergents arti ficiers, conducteurs de caissons de munitions, conducteurs de chevaux de main ou des chevaux haut-le-pied, soldats pourvoyeurs de munitions, ordonnances des officiers supérieurs, ordonnances des officiers pourvus de 2 chevaux à la mobilisation, les ordonnances des médecins.

Sont armés du revolver avec sabre d'adjudant : les

adjudants et sous-chefs de musique, médecins auxiliaires, tambours-majors, sergents-majors, sergents-majors clairons, sergents-majors vaguemestres, sergents-majors, chefs artificiers, les chefs armuriers (ces derniers sont armés d'une épée de sous-officier, modèle 1884).

Sont armés du revolver avec sabre série Z : les caporaux tambours, les tambours.

Sont armés du sabre série Z seul : les ordonnances des médecins, les conducteurs des voitures médicales, conducteurs de mulets porteurs de cantines médicales, infirmiers régimentaires (a), musiciens, maîtres-ouvriers.

Sont armés de la carabine de cavalerie : les vélocipédistes, sauf les alpins.

Sont armés du mousqueton d'artillerie : les conducteurs et les vélocipédistes alpins.

Sont armés du fusil : tous les autres hommes de troupe.

MUNITIONS ET EXPLOSIFS

9. Poids de la cartouche du fusil 1886 : 29 grammes, revolver modèle 1892, 12 gr. 5. Tous les officiers et tous les sous-officiers ou soldats armés du revolver reçoivent 18 cartouches pour cette arme. Les sous-officiers, les caporaux-fourriers, les hommes des petits états-majors et des sections hors rang armés du fusil, reçoivent 56 cartouches. Les vélocipédistes reçoivent 18 cartouches. Tous les autres soldats armés du fusil reçoivent 120 cartouches (112 seulement dans les régiments territoriaux). Approvisionnement en munitions des différents échelons (185). Approvisionnements en explosifs (444).

VOITURES DE COMPAGNIE

10. Destinées au transport des munitions, des outils et des explosifs (6).

(a) Les infirmiers des régiments de zouaves d'Afrique sont armés du fusil.

Chaque voiture porte comme munitions : 2 coffres contenant chacun 8.192 cartouches et 12 bissacs. La voiture de la 4e compagnie de chaque bataillon porte en supplément une collection d'objets de campement pour l'attache des chevaux, soit 2 grands piquets, 2 petits, 1 corde à chevaux, 1 masse. Lorsque la voiture de compagnie ne porte plus de munitions, elle peut recevoir comme chargement éventuel 54 havresacs. Si on veut alléger la charge de tous les hommes, enlever du sac souliers, guêtres, calotte, brosses, la trousse garnie, chemise, avec lesquels on confectionne de petits ballots que l'on place dans les caissons à munitions, dans des sacs à distributions, etc. Dans les marches, les voitures groupées par 4 marchent à la gauche de leur bataillon. Lorsque le bataillon est fractionné (en marche ou en sûreté) les 4 voitures restent avec le gros ou la réserve du bataillon. Dans le cas où les compagnies doivent rester isolées, le chef de corps ou de bataillon décide, suivant les circonstances, si elles doivent être suivies de leurs voitures.

Dans certains régiments, les voitures de compagnie sont remplacées par : des caissons de munitions (1 par bataillon), 1 voiture d'outils, des mulets porteurs de munitions (1 par compagnie) et des mulets porteurs d'outils.

OUTILS

11. Approvisionnements des différentes formations. Régiments actifs et régiments de réserve : 1° outils portatifs ; 2° outils des voitures de compagnie. Pour certains régiments : 1° outils portatifs ; 2° outils de la voiture régimentaire ; 3° outils portés par les mulets. Régiments territoriaux : 1° outils portatifs ; 2° outils de la voiture régimentaire. Bataillons de chasseurs : 1° outils portatifs ; 2° outils des voitures de compagnie. Chasseurs alpins : 1° outils portatifs ; 2° outils de la voiture ; 3° outils des mulets.

Composition des différents assortiments d'outils.

OUTILS PORTATIFS.

COMPOSITION DE L'ASSORTIMENT DESTINÉ A	OUTILS de terrassiers		OUTILS DE DESTRUCTION				
	Bêche.	Pioche.	Hache.	Pic.	Scie articulée.	Cisaille à main.	Serpe.
Compagnie d'infanterie (e) assortiment n° 1	8(a)	4(b)	3	4(b)	1(c)	1(d)	»
Compagnie de bataillon de chasseurs	8 (a)	4(b)	3 f)	4(b)	1(c)	1(d)	»
Compagnie de bataillon de chasseurs alpins	4(b)	4(b)	4(g)	4(b)	4	»	8
Compagnie d'infanterie (assortiment n° 2) (i)	12	7	»	»	»	»	»
Sapeurs H. R. d'infanterie	»	»	6(g)	6	1	»	»
Sergents artificiers	»	»	»	»	1	»	»
Pourvoyeurs de munitions et sergent artificier	»	»	1(g)	»	1	»	»
Voiture de compagnie	»	»	»	»	»	»	»
(h)	»	»	»	»	»	»	»
Mulet de bât de bataillons alpins	»	»	»	»	»	»	»
Mulet de compagnie alpine d'infanterie	»	»	»	»	»	»	»
Voiture régimentaire d'outils	»	»	»	»	»	»	»

OUTILS DE PARC.

COMPOSITION DE L'ASSORTIMENT DESTINÉ A	OUTILS de terrassiers			OUTILS DE DESTRUCTION						
	Pelle ronde.	Pelle carrée.	Pioche.	Hache.	Hache de bûcheron.	Pic à tête.	Serpe.	Scie passe-partout.	Pince.	Caisse d'outils d'art.
Compagnie d'infanterie (e) assortiment n° 1	»	»	»	»	»	»	»	»	»	»
Compagnie de bataillon de chasseurs	»	»	»	»	»	»	»	»	»	»
Compagnie de bataillon de chasseurs alpins	»	»	»	»	»	»	»	»	»	»
Compagnie d'infanterie (assortiment n° 2) (i)	»	»	»	»	»	»	»	»	»	»
Sapeurs H. R. d'infanterie	»	»	»	»	»	»	»	»	»	»
Sergents artificiers	»	»	»	»	»	»	»	»	»	»
Pourvoyeurs de munitions et sergent artificier	»	»	»	»	»	»	1	»	»	»
Voiture de compagnie	10	2	12	»	4	»	2	»	»	»
(h)	»	»	»	»	»	»	»	4	3	1
Mulet de bât de bataillons alpins	6	»	10	»	2	4	»	»	2	»
Mulet de compagnie alpine d'infanterie	12	7	8	»	4	»	»	»	»	»
Voiture régimentaire d'outils	50	»	25	20	»	»	20	4	3	1

(a) Un par demi-section. — (b) Un par section. — (c) Au 1er peloton. — (d) Au 2e peloton. — (e) Plus 13 hachettes de campement distribuées aux escouades non pourvues de hachettes portatives. — (f) Deux sont du modèle du génie. — (g) Modèle du génie. — (h) Habituellement sur la voiture de la 1re compagnie du 1er bataillon [...] territoriales. — (i) Cet assortiment est destiné provisoirement aux compagnies [...]

TENUE DE CAMPAGNE

(Décision ministérielle du 17 janvier 1895.)

OFFICIERS

12. Officiers montés : Képi, tunique, culotte avec bottes (*a*), gants de couleur, capote et collet à capuchon (drap ou caoutchouc) (*b*); revolver et son étui (18 cartouches) (*c*); sabre avec dragonne de cuir, jumelle, paquet de pansement.

Harnachement : Selle et bride complètes, tapis, couverture sous le tapis, étui porte-avoine, bissac de campagne, musette-mangeoire.

Officiers non montés, chefs de musique, adjudants ou assimilés : Képi, tunique, pantalon (*a*), brodequins ou bottes, capote et collet à capuchon (drap ou caoutchouc) (*b*); revolver et son étui (18 cartouches) (*c*); sabre avec dragonne de cuir, sacoche (facultative); jumelle (l'usage de la jumelle est facultatif pour les adjudants). Paquet de pansement. Le sifflet est emporté par les commandants de compagnie. Les officiers sont autorisés à porter un col blanc avec une cravate de soie noire, au lieu du col blanc fixé au col de l'effet. Les officiers de chasseurs alpins sont autorisés à porter, sous la tunique ouverte, un gilet en drap bleu foncé avec boutons métalliques, et peuvent faire usage de bandes molletières du modèle de la troupe. Ils portent le béret et doivent être munis d'une canne ferrée et d'une boussole-breloque.

(*a*) Les officiers montés et non montés et les adjudants sont autorisés à porter, soit à cheval soit à pied, des jambières en cuir noir avec des brodequins (éperons à la chevalière pour les officiers montés). Ils sont autorisés à faire usage, avec la culotte en dehors du service et dans tout service à pied où le pantalon d'ordonnance peut être porté, de jambières de drap simulant le bas du pantalon.

(*b*) Pas de capote en drap bleu pour les officiers et adjudants pourvus d'une capote de troupe; ils emportent le collet à capuchon en drap bleu foncé ou en caoutchouc et peuvent aussi faire usage de la capote en caoutchouc.

(*c*) 12 cartouches dans l'étui, 6 sur le cheval ou dans la caisse à bagages.

TROUPE

Habillement. Équipement. Campement.

Chaque homme : 1 livret, 1 plaque d'identité, 1 capote avec courroie, 1 veste (tunique pour les sous-officiers), 1 pantalon, 1 képi, 2 chemises, 1 ceinture de flanelle, 1 caleçon, 1 paire de bretelles, 1 cravate, 1 paire de brodequins, 1 paire de souliers, 1 paire de guêtres de toile, 1 paire de sous-pieds de rechange, 2 mouchoirs, 1 calotte de coton, 1 savon, 1 trousse garnie (sans glace), 1 cuiller, 1 havresac (*a*), 2 sachets à vivres, 1 gamelle, 1 petit bidon, 1 quart, 1 étui-musette, 1 paquet de pansement. Le sergent-major chef artificier, les conducteurs (*b*) de

---

(*a*) En plus du havresac les hommes reçoivent l'équipement suivant :

EFFETS A DISTRIBUER.

	Ceinturons.	Cartouchières.	Cartouchières d'infirmiers.	Porte-sabre.	Porte-épée.	Bretelles de suspension.	Bretelle de fusil.	Étui de revolver.	Lanière de revolver.
Hommes armés { du fusil	1	3	»	»	1	1	1	»	»
du sabre Z	1	»	»	1	»	»	»	»	»
du revolver	»	»	»	»	»	»	»	1	1
du sabre Z avec revolver	1	»	»	1	»	»	»	1	1
Infirmiers	1	»	2	1	»	»	»	»	»
Territoriaux	»	»	»	»	»	»	»	»	»
Armée active et réserve. { Sous-officiers	»	»	»	»	»	»	»	»	»
Caporaux fourrier	»	»	»	»	»	»	»	»	»
Section H. R.	»	»	»	»	»	»	»	»	»
Petit état-major	1	2	»	»	1	»	1	»	»

Les infirmiers reçoivent un havresac d'infirmier.

(*b*) Les conducteurs sauf ceux des voitures de compagnie reçoivent un fouet.

caissons à munitions et les ordonnances des officiers pourvus de 2 chevaux reçoivent des effets d'hommes montés (pantalons de cheval, manteau, brodequins éperonnés) et, en outre, des souliers et des guêtres de toile, 1 pantalon de treillis, 1 bourgeron, 1 collection d'effets de pansage et un sac à avoine. Les autres conducteurs reçoivent aussi 1 bourgeron, 1 pantalon de treillis, les effets de pansage et le sac à avoine. Les bouchers reçoivent 1 pantalon de treillis et un bourgeron. Les tambours emportent 2 peaux de rechange. == **Vélocipédistes :** Manteau à capuchon, vareuse-dolman, pantalon et képi d'ordonnance, jersey et ceinture de laine des chasseurs alpins, coiffure d'ordonnance; effets de linge réglementaires plus une cravate de rechange (les deux chemises sont en flanelle de coton avec col); effets de chaussure du soldat d'infanterie et une paire de bandes molletières en laine en usage dans les troupes alpines; étui-musette, sac à dépêches, cartouchière de cavalerie avec courroie-ceinture, petit bidon avec quart adhérent du modèle de la cavalerie, havresac réglementaire (porté sur les voitures).

Chaque escouade : 3 jeux de brosses (à habits, à fusil, à chaussures); 3 boîtes à graisse, 2 gamelles et 4 marmites de campement, 2 sacs à distribution, 2 seaux, 4 nécessaires d'armes (plus 1 à chaque sergent et fourrier), 1 moulin à café (1 pour 2 escouades), 1 hachette de campement ou 1 hachette portative. Les hommes des états-majors de régiment et de bataillon reçoivent : 1 marmite et 1 nécessaire d'armes pour 4 hommes; 1 jeu de brosses et 1 boîte à graisse pour 5 hommes; 1 gamelle de campement, 1 sac à distribution, 1 hachette et un seau pour 8 hommes; un moulin à café pour 15 hommes.

BAGAGES

13. **Bagages des officiers.** *Caisses à bagages* (a) *allouées :* Colonel 4 (dont 1 de comptabilité); lieutenant-colonel, 3; chef de bataillon, 2; officier subalterne, 1; médecin auxiliaire, adjudant chef armurier, 1 pour 2. = *Cantines à vivres :* Allouées à raison de 1 pour 1 à 5 officiers; contiennent des ustensiles pour 5 officiers. Outre le matériel, la cantine renferme deux rations de vivres (3 kilogrammes par officier).

14. **Bagages régimentaires :** Chaque régiment emmène les voitures indiquées au chapitre précédent. La voiture de la dernière compagnie de chaque bataillon porte, pour l'attache des chevaux, 2 grands piquets, 2 petits piquets, 1 corde à chevaux, 1 masse de campement. Sur chaque fourgon à bagages se trouve 1 caisse blanche (1920 cartouches) et 1 vilebrequin pour l'ouvrir. La caisse d'outils du chef armurier se place sur la voiture de l'état-major. La voiture d'effets contient : 15 képis, 150 paires de brodequins, 135 chemises, 150 ceintures de flanelle et 50 pantalons. Le train régimentaire porte le matériel de marche, qui comprend une série d'outils de bouchers et 4 petits outillages pour officier d'approvisionnement. Le sac et la sacoche du maréchal ferrant sont sur une des voitures portant l'avoine. Chaque voiture d'équipage porte une paire de traits de rechange et une ferrure complète pour chacun des chevaux.

(a) Chargement de la caisse à bagages d'un officier subalterne : 1 pantalon, 1 tunique, 1 paire de chaussures, 4 paires de chaussettes, 2 caleçons, 3 chemises, 4 mouchoirs, 3 serviettes, 1 képi, 1 ceinture de flanelle, objets de toilette, 1 couverture, 1 bonnet de police. Dimensions de la caisse : 0',670 sur 0',325 et 0',250. Poids maximum de la caisse chargée : 14 kilos. Les capitaines ont droit à 9 kilos de supplément.

15. Composition des approvisionnements de 1ʳᵉ ligne.

DENRÉES.	VIVRES EMPORTÉS PAR LES HOMMES — nombre de jours de vivres de : sac.	débarquement.	Total.	Poids. (kil.)	VIVRES des CONVOIS : régimentaires.	administratifs.	RÉCAPITULATION — Nombre de jours de vivres : y compris les vivres de débarquement.	non compris les vivres de débarquement.
Pain	»	2	2	1 500	2	2	6	4
Pain de guerre	2	»	2	1 200	»	2	4	4
Petits vivres. (Riz ou légumes secs	2	2	4	0 400	2	4	10	8
Petits vivres. (Sel	2	2	4	0 080	2	4	10	8
Petits vivres. (Sucre	2	2	4	0 124	2	4	10	8
Petits vivres. (Café	2	2	4	0 096	2	4	10	8
Lard salé	»	»	»	»	2	4	6	6
Graisse de saindoux	»	»	»	»	2	4	»	»
Viande de conserve	2	»	2	0 300	2	4	8	8
Potage condensé (portion)	2	»	2	0 046	2	4	8	8
Eau de vie	»	»	»	»	»	2	2	2
Avoine	1	1	2	11 000	2	4	8	7

16. BRASSARDS

OFFICIERS DU SERVICE D'ÉTAT-MAJOR

État-major général de l'armée : Blanc et rouge, avec foudres (le blanc en haut).

État-major de corps d'armée : Tricolore, avec foudres et numéro du corps d'armée (le bleu en haut).

État-major de division d'infanterie : Rouge, avec grenade et numéro.

État-major de division de cavalerie : Rouge, avec étoile et numéro.

État-major de brigade d'infanterie : Bleu, avec grenade et numéro.

État-major de brigade de cavalerie : Bleu, avec étoile et numéro (en chiffres arabes pour les brigades de cavalerie de corps, en chiffres romains pour les brigades des divisions de cavalerie).

État-major de l'artillerie d'une armée : Rouge, avec canons croisés.

État-major de l'artillerie d'un corps d'armée : Bleu, avec canons croisés et numéro du corps d'armée.

État-major du génie d'une armée : Rouge, avec cuirasse surmontée d'un casque.

État-major du génie d'un corps d'armée : Bleu, avec cuirasse surmontée d'un casque et numéro du corps d'armée.

État-major des gouverneurs de places fortes : Rouge ou bleu (suivant que le gouverneur est général de division ou général de brigade), avec foudres.

VÉLOCIPÉDISTES

(Portent tous deux vélocipèdes cousus au revers du collet de la vareuse.)

Brassard en drap du fond, avec numéros ou attributs :

Garance : Chiffres romains pour les quartiers généraux de corps d'armée; chiffres arabes pour les corps de troupe d'infanterie; chiffres arabes (surmontés du numéro de corps d'armée en chiffres romains) pour les divisions et brigades d'infanterie;

Jonquille : Chiffres arabes pour les chasseurs à pied.

INFIRMIERS RÉGIMENTAIRES ET TOUT LE PERSONNEL MILITAIRE OU NON DE TOUTES LES FORMATIONS SANITAIRES : Brassard blanc à croix rouge (avec timbre du ministère de la guerre, numéro d'ordre et lettre spéciale à chaque société, pour les sociétés civiles).

CONDUCTEURS DE VOITURES RÉGIMENTAIRES ET D'ÉTAT-MAJOR : Brassard en drap du fond avec passepoil distinctif et attributs de l'arme.

BRANCARDIERS DES CORPS DE TROUPES : Brassard en drap du fond, avec croix de Malte en drap blanc.

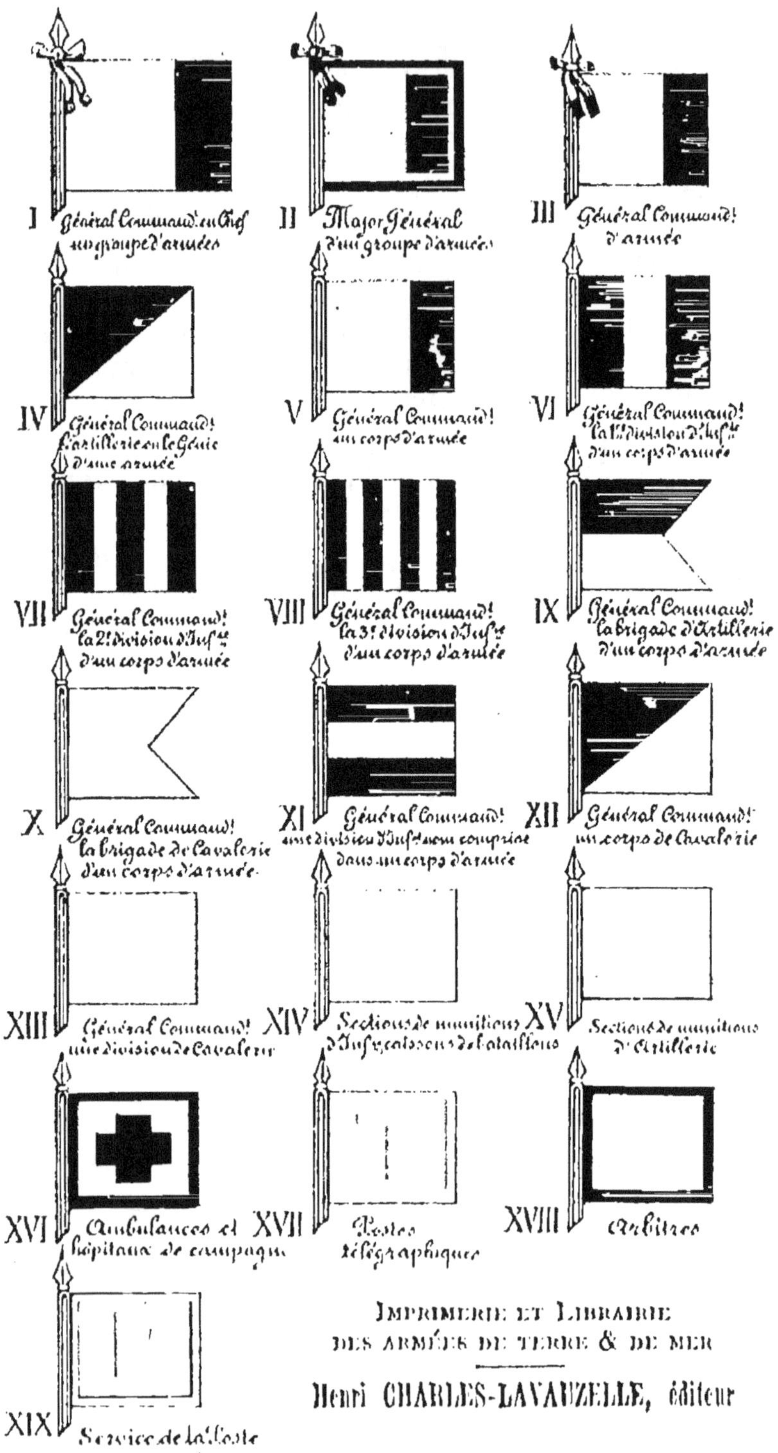

I Général Command.t en Chef un groupe d'armées
II Major Général d'un groupe d'armées
III Général Command.t d'armée
IV Général Command.t l'artillerie ou le Génie d'une armée
V Général Command.t un corps d'armée
VI Général Command.t la 1re Division d'Inf.te d'un corps d'armée
VII Général Command.t la 2e division d'Inf.te d'un corps d'armée
VIII Général Command.t la 3e division d'Inf.te d'un corps d'armée
IX Général Command.t la brigade d'Artillerie d'un corps d'armée
X Général Command.t la brigade de Cavalerie d'un corps d'armée
XI Général Command.t une division d'Inf.te non comprise dans un corps d'armée
XII Général Command.t un corps de Cavalerie
XIII Général Command.t une division de Cavalerie
XIV Sections de munitions d'Inf.te, caissons de bataillons
XV Sections de munitions d'Artillerie
XVI Ambulances et hôpitaux de campagne
XVII Postes télégraphiques
XVIII Arbitres
XIX Service de la Poste aux armées
IMPRIMERIE ET LIBRAIRIE
DES ARMÉES DE TERRE & DE MER
Henri CHARLES-LAVAUZELLE, éditeur

C N C C G G G G G G S C S A P S

17. LANTÈRNES

Général commandant en chef un groupe d'armées..............	Lanterne blanche avec étoile bleue cerclée rouge.
Major général d'un groupe d'armées Général commandant en chef une armée..................... .... Général commandant un corps d'armée................... .... Général commandant un corps de cavalerie.....................	Lanterne blanche.
Général commandant l'artillerie ou le génie d'une armée........ .... Général commandant une division d'infanterie................. Général commandant une division de cavalerie.................	Lanterne rouge.
Général commandant la brigade d'artillerie d'un corps d'armée.. Général commandant la brigade de cavalerie d'un corps d'armée.	Lanterne verte.
Sections de munitions d'infanterie. Caissons de bataillon.............	Lanterne jaune.
Sections de munitions d'artillerie.	Lanterne bleue.
Ambulances et hôpitaux de campagne	2 lanternes, l'une blanche, l'autre rouge.
Postes télégraphiques............ Service de la poste aux armées.. .	Lanterne semblable au fanion.

IIᵉ PARTIE

SERVICE DES OFFICIERS D'INFANTERIE EN CAMPAGNE

CHAPITRE Iᵉʳ

GÉNÉRALITÉS

1. — Droits au commandement.

18. **Le titulaire** d'un commandement qui vient manquer est remplacé par l'officier qui marche immédiatement après lui. **La désignation du commandant d'un détachement** composé de plusieurs armes est faite par le chef qui ordonne la formation du détachement ; le commandant doit être d'un grade au moins égal à celui des autres militaires du grade le plus élevé du détachement. **L'officier en mission** spéciale exerce à grade égal le commandement sur tous les autres officiers de la mission. **Commandement des convois** (307).

19. Officiers étrangers : Ne peuvent exercer le commandement d'une place forte ou d'un poste de guerre s'il y a un officier français présent ; mais ils conservent le commandement des troupes s'ils sont supérieurs en grade à cet officier français. Ils peuvent exercer provisoirement le commandement de détachements où se trouvent des troupes et des officiers français ; mais seulement à raison de la supériorité de grade, et jamais à raison de leur ancienneté. Quant au commandement des parties constituées de corps étrangers ou au commandement provisoire de détachements uniquement composés de troupes étrangères, tous les officiers y concourrent d'après leur ancienneté. Les officiers français servant au titre étranger n'ont d'autres droits que ceux des officiers étrangers.

20. Officiers de réserve et de l'armée territoriale : A grade égal, les officiers de l'armée active ont le commandement sur les officiers de la réserve ou de la territoriale. Mais l'officier retraité classé avec son grade dans la réserve a le commandement sur les officiers actifs de même grade et promus après lui. L'officier retraité classé dans la territoriale conserve les mêmes droits, mais à l'égard des officiers territoriaux seulement. Les officiers démissionnaires à qui il est tenu compte du temps passé comme officier dans l'active ne conservent pas les droits que leur conférait leur ancienneté au moment où ils ont quitté l'armée. Les officiers actifs ont le commandement sur les officiers de réserve du même grade provenant des officiers retraités, plus anciens qu'eux, mais arrivés à ce grade par avancement dans la réserve. Les anciens officiers de l'active, revêtus dans la réserve du grade qu'ils possédaient dans l'active, ont, à égalité de grade, le commandement sur les autres officiers, même plus anciens, qui n'ont pas servi dans l'active avec ce grade. Les officiers de réserve et de la territoriale qui n'ont pas servi dans l'active ne peuvent, dans aucun cas, exercer les fonctions, soit de chef de corps ou de service, soit de commandant de dépôt.

II. — **Ordres, rapports, historiques.**

RÉDACTION DES ORDRES

21. Doivent être clairs, précis, concis. Éviter d'indiquer les moyens à employer, se contenter de préciser le but; donner aux ordres un numéro d'ordre; heures et nombres importants écrits en chiffres d'abord puis en lettres; heures suivies de l'indication matin ou soir; noms propres soulignés; noms de localités indiqués d'après la carte en usage (ne pas les abréger, mentionner les appellations différentes des habitants; ou dans une zone frontière le nom dans les deux langues. Employer les termes d'orientation (N. S...) de préférence à :

en avant, à droite. Dans les modifications d'un ordre, bien spécifier les dates, heures et numéros de cet ordre.

22. Éviter les *abréviations*. Quand les circonstances obligent à y avoir recours, se servir des abréviations suivantes (*a*) :

Inf.........	Infanterie.		Tr. Comb..	Train de combat.
Cav........	Cavalerie.		Tr. Rég....	Train régimentaire.
Art.........	Artillerie.			
C. A........	Corps d'armée.		P. Art.....	Parc d'artillerie.
Div........	Division.		G^{al}.........	Général.
Br..........	Brigade.		C^{el}.........	Colonel.
Rég........	Régiment.		Com'.......	Commandant.
Bat........	Bataillon.		Cap........	Capitaine.
Cie.........	Compagnie.		L'.........	Lieutenant.
Esc........	Escadron.		S.-L'.......	Sous-lieutenant.
Gr.........	Groupe.		Off.........	Officier.
B^{ie}.........	Batterie.		Q. G........	Quartier général.
Art. C.....	Artillerie de corps		E.-M........	Etat-major.
Art. 1. Div.	Artillerie de la 1re division.		Av.-G......	Avant-garde.
			Ar.-G......	Arrière-garde.
Esc. 2. Div.	Escadron divisionnaire de la 2e division.		Fl.-G......	Flanc-garde.
			Av.-P......	Avant-poste.
			G. G........	Grand'garde.
S. M. I.....	Section de munitions d'infanterie.		Rec. d'off..	Reconnaissance d'officier.
			O/O.........	Ordre.
S. M. A....	Section de munitions d'artillerie		P. O........	Par ordre.
			P. I.........	Point initial.
Amb. Div.	Ambulance divisionnaire.		Dét'........	Détachement.
			S. T. É. G..	Station tête d'étapes de guerre.
Amb. C....	Ambulance de corps.		T. E. R.....	Têtes d'étapes de route.
Hôp. Cp...	Hôpital de campagne.		Ch. de F...	Chemin de fer.
Hôp. év...	Hôpital d'évacuation.		St.........	Station.

(*a*) *Aide mémoire d'état major.*

RÉDACTION DES RAPPORTS

23. Doivent être autant que possible écrits. Les recommandations précédentes relatives aux ordres sont applicables. Indiquer avec précision, les lieux, date, heure, des faits. Bien distinguer les faits certains de ce qu'on a entendu raconter. Pour être complet, un renseignement sur l'ennemi doit faire connaître : 1° les forces reconnues (effectifs, armes auxquelles elles appartiennent): 2° le moment précis où elles ont été vues ou signalées; 3° le ou les points sur lesquels elles se trouvaient à ce moment; 4° leur situation et leurs mouvements (en station....., en marche....., dans telle formation....., se dirigeant vers....., et, s'il y a lieu, à telle allure.....), et toutes autres circonstances utiles à connaître (a).

MODÈLE DE PAPIER POUR RAPPORT.

Largeur : 135 millimètres.

<table>
<tr><td colspan="2">° RÉGIMENT. — ° BATAILLON.</td></tr>
<tr><td>Expédié le , à h. m.
 Arrivé le , à h. m. </td><td>{ matin
ou
soir. </td></tr>
<tr><td colspan="2">Lieu de départ :</td></tr>
<tr><td colspan="2"></td></tr>
</table>

Hauteur : 207 millimètres.

Indiquer toujours les grade, nom et fonctions de

(a) Pour les longueurs des colonnes, V. (416); pour les formations, V. (410); pour les durées d'écoulement, V. (421): pour les bivouacs (page 60, note a).

l'expéditeur, ainsi que les grade et fonctions du destinataire. Mentionner, s'il y a lieu, la carte dont on s'est servi.

Le papier est quadrillé au recto et au verso.

Ces carrés ont un centimètre de côté, ce qui représente 200 mètres à l'échelle de 1/20.000.

MODÈLE D'ENVELOPPE.

Longueur : 140 millimètres.

<table>
<tr><td rowspan="3">Hauteur : 110 millimètres</td><td colspan="2">Départ :   h.   m. { matin
Arrivée :   h.   m. { ou
                     soir.

Signature du destinataire :</td><td>Vitesse { ordinaire.
         { accélérée.
         { rapide.</td></tr>
<tr><td colspan="2">*A M*

à</td><td></td></tr>
<tr><td colspan="3">L'enveloppe est rendue au porteur.</td></tr>
</table>

A la désignation *vitesse*, maintenir le mot indiquant l'allure à employer et effacer les deux autres.

Les plis contenant des rapports ou renseignements ne sont pas enfermés sous enveloppe gommée lorsqu'il y a intérêt à ce qu'ils soient communiqués aux commandants de troupe rencontrés par le porteur. Dans une colonne en marche, par exemple, il est bon que le commandant de l'avant-garde reçoive communication des renseignements adressés par la cavalerie au commandant de la colonne.

TRANSMISSION DES ORDRES ET RAPPORTS.

24. Pour les ordres, suivre toujours la voie hiérarchique, sauf en cas d'urgence; dans ce cas, le supérieur avise l'autorité intermédiaire et l'inférieur en rend compte. Chaque corps envoie un officier au rapport journalier de la brigade pour recevoir les ordres.

25. Ordres verbaux : En principe portés par des officiers. L'autorité qui donne un ordre verbal le fait répéter par l'officier chargé de le transmettre. Tout officier appelé à porter un ordre verbal doit s'attacher à en saisir l'esprit autant que la lettre et se rendre compte des circonstances auxquelles il se rapporte. Pendant la durée de sa mission, il cherche à se rendre compte des événements dont il peut être témoin, de manière à pouvoir renseigner son chef et la personne à laquelle il porte l'ordre dont il est chargé.

Si la situation à laquelle se rapportait l'ordre s'est modifiée pendant le trajet, l'officier n'en transmet pas moins l'ordre reçu ; il ajoute les explications nécessaires au sujet du but que se proposait son chef au moment où il l'a quitté. Si l'ordre comporte une exécution immédiate, il assiste au commencement de cette exécution. Avant de repartir, il demande s'il n'a pas de réponse à rapporter.

26. Ordres écrits : Les ordres écrits importants sont portés par des officiers pouvant être initiés au contenu des dépêches ; dans certains cas, ils sont établis en plusieurs expéditions et confiés à des officiers suivant des chemins différents.

Tout officier chargé de porter un ordre dans un pays occupé par des postes ennemis doit être accompagné par un ou deux cavaliers bien montés. Il doit toujours être prêt à faire disparaître ses dépêches. S'il est blessé ou malade, il s'adresse au commandant des troupes les plus proches et lui transmet l'ordre dont il est porteur. Celui-ci en donne reçu et désigne un autre officier pour porter l'ordre.

Le commandant de la troupe de cavalerie la plus proche est tenu de fournir un bon cheval à tout officier porteur d'un ordre, si l'état de la monture de cet officier ne lui permet pas d'accomplir sa mission en temps utile. A défaut de **cavalerie**, cette obligation s'étend à tout commandant de troupes pourvues de chevaux.

Les ordres écrits peu importants sont portés par des sous-officiers, des plantons, des vélocipédistes.

Tout porteur d'un ordre écrit reçoit au départ l'indication de la vitesse à laquelle il doit marcher et l'itinéraire à suivre. A son arrivée, il se présente au destinataire, remet sa dépêche et attend la réponse. Il reçoit un accusé de réception.

HISTORIQUE DES CORPS DE TROUPE

27. Ils portent le titre de : **Journal des marches et opérations du (régiment, bataillon, etc.) pendant la campagne.**

Effectif au jour de départ : Composition du corps. Tableau nominatif des officiers classés par bataillon, compagnie. Effectif hommes de troupe, chevaux.

Réduction de l'historique : S'abstenir de commentaires ou d'appréciations sur l'origine et les causes de la campagne entreprise. L'historique n'est que le récit fidèle, jour par jour, des faits; il ne doit jamais être établi après coup.

Camps et cantonnements : Emplacement. Indiquer les corps qui campent à droite ou à gauche. Dire si l'on est en première ou en seconde ligne. Emplacement des grand'gardes.

Reconnaissances : Force, composition, but, résultat.

Combat : Position du corps avant l'action. Indiquer l'heure du commencement de l'action, donner toujours l'heure où un fait important se produit. Mentionner si le corps se couvre par des fortifications. Après l'action indiquer la position du corps.

Pertes : Indiquer très exactement les pertes éprouvées dans chaque affaire (tués, blessés, prisonniers et disparus). Les officiers, sous-officiers et soldats seront désignés nominativement. (Cet état sera intercalé dans le corps du récit.) Quant aux militaires morts des suites de leurs blessures, ou morts de maladies, on en fera mention à la fin de l'historique. Toutes les pertes sont totalisées sur un état final.

Récompenses : Les promotions, décorations et citations à l'ordre de l'armée sont mentionnées au fur et à mesure qu'elles parviennent. Les mutations survenues pendant la campagne parmi les officiers, seront relevées sur un état spécial.

Actions d'éclat : A mentionner dans tous leurs détails.

Situations : Après une affaire où le corps aura éprouvé des pertes sensibles, établir un nouveau tableau de composition du corps en officiers. Mentionner également l'effectif restant (troupe).

Observations générales : Les appréciations devront être scrupuleusement évitées. Les ordres reçus ne seront l'objet d'aucun commentaire. Chaque journée de la campagne, à partir du jour du départ, aura sa date inscrite en marge. Si le corps fait des prisonniers à l'ennemi, on en indiquera le nombre. Donner les noms et grades des officiers ennemis faits prisonniers. Il sera joint au journal un dossier de pièces justificatives (situations sommaires, copie des ordres, rapports, tableaux de marche de cantonnements).

III. — Signes conventionnels pour représenter les troupes.

28. (Echelle du 20.000ᵉ.)

Au bivouac et en cantonnement.

Bataillon en ligne déployée......

Bataillon en colonne double.....

Compagnie en ligne déployée...

Régiment de caval. en bataille..

Régiment de caval. en colonne..

Escadron de caval. en bataille..

Batterie d'artillerie montée......

Compagnie du génie............

En position.

Tirailleurs....................

Bataillon en ligne déployée......

Batail. en lig. de col. de compag.

Bataillon en colonne double.....

Régiment de caval. en bataille..

Rég. de caval. en lig. de col....

Régiment de caval. en masse...

En position.

3 batteries en batterie..........

3 batteries en bataille..........

3 batteries en masse...........

<table>
<tr><td rowspan="5" style="writing-mode: vertical-rl">En marche.</td></tr>
<tr><td>Colonne d'infanterie........</td><td></td></tr>
<tr><td>Colonne de cavalerie.......</td><td></td></tr>
<tr><td>Colonne d'artillerie........</td><td></td></tr>
<tr><td>Colonne de troupes de tou-
tes armes..............</td><td></td></tr>
</table>

IV. — Orientation.

29. *D'après le soleil :* Il passe à l'est à 6 heures du matin, au sud-est à 9 heures, au sud à midi, au sud-ouest à 3 heures après-midi, à l'ouest à 6 heures du soir (temps vrai). La différence entre le temps vrai et le temps moyen varie suivant les époques de l'année. Écart maximum, un quart d'heure environ, en plus ou en moins.

D'après la lune : Va de l'est à l'ouest en passant par le sud, aux heures suivantes :

```
1er quartier.....  'Est.      »       Sud, 6 h. soir.  Ouest, minuit.
Pleine lune......  Est, 6 h. soir.  Sud, minuit.    Ouest, 6 h. matin.
Dernier quartier,  Est, minuit.  Sud, 6 h. matin. Ouest.
```

Quand la lune croît, le croissant à la forme d'un D; quand elle décroît, forme d'un C.

D'après l'étoile polaire : On la trouve en prolongeant la ligne qui joint les gardes de la grande-ourse d'une longueur égale à 5 fois la distance de ces gardes. Les gardes sont les deux étoiles brillantes formant le petit côté du rectangle opposé à la queue de la grande-ourse.

D'après la montre : La montre tenue horizontalement à la main, tournée de façon que la petite aiguille soit dans la direction de l'ombre de l'observateur. La bissextrice de l'angle formé par cette aiguille et par le rayon qui aboutit à XII donne sensiblement la direction du nord.

D'après la boussole.

Emploi de la boussole pour assurer la direction : 1º Déterminer l'angle de marche (angle formé par la direction et la ligne nord-sud); 2º établir le front de la troupe sur une ligne perpendiculaire à la direction; 3º choisir quelques points de direction intermédiaires et successifs; 4º ou employer des jalonneurs qui, la nuit, auront de petites lanternes attachées derrière le dos.

CHAPITRE II

DES MARCHES

I. — Des marches en général.

RÈGLES GÉNÉRALES

30. Le commandant d'une colonne ne conserve pas le commandement direct d'un des éléments qui la composent; sa présence est, en principe, avec la fraction où sa place est le plus nécessaire pour juger rapidement de la situation et pouvoir prendre ses dispositions en conséquence.

Distances : Dans les formations en colonne de route : 10 pas entre les compagnies(*a*), 30 entre les bataillons, 40 entre les régiments. Elles peuvent disparaître pendant la marche et sont reprises à chaque halte (48), le commandant de chaque fraction réglant l'allure de sa troupe sur celle de l'élément précédent. La distance entre les trains régimentaires de 2 corps est de 20 mètres. Dans les marches en formation serrée, l'ordre de mouvement fixe les distances et les mesures à prendre pour assurer la régularité du mouvement.

(*a*) On ne cherche pas à maintenir rigoureusement cette distance. (*Instruction pratique sur le service de l'infanterie en campagne*).

ÉLÉMENTS CONSTITUTIFS DES COLONNES

31. Les **trains de combat** fournissent les approvisionnements en munitions et matériel nécessaires sur le champ de bataille, ils comprennent les voitures de munitions, d'outils; voitures médicales, voitures à viande, voitures de cantinières. Tout corps de troupe est accompagné de son train de combat. La **colonne de combat** est formée par la réunion des troupes et du train de combat. Les **trains régimentaires** transportent des vivres, des effets de remplacement, et les bagages.

FORMATION DE MARCHE ET PLACE DES DIFFÉRENTES UNITÉS

32. Formation : *Sur les routes*, l'infanterie marche habituellement en colonne par quatre. Elle occupe le côté droit de la chaussée dont la moitié reste libre. Exceptionnellement, elle peut marcher sur le côté gauche ou sur les deux côtés. Les hommes portent l'arme à la bretelle. Ils ne sont pas tenus d'observer le silence ni la cadence du pas, mais conservent l'ordre le plus rigoureux. L'infanterie peut aussi marcher par deux, et même par un, ou en colonne par six, par huit, ou par demi-sections.

A travers champs, l'infanterie marche en colonne de route ou dans toute autre formation. Les routes sont réservées aux voitures. Le train de combat de chaque régiment marche réuni sous le commandement du sergent-major chef artificier; les chefs de corps règlent la répartition et la place des médecins. Les vélocipédistes profitent des sentiers qui conduisent dans la direction suivie pour se maintenir à portée de recevoir et de transmettre un ordre (*a*).

(*a*) Pendant les marches la principale mission des vélocipédistes est de relier à la colonne les différents échelons et les colonnes parallèles. Leur emploi dans la colonne est subordonné à la largeur de la

33. Place des diverses unités : Chaque bataillon est suivi de son **train de combat** (*a*) dans l'ordre ci-après :

1° Voitures de compagnie, } sous les ordres du sous-
2° Voiture à viande, } chef artificier ;
3° Voiture de cantinière (*b*), }

4° Voiture médicale et les infirmiers, sous les ordres du médecin qui marche derrière elle ;

5° Chevaux de main.

En cas de fractionnement du bataillon, les infirmiers suivent leur compagnie. Le sergent-major artificier marche avec le bataillon désigné par le colonel (38). Les tambours et clairons en tête ou en queue du bataillon suivant les ordres du chef de corps (38). Les sapeurs en tête du régiment ; la musique, les vélocipédistes à la place fixée par le colonel. La section hors rang à la queue du régiment, en avant du train de combat du dernier bataillon, sous les ordres du sous-officier le plus élevé en grade (page 38, note *a*). Les ordonnances dans le rang, à l'exception des conducteurs de chevaux de main dont les sacs sont déposés sur les fourgons à bagages ou à vivres. Les chevaux de main marchent en principe à la queue du bataillon auquel ils appartiennent. La voiture omnibus d'ambulance (*c*) à la queue du régiment avec le médecin chef de service et le sergent brancardier. Les voitures de cantinières marchent en principe en arrière du régiment ; toutefois, elles peuvent être autorisées par le colonel à marcher au train de combat de chaque bataillon.

Dans certains cas, pour éviter l'encombrement des routes et chemins, les trains de combat peuvent être réunis par régiment, par brigade, et même par division.

---

route ; il ne constitue qu'un service accessoire. (Règlement du 5 avril 1895.)

(*a*) Sauf dans les marches à travers champs (32).

(*b*) Quand elles ont eu l'autorisation de marcher au train de combat.

(*c*) Mise journellement à la disposition du corps. (Règlement du 31 octobre 1892.)

34. **Train régimentaire :** Les voitures du train régimentaire (dans l'ordre : vivres, bagages, effets), marchent derrière l'arrière-garde (sauf en cas de marche loin de l'ennemi) (63), sous le commandement de l'officier d'approvisionnement (un officier de gendarmerie commande l'ensemble des trains de la division). Le chef de corps répartit les chevaux haut le pied entre le train de combat et le train régimentaire ; désigne les ouvriers, (boucher, aide-maréchal) qui devront accompagner le train. Une colonne de train obligée de suspendre son mouvement dégage les routes.

ORDRE DE MOUVEMENT

35. Un ordre de mouvement comprend en général :

1° Des renseignements sur la situation de l'ennemi et sur le but à atteindre ;

2° Les prescriptions pour l'exécution de la marche (composition, dispositif, itinéraire et zone de marche des colonnes, mise en mouvement, haltes, place du commandant des troupes et, s'il y a lieu, mesures concernant les avant-postes, les cantonnements et l'alimentation) ;

3° Des indications sur le mouvement des unités voisines et sur les liaisons à établir avec elles.

II. — Exécution des marches.

PRÉPARATION DE LA MARCHE

36. **Heure :** Se régler sur l'heure du quartier général prise au rapport ou au point initial.

37. **Commandant de la colonne.** Étudier sa carte, se renseigner sur le terrain de sa colonne et les communications transversales avec les colonnes voisines (compléter l'ordre par des instructions de détail). Rechercher des guides (a). Faire exécuter, s'il y a lieu, les

(a) Le choix des guides doit porter particulièrement sur les médecins de campagne, les vétérinaires, les marchands de bestiaux, les

travaux d'aménagement de la route. Faire reconnaître le point de rassemblement ou le point initial et l'itinéraire pour y aller. Fixer un point de rassemblement (éviter les rassemblements, et s'ils sont nécessaires les réduire au minimum de temps; ne pas prendre pour lieu de rassemblement les routes, chemins, ou autres points où la troupe gênerait la circulation), ou fixer un point initial d'un accès facile et d'abords dégagés (ne pas choisir la sortie d'un défilé, d'un village, ou d'un bois), fixer les heures pour y arriver, fixer les haltes horaires de manière qu'aucune fraction ne marche plus de cinquante minutes consécutives. Éventuellement, donner des ordres pour le campement, l'alimentation, les flancs gardes et les patrouilles.

38. **Le colonel** détermine éventuellement, d'après les ordres reçus ou de sa propre initiative, l'itinéraire à suivre, l'heure de départ (de manière à éviter aux hommes tout stationnement inutile ou tout mouvement en arrière), au besoin un point initial intermédiaire, l'ordre de marche des bataillons. Éventuellement aussi il donne des ordres pour le campement, la garde de police, l'alimentation, les flancs-gardes et les patrouilles; fait reconnaître et réparer la route et recherche des guides; il fixe la place du sergent-major artificier, des vélocipédistes (33), des tambours et clairons, de la musique, et fait connaître les modifications à l'ordre normal de marche (place du train de combat de chaque bataillon, des chevaux de main ou haut-le-pied, des voitures de cantinières, etc.).

Enfin le colonel fait connaître à l'officier d'approvisionnement le point de rassemblement des convois. Les employés divers de la section active et les hommes des compagnies qui, pour une raison quelconque (secrétaires, ordonnances, vélocipédistes, ouvriers, malingres,

agents voyers, les chasseurs, les gardes champêtres ou forestiers, les facteurs ruraux, les braconniers, les bergers, les charbonniers, les bûcherons. (*Cours d'état-major*, colonel ALTMAYER.)

escorte s'il y a lieu, etc.), doivent rester avec le convoi (34), sont désignés (a).

Lorsque les ordres arrivent pendant la nuit, ils ne sont transmis immédiatement qu'aux fractions dont le mouvement doit commencer avant l'heure où les troupes sont tenues prêtes à marcher.

(a) La place des employés divers de la section active pendant les marches et durant le combat ne semble pas fixée d'une manière précise ; on peut, toutefois, conclure de la comparaison des divers règlements, que les hommes de la section seront répartis ainsi :

PLACES SPÉCIALES d'après LEUR EMPLOI. 66 hommes.		EN GROUPE derrière LE 4ᵉ BATAILLON. 10 hommes.		AU TRAIN RÉGIMENTAIRE. 33 hommes.	
Sapeurs..........	13	Sergent fourrier.	1	Adjudant - vague - mestre........	1
Musique	39	Sergent secré- taire...........	1	Sergent - adjoint (b)...........	1
Tambour-major .	1	Caporal secré- taire...........	1	Caporal conduc- teur..........	1
Sergent - major artificier.....	1	Soldats secré- taires........	3	Soldats conduc- teurs (b)......	23
Sergent brancar- dier	1	Chef armurier..	1	Caporal maréchal	1
Ordonnances avec chevaux de main......	3	Soldats armu- riers.........	3	Soldat (b) maré- chal..........	1
Ordonnances à pied.........	4	(a)		Caporal boucher.	1
				Soldats bouchers.	2
				Ordonnance de l'officier d'ap- provisionnemᵗ.	1
				Bourrelier......	1

(a) L'officier chargé des détails paraît devoir marcher avec ce groupe ; mais le colonel pourra également ou le garder à sa disposition ou le faire marcher avec le convoi.

(b) On peut admettre également que le sergent adjoint au vaguemestre, le soldat maréchal et 1 ou 2 conducteurs de chevaux haut le pied marchent avec la colonne de combat.

(D'après le *Combat offensif du régiment*, par le colonel Legnay.)

Les dispositions pour la mise en route et le rassemblement des compagnies et du train régimentaire sont communiquées aux compagnies au réveil seulement. L'ordre de mouvement est communiqué à tous les officiers, soit au départ, soit à la première halte horaire.

39. Les chefs de bataillon et capitaines choisissent leur point de rassemblement et règlent leur départ de manière à éviter aux hommes tout stationnement inutile ou tout mouvement en arrière.

PRÉPARATIFS DE DÉPART, RASSEMBLEMENT ET DÉPART

40. Alimentation : Les soldats doivent manger avant le départ; emporter un repas froid; bidons remplis d'eau mélangée de café ou d'eau-de-vie. Les chevaux mangent une partie de la demi-ration réservée pour la route.

41. Feux, doivent être éteints. **Bivouacs ou cantonnements,** remis en ordre avant le départ (effacer les inscriptions relatives à la répartition des troupes). **Feuillées** comblées.

42. Les officiers et sous-officiers font apprêter les hommes et voitures, veillent à l'exécution des ordres pour l'alimentation; s'assurent qu'on n'oublie rien.

43. Capitaines : Réunissent leur compagnie et la conduisent au lieu de rassemblement du bataillon.

44. Départ (136) : Au moment du départ, communication éventuelle des ordres. Départ jamais retardé. Si le commandant d'une troupe est en retard, l'officier de rang immédiatement inférieur la met en marche. Pas de sonnerie (133). Prendre les distances (30).

45. Guides (page 36, note *a*). Dans les grosses colonnes, pour les guider, l'officier muni de la carte est à la tête d'avant-garde; un autre en tête du gros; si on a des guides, on s'efforce d'en donner un à chacun d'eux. Aux embranchements : signaux, plantons, etc.

46. Garde de police (118).

VITESSE DE MARCHE

47. Doit être uniforme. Ne pas chercher à abréger la marche en forçant l'allure. En général, 4 kilomètres à l'heure, halte horaire comprise. La marche s'exécute au pas de route. On ne prend qu'exceptionnellement le pas cadencé pour traverser les localités et remettre la troupe en main avant et après chaque halte. Faire régler la marche dans chaque compagnie par le chef de la section de tête.

HALTES HORAIRES

48. A l'heure fixée, le chef de chaque bataillon donne au moyen du sifflet le signal du *Garde à vous* répété par les commandants de compagnie ; les rangs se reforment du côté droit de la route et les hommes reprennent le pas cadencé en mettant l'arme sur l'épaule droite. Un deuxième coup de sifflet répété par le commandant de la première compagnie indique le moment précis de la halte de la tête du bataillon. Les compagnies serrent ; les hommes serrent, font face à gauche, forment les faisceaux et déposent leur sac sans commandement ; ensuite ils quittent les rangs, mais ne dépassent pas la ligne des faisceaux. Le côté gauche de la route doit être dégagé ; chevaux tenus en main et placés dans les intervalles des compagnies face à la route. A la première halte, communication éventuelle des ordres (38) ; les officiers font rectifier les paquetages défectueux. A la fin de la halte, à un premier signal, les hommes mettent sac au dos, rompent les faisceaux, se reforment ; à un deuxième signal, départ au pas cadencé ; après quelques minutes, reprise du pas de route. Quand la troupe marche par 6, par 8, etc., au moment d'une halte horaire, la colonne ne fait pas face à gauche. Dans chaque unité de rupture, le second rang serre sur le premier et les faisceaux sont formés dans l'espace existant entre deux unités de rupture consécutives.

GRAND'HALTES

49. A faire aux deux tiers ou trois quarts du chemin à parcourir. Sont couvertes par l'avant-garde. Un officier monté de chaque régiment reconnaît l'emplacement et les ressources en eau et bois. Le colonel ordonne au besoin des mesures de sécurité complémentaires. Léger repas de café et de viande froide. Chevaux débridés et légèrement dessanglés; un peu de nourriture.

HALTES ACCIDENTELLES

50. En cas d'arrêt imprévu, le chef de l'unité fait mettre sac à terre sur la route ou rassemble et rend compte. Se remettre en marche dès qu'on le peut.

PASSAGES DE DÉFILÉ, OBSTACLES

51. Défilé : Faire mettre un officier à l'issue opposée pour arrêter tout ce qui viendrait en sens inverse. Serrer les rangs. Accélérer l'allure. Utiliser toute la largeur. Si le défilé occasionne un allongement exceptionnel, arrêter la tête de la colonne dès qu'elle a gagné l'espace nécessaire pour contenir toute la colonne; reprendre la marche quand la dernière subdivision a passé (procéder toujours de même dans chaque unité). S'il y a lieu, prescrire une grand'halte que les différents éléments exécutent avant ou après le défilé; puis reprendre la série des haltes horaires.

52. Terrains marécageux, tourbières, etc. : Faire reconnaître le passage et les autres points les plus abordables.

53. Gués (439) : Fixer les yeux sur la rive opposée.

Si possible, tendre une corde d'une rive à l'autre ; jalonner le gué par des cavaliers (a).

54. Pont suspendu : Passer par petites fractions et en rompant le pas.

POLICE PENDANT LA MARCHE

55. Commandant de la colonne : Rend compte aussitôt que possible à son chef direct de la situation de sa troupe. S'il est isolé, il se tient en relations avec les colonnes voisines. Il voit souvent défiler sa troupe.

56. Officiers et gradés : Veillent à ce que la tête de chaque unité marche à une allure uniforme, que chacun marche à sa place ; personne ne doit quitter les rangs sans autorisation ; tout homme autorisé à quitter momentanément les rangs doit remettre son fusil à son voisin. Il est défendu de pousser aucun cri de « marche » ou de « halte ».

57. Chef de bataillon : Voit souvent défiler sa troupe, surtout après une halte horaire.

58. Capitaine : Voit souvent défiler sa troupe ; autorise les malades ou éclopés à attendre le passage du médecin ou leur remet un billet mentionnant l'autorisation donnée. Dans certains cas, un homme peut être laissé auprès d'eux.

59. Médecin : Le médecin de bataillon adresse (avec une fiche) les hommes qui paraissent malades ou éclopés au médecin chef de service qui décide s'ils se-

---

(a) Précautions à prendre : 1° rampes d'accès ; 2° corde d'une rive à l'autre ; 3° fixer un point de la rive opposée ; 4° mettre à l'abri de l'eau les cartouches et les armes ; pour cela, attacher au bout du fusil, à l'aide d'une courroie de sac, le ceinturon avec les cartouchières ; placer le fusil en travers sur le sac ou l'élever d'une main au-dessus de la tête ; 5° quand le courant est rapide les hommes doivent se tenir 2 par 2 ou 3 par 3.

Passage d'un canal à gué : 1° ouvrir l'écluse en aval ; 2° la fermer en amont ; 3° faire aplanir les berges ; 4° passer à gué par section. (Général PIERRON.)

ront admis dans la voiture d'ambulance, ou seulement allégés de leur sac ; dans ce cas, il les fait marcher avec le détachement de police et profite des haltes horaires pour renvoyer à leur compagnie ceux qui peuvent suivre.

60. Un détachement de police marche derrière le train de combat du dernier bataillon ; commandé par 1 officier ou 1 sous officier de la compagnie de queue ; comprend une fraction constituée de cette compagnie. Renforcé par des gendarmes si le corps marche en queue de colonne. Visite les localités traversées, arrête traînards et maraudeurs ; à l'arrivée, remet ces derniers à la gendarmerie en cas de flagrant délit ; remet à la garde de police les hommes qui n'ont pu marcher avec leur compagnie, et dirige les autres sur leur corps.

61. Rencontre de deux troupes : En principe nulle troupe ne doit être coupée. Loin de l'ennemi, si deux têtes de colonnes se rencontrent, celle commandée par l'officier le plus élevé passe la première. A proximité de l'ennemi, cet officier décide des dispositions à prendre d'après le vu des ordres respectifs. Une colonne qui en trouve une autre arrêtée passe la première si l'ancienneté de son chef lui en donne le droit ou si l'autre ne veut pas user du sien. Chaque colonne est suivie de son train de combat, les trains régimentaires passent après les colonnes de combat et dans le même ordre qu'elles.

62. Honneurs : Les troupes n'en rendent aucun, ni pendant les marches, ni pendant les haltes.

DISPOSITIONS SPÉCIALES.

63. Marches loin de l'ennemi : S'attacher surtout à diminuer la fatigue des troupes. Augmenter les distances habituelles (30) ; faire suivre les unités de leurs trains régimentaires (34).

64. Marches à proximité de l'ennemi : Diminuer

la profondeur des cantonnements; celle des colonnes, en augmentant le front de marche (32); préparer aux étranglements de la route des passages supplémentaires; éloigner les *impedimenta*. Conserver les distances habituelles pour ne pas mélanger les unités.

65. Marches forcées : Difficile de les prolonger au-delà de 36 heures; ne pas forcer l'allure; alléger les hommes; transporter en voiture les sacs ou de petites unités. Le nombre et la durée des longs repos sont réglés d'après la longueur de la marche. Pendant la nuit prolonger les longs repos, raccourcir les grand'haltes. *Longs repos :* préparés comme des grand'haltes; réduire les corvées au minimum par un campement transporté en voiture, ou en réquisitionnant des habitants. Repas chaud; dormir. Chevaux attachés, débridés, dessanglés, les alimenter.

Exemple d'une marche de 24 heures :

7 heures de marche,	5 heures de repos.
7 —	5 —
14 heures de marche,	10 heures de repos.

66. Marches de nuit : Avant le départ, on s'efforce de faire reposer et dormir les hommes. Pendant la marche, ordre et silence absolus, vitesse ralentie; haltes plus fréquentes ou plus longues. L'officier qui marche en tête de chaque échelon est muni d'une lanterne sourde; lui adjoindre un bon guide. Des gradés sont laissés aux embranchements de route pour indiquer la direction à suivre; ils sont relevés de bataillon en bataillon. Le commandant de la colonne laisse fréquemment en arrière des officiers pour s'assurer que tous les éléments de la colonne suivent la route indiquée et à leur distance. Il est défendu d'allumer des feux; on prend les précautions nécessaires pour que les lanternes ne soient pas aperçues de l'avant. On évite le bruit produit par l'armement et l'équipement. A proximité de l'ennemi, il est défendu de fumer. Les officiers montés sont pied à terre et les chevaux conduits en main avec le train de combat. Pendant les haltes on empêche les hommes de s'éloigner. Dans les chemins difficiles produisant de l'allongement, les hommes mettent sac à terre sans former les faisceaux et sans quitter leur place dans le rang et déposent leurs sacs derrière eux. Avant la pointe du jour, faire une halte d'une certaine durée pendant laquelle les hommes peuvent manger et préparer un café.

67. **Marches par la chaleur** (427): Augmenter les distances, diminuer la vitesse, suspendre le mouvement pendant les heures les plus chaudes, ouvrir les rangs et marcher des deux côtés de la route ; on augmente les moyens de transports. Les heures de départ sont réglées de manière que l'étape soit terminée avant la grande chaleur. Dégrafer la capote, relever les manches, desserrer la cravate et employer le mouchoir comme couvre-nuque. Une des précautions les plus importantes est de faire boire les hommes pendant la route. A cet effet, l'avant-garde ou des officiers montés envoyés en avant font préparer par les habitants des récipients pleins d'eau où les hommes rempliront leurs quarts ou leurs bidons au passage, mais sans retarder la marche. Au besoin, on organise des convois d'eau à la suite des différentes unités. Pendant les haltes, on fait sortir les hommes des chemins creux. Si les coups de chaleur sont à craindre, on prescrit une grand'halte en évitant les bas-fonds.

68. **Marches par le froid** (427): Par le froid, il faut augmenter la ration et empêcher les hommes de rester immobiles pendant les haltes. On autorise les hommes à mettre le mouchoir autour du cou. Par la neige, on relève fréquemment les fractions formant tête de colonne. Les animaux sont ferrés à glace. Les heures de départ sont réglées autant que possible de manière que les queues de colonne entrent au cantonnement avant la nuit.

III. — **Protection des colonnes.**

RÈGLES GÉNÉRALES

69. La protection des colonnes est assurée par des détachements qui prennent le nom d'avant-garde, de flanc-garde ou d'arrière-garde.

AVANT-GARDE

70. Rôle : Dans les marches en avant, l'avant-garde assure la sûreté du corps principal sur le front; elle l'assure également sur les flancs si la colonne n'a pas une très grande profondeur, principalement au moyen de patrouilles de cavalerie.

71. Composition : Une avant-garde comprend généralement des fractions constituées de toutes armes, savoir :

La majeure partie de la cavalerie divisionnaire;

De l'infanterie, dans la proportion du sixième au tiers de l'effectif de l'infanterie de la colonne;

De l'artillerie, dans une proportion variable;

Un détachement du génie.

Tous ces éléments sont sous les ordres d'un même chef qui est le commandant de l'avant-garde.

72. Fractionnement : L'avant-garde se fractionne en échelons dont le nombre et la composition sont subordonnés au but à atteindre et aux circonstances; ils prennent le nom de pointe, de tête et de gros de l'avant-garde. Les distances entre les échelons sont subordonnées à la nature du pays, à la composition et à la force de l'avant-garde. En pays découvert, ces échelons peuvent être plus éloignés, moins nombreux et moins forts qu'en pays couvert. La distance qui sépare l'avant-garde du gros des troupes est déterminée par la nécessité de mettre ces troupes à l'abri des coups de l'artillerie ennemie et de donner au commandant de la colonne le temps et l'espace nécessaires pour prendre ses dispositions.

73. **Échelons de l'avant-garde :** *Pointe.* — Dans la marche en avant d'une division d'infanterie encadrée, le gros de l'escadron divisionnaire constitue la pointe d'avant-garde de la division. Il est placé pendant la marche sous les ordres du commandant de l'avant-garde. Le commandant de l'escadron reçoit du commandant de l'avant-garde des instructions précises sur sa mission, sur l'itinéraire de la colonne, les points principaux à reconnaître ou à occuper, les haltes de longue durée... Il ne s'écarte en aucun cas de la route à suivre et reste en liaison constante par la vue ou par des jalonneurs avec la tête d'avant-garde.

Tête. — Comprend une fraction constituée d'infanterie et un détachement du génie. L'infanterie marche groupée sans détacher d'éclaireurs. Outre le détachement du génie, les sapeurs du premier régiment de l'avant-garde ainsi que les voitures portant les explosifs marchent avec cet échelon s'il y a lieu. Le commandant de l'avant-garde marche habituellement avec la tête d'avant-garde.

Gros. — Le gros comprend la majeure partie de l'infanterie et l'artillerie. Le commandant de la colonne marche habituellement avec cet échelon.

L'avant-garde doit prendre ses dispositions pour que la marche de la colonne ne soit ni arrêtée ni retardée. Les divers échelons de l'avant-garde se soutiennent réciproquement de manière à renverser tous les obstacles qu'ils ont devant eux.

74. Colonne d'infanterie sans cavalerie : Dans ce cas la tête d'avant-garde détache en avant d'elle une pointe d'infanterie chargée d'assurer le mieux possible le service qui incombe généralement à la cavalerie divisionnaire.

75. Commandant de l'avant-garde : Étudier l'itinéraire ; se renseigner ; se procurer un guide (page 36, note *a*) qui marchera à la pointe. Marcher soi-même avec la tête.

Fonctionnement d'une avant-garde sans cavalerie à proximité de l'ennemi.

76. Rôle des éclaireurs : *Fonctionnement d'une avant-garde sans cavalerie, à proximité de l'ennemi.*

Isolés se dirigeant du côté de l'ennemi. — Ne pas les laisser dépasser, les envoyer avec ceux venant en sens inverse au chef de la pointe.

Obstacles, barricades, coupures. — Les dépasser et s'arrêter pour observer, pendant que la pointe cherche à rétablir le passage.

Hauteurs. — Au haut d'une montée, explorer des yeux la pente descendante (bois, villages, crêtes).

Défilés, routes encaissées, ponts, bois. — Traverser rapidement.

Lieux habités. — S'emparer d'un habitant, l'interroger, le garder au besoin comme guide, s'engager dans le village et chercher à en gagner rapidement la sortie. Pendant la nuit, se glisser jusqu'aux premières maisons; écouter; pénétrer dans une maison; s'emparer d'un habitant; le conduire au chef de la pointe.

Ennemi. — Au premier indice, rendre compte.

Haltes. — Continuer à surveiller.

77. Rôle de la pointe : Reconnaître le terrain; refouler les patrouilles ennemies et rendre compte. Commandée toujours, en principe, par un officier qui reçoit communication de l'itinéraire, est muni d'une carte et accompagné d'un guide; il marche avec les éclaireurs.

Isolés. — Leur demander des indications sur l'ennemi, le terrain, la route, etc.; les faire conduire au commandant de l'avant-garde.

Obstacles. — Chercher à rétablir le passage. En cas d'impossibilité, tourner l'obstacle, continuer la marche et prévenir le commandant de l'avant-garde.

Hauteurs. — Explorer des yeux la pente descendante (bois, villages, crêtes).

Défilés. — Les traverser rapidement et prendre position au delà pour faciliter le débouché.

Routes encaissées. — Détacher quelques hommes qui gagnent le sommet des talus ou pentes.

Ponts. — Examiner s'il existe des préparatifs de destruction.

Bois. — De faible étendue, le faire contourner par des patrouilles, puis s'engager dans le bois. S'il est étendu, faire reconnaître la lisière puis pénétrer dans le bois, soutenu par la tête.

Lieux habités. — Faire reconnaître la lisière, s'engager dans le village et chercher à en gagner rapidement la sortie.

Ennemi. — Soutenir les éclaireurs.

Haltes. — Continuer à surveiller.

78. Rôle de la tête d'avant-garde : Appuie et renforce la pointe; reconnaît sur les côtés les obstacles trop éloignés pour être fouillés par la pointe, répare et dégage la voie. Marchent habituellement avec elle : le détachement du génie, les sapeurs du régiment, voitures d'explosifs, le tout à la disposition du commandant de l'avant-garde qui marche généralement avec la tête.

Isolés. — Le commandant de l'avant-garde apprécie s'il doit les conserver; tout suspect est arrêté.

Obstacles. — Le commandant de l'avant-garde prend ses dispositions pour rétablir le passage; prévient le commandant de la colonne du retard probable.

Hauteurs latérales. — Envoyer des groupes d'éclaireurs pour observer le versant opposé.

Défilé. — Détacher des patrouilles pour en fouiller les abords. Si le défilé a une grande étendue, le commandant de l'avant-garde fait occuper les positions successives qui le commandent.

Routes encaissées. — Détacher quelques hommes qui gagnent le sommet des talus ou pentes.

Bois étendu. — Soutenir de très près la pointe, fouiller avec soin la partie du bois dans laquelle la colonne doit s'engager.

Lieux habités. — Les faire contourner par des patrouilles; soutenir la pointe, s'engager dans le village et chercher à en gagner rapidement la sortie.

Ennemi. — Soutenir la pointe.

Haltes. — Continuer à surveiller. Pendant les haltes d'une certaine durée, élargir le réseau de surveillance.

79. Rôle du gros de l'avant-garde : Prendre ses dispositions pour que la marche de la colonne ne soit ni arrêtée ni retardée. S'emparer des positions avantageuses, s'engager vigoureusement pour obliger l'ennemi à montrer ses forces, ou au moins le contenir pour donner au corps principal le temps de prendre ses dispositions à l'abri du feu.

80. Marches rétrogrades : L'avant-garde doit faire déblayer la route. La constituer en travailleurs (outils, explosifs). La distance au corps principal doit être assez grande pour que la marche de ce dernier ne soit pas retardée.

81. Communications dans la colonne : Sont établies au moyen de vélocipédistes. Dans les pays coupés et difficiles et dans les marches de nuit les différentes fractions sont reliées entre elles et avec le corps principal par les hommes de communication fournis par la fraction qui est en arrière.

82. Flanc-gardes : Elles sont composées de fractions constituées. Elles occupent, pendant le passage de la colonne, les points importants d'où l'ennemi pourrait inquiéter la marche.

Les flanc-gardes sont fournies par les premières troupes du gros de la colonne. En général, une flanc-garde comprend de l'infanterie chargée de résister sur l'emplacement choisi et quelques cavaliers dont le rôle est de signaler l'approche de l'ennemi.

Les flanc-gardes les plus efficaces pour la protection d'une colonne sont les flanc-gardes fixes. Il y a lieu d'employer cependant, dans certains cas, des flanc-gardes mobiles.

Les flanc-gardes assurent la protection des flancs menacés par des procédés identiques à ceux qui sont employés par les avant-postes ou les avant-gardes. Elles se fractionnent vers l'extérieur en échelons de plus en plus petits à mesure qu'on s'éloigne du corps principal.

Leur service fait, les flanc-gardes rejoignent leur colonne sans être astreintes à reprendre leur place.

Dans les petites colonnes, le service de flanc-garde est assuré par de simples patrouilles d'éclaireurs se portant à quelques centaines de mètres sur les flancs. Elles sont accompagnées de cyclistes chargés de les éclairer elles-mêmes à une distance plus éloignée.

83. Arrière-garde : Elle est fournie par le corps qui est le dernier dans la colonne. Sa force est habituellement d'une compagnie pour une colonne de brigade.

Autant que possible, il lui est adjoint un détachement de cavalerie.

Dans les marches rétrogrades, l'arrière-garde a pour mission essentielle de couvrir la retraite du corps principal.

D'une manière générale, elle est composée comme une avant-garde dans la marche en avant.

Toutefois, comme elle ne doit pas compter sur l'appui du corps principal, il peut être nécessaire de la constituer plus fortement.

La cavalerie marche en arrière en tenant constamment le contact de l'ennemi et veille à la sûreté des flancs.

L'arrière-garde ralentit la poursuite de l'adversaire en créant des obstacles sur la route suivie. Lorsqu'elle est vivement pressée, elle occupe en s'échelonnant des positions successives qui lui permettent d'exécuter son mouvement de retraite. Elle fait au besoin des retours offensifs ou tend des embuscades afin de donner au corps principal le temps de s'éloigner. A moins d'ordre contraire, elle se retire toujours suffisamment à temps pour éviter d'être coupée et afin de ne pas obliger le corps principal à s'arrêter pour la dégager.

IV. — 84. Emploi de l'infanterie adjointe à la cavalerie d'exploration (284).

V. — 85. Protection des colonnes aux colonies : en Algérie (a); en Indo-Chine et au Tonkin (b).

CHAPITRE III

STATIONNEMENT

I. — Cantonnements, bivouacs et camps.

PRINCIPES GÉNÉRAUX

86. Modes de stationnement : Cantonnements, bivouacs; camp (bivouac prolongé); cantonnement

---

(a) **Dispositif du maréchal Bugeaud.** La troupe était divisée en trois colonnes parallèles, d'effectifs à peu près égaux. Le convoi était encadré en tête et en queue par la colonne du centre. Une petite fraction de la cavalerie éclairait la marche; le gros de la cavalerie, réparti en deux groupes, marchait dans l'espace compris entre les colonnes extérieures et la colonne centrale. Pour franchir un col, des fractions des colonnes latérales étaient envoyées à l'avance, prenaient possession des hauteurs, et protégeaient ainsi la colonne centrale pendant son passage. (*Note de l'auteur.*)

(b) Quelquefois on constitue deux groupes distincts, soit comme troupe, soit comme commandement: l'un fixe, très fortement constitué et divisé en deux parties égales encadrant le convoi, dans l'intérieur duquel sont répartis quelques soldats indigènes pour surveiller et activer les coolies; l'autre mobile. Le tout, sous la direction d'un chef unique; les troupes européennes et indigènes étant réparties dans chacune des fractions proportionnellement à leur nombre.

Le convoi proprement dit détache à 150 ou 200 mètres en avant et en arrière une pointe exclusivement composée d'indigènes qui lance quelques éclaireurs. L'échelon mobile marche sur la même digue ou sur le même sentier, soit à l'avant, soit à l'arrière, suivant la direction probable de l'ennemi et le terrain. Mais lorsqu'une agglomération de villages paraît trop dangereuse, un cours d'eau trop boisé et trop encaissé, une gorge trop difficile, l'échelon mobile se détache, va sonder l'obstacle, l'occupe et permet à la colonne de le franchir avec quelque sécurité. (*Compagnie au service en campagne.* DE FONCLARE.)

d'alerte; cantonnement-bivouac. N'employer le bivouac qu'en cas de nécessité. Chaque commandant de troupe répartit la zone de stationnement entre ses unités.

87. Campement (réunion du personnel chargé de préparer le stationnement).

Pour un régiment : le commandant de la compagnie de jour, 1 adjudant par bataillon (le campement d'un bataillon formant corps est toujours commandé par 1 officier), et par compagnie le fourrier, 1 caporal et 2 hommes. Il est souvent renforcé de la garde de police, mais il n'y peut marcher aucun équipage ou cheval de main. — La réunion de plusieurs campements est commandée, à grade égal, par l'officier d'état-major du campement du quartier général des troupes réunies, ou, à son défaut, par l'officier le plus élevé en grade.

II. — Cantonnement.

88. Capacité du cantonnement : Compter par homme 1 mètre sur 2; par cheval 1 mètre sur 3. Un officier occupe la place de 5 hommes; un cheval celle de 4 hommes (*a*). On peut mettre 10 hommes par habitant dans les campagnes et 5 à 6 dans les villes et localités industrielles. Ne jamais déloger les habitants de la chambre où ils ont l'habitude de coucher. Sont exempts de fournir le cantonnement dans le logement qu'ils occupent (mais non dans les dépendances qui peuvent être complètement séparées des locaux d'habitation, décret du 23 novembre 1886) les détenteurs de caisses publiques, femmes et filles vivant seules, communautés religieuses de femmes et écoles de filles.

PRÉPARATION DU CANTONNEMENT

89. Le commandant du campement le conduit à la mairie. La garde de police place des sentinelles aux

______

(*a*) Le cube d'air désirable est de 12 mètres par homme et 20 mètres par cheval. (Général PIERRON.)

ssues de la localité pour empêcher les communications avec l'extérieur.

Il requiert la municipalité; consulte les plans, explore rapidement la localité et répartit ensuite le cantonnement entre les bataillons et la section hors rang (signaler pour qu'on n'y entre pas les maisons contaminées *(a)*; assigner les deux côtés d'une même rue à la même unité; loger les officiers dans le même quartier que leur troupe: le parc en dehors des routes). Il fait reconnaître par *l'adjudant de jour* le logement du colonel, celui du médecin chef de service, le local réservé aux officiers et les écuries des équipages (à proximité du parc). Il fixe l'emplacement de la garde de police (au centre et autant que possible dans la maison commune) qui prend possession de son poste. Il reconnaît le point de rassemblement du régiment, les abreuvoirs, les endroits où les hommes prendront l'eau et ceux où ils devront laver leur linge; il fait placer des sentinelles aux puits et aux fontaines et fait commencer les travaux d'appropriation nécessaires. Il communique à la municipalité les ordres de réquisition. Il fixe le prix des denrées; s'il le peut, il fait faire tout de suite les distributions. Il dresse le tableau suivant, le fait afficher à la garde de police et le dicte aux adjudants et aux fourriers. Il fixe les points où ceux-ci attendront leur troupe; il se porte au devant du chef de corps.

(a) Un médecin de l'ambulance marche avec le campement; il désigne les maisons dont les habitants sont atteints de maladies contagieuses; le chef du campement les fait marquer d'un signe apparent. (Règlement du 31 octobre 1892.)

(*a*) On raye, suivant le cas, les deux mots ne se rapportant pas au cantonnement du jour.

° RÉGIMENT D'INFANTERIE

Renseignements et ordres à communiquer aux troupes avant l'entrée au cantonnement.

Localités occupées :   *Cantonnement* { *ordinaire.* / *d'alerte.* / *bivouac (a).*

Cantonne-ment.
{
Etat-major.................
1er bataillon...............
2e bataillon................
3e bataillon................
}

Logements..
{
Commandant du cantonne-ment.....................
Major du cantonnement....
Colonel...................
Officier supérieur de jour...
Capitaine de jour..........
Capitaine-major...........
Officier de détails.........
Officier d'approvisionnement
Médecin de service........
Vétérinaire...............
}

Service.....
{
Garde de police centrale du cantonnement...........
Compagnie de jour.........
Garde de police (emplacement).................
Autres gardes.............
Plantons.................
}

Appels......
{
}

Distribu- tions. (Lieu et heure.)	Pain......................
	Viande....................
	Vivres de campagne........
	Fourrages.................
	Bois......................
Parc.......	Emplacement des voitures..
	Emplacement des chevaux .
	Heure de la visite..........
Eau........	Potable....................
	Abreuvoirs................
	Lavoirs....................
Visite des malades.	Heure de la visite..........
	Lieu de la visite..........
Ambulance .	Emplacement ....
	Evacuation des blessés.....
Service de la poste.	Emplacement du bureau....
	Heure de la dernière levée..

Local réservé aux officiers...............
Point de rassemblement du régiment......
Point de rassemblement du régiment en
cas d'alerte.............................

Départ : à   heure

PRESCRIPTIONS DIVERSES

———

(Travaux à exécuter................   )

A   , le   19 .

Le Chef de corps,

90. Les adjudants répartissent le cantonnement
entre les compagnies. Ils reconnaissent le logement des
officiers de l'état-major et le point de rassemblement de
leur bataillon.

91. Les fourriers logent leur compagnie par fractions constituées; ils choisissent dans le lot de la compagnie les logements des officiers. A chaque maison, ils inscrivent à la craie sur la porte l'indication de la fraction, le nombre d'hommes et de chevaux, les noms et grades des officiers.

INSTALLATION AU CANTONNEMENT

92. La troupe est arrêtée à l'entrée du cantonnement où personne ne doit pénétrer avant le retour du commandant du campement (dégager les routes au besoin). La garde de police va à son poste si elle n'y est déjà.

Si elle a des prisonniers, elle les enferme dans la maison qu'elle occupe ou dans les maisons voisines.

Lorsqu'il y a plusieurs corps réunis dans le même cantonnement, le chef de corps le plus élevé en grade prend le titre de **commandant du cantonnement** et remplit les fonctions de commandant d'armes (un officier général commandant de cantonnement désigne un **major de cantonnement**). Il règle les services généraux des corps sans s'immiscer dans leur service intérieur : prescrit les mesures d'ordre, de surveillance; fixe les heures du réveil et de la retraite; organise, s'il y a lieu, le service vélocipédique. La garde de police d'un corps est désignée comme **poste central de police**. Les corps de troupe y détachent des plantons. Éventuellement, le commandant du cantonnement désigne pour le cas d'alerte des *places d'armes* couvertes par les avant-postes et présentant de bons débouchés dans tous les sens. = Il prescrit les mesures de sécurité nécessaires : 1° aux chefs de corps (faire garder les issues ou abords immédiats par des postes ou sentinelles; dégager les débouchés ou les préparer; travaux de défense; dispositions à prendre en cas d'attaque); 2° à la municipalité (mesures propres à empêcher les habitants de communiquer avec l'ennemi; limites à ne pas dépasser; heures de rentrée au logis; otages). En cas d'alerte, faire battre la générale.

93. Le commandant de la troupe dicte l'ordre comprenant éventuellement les instructions du commandant du cantonnement. Il reconnaît ensuite la place d'armes.

94. Le drapeau est porté au logis du colonel par la compagnie cantonnée le plus à proximité.

95. Les commandants de compagnie, guidés par les fourriers, conduisent leur troupe dans son quartier. Arrivé au point de dislocation, faire lire l'ordre; si ce n'est déjà fait, commander le service, et, s'il y a lieu, les appels, distributions, etc. Indiquer un point de ralliement où auront lieu les réunions, appels, distributions, etc. Envoyer à la garde de police un planton qui reconnaîtra auparavant le logement des officiers; la compagnie désignée envoie en outre un planton qui reconnaîtra auparavant le logement du chef de bataillon; faire relever par des petits postes les sentinelles placées par la garde de police aux issues voisines (avec mission d'arrêter toute tentative de surprise, toute communication entre les habitants et l'ennemi, de diriger vers les gardes de police les estafettes et les vélocipédistes). Barricader les issues, ou préparer les matériaux nécessaires (en requérant au besoin les habitants).

96. Les chefs de section, aidés des sous-officiers, surveillent l'installation, font organiser les feuillées et les cuisines (précautions contre l'incendie). En dehors des corvées régulières, les hommes ne peuvent s'éloigner de leur logement avant d'avoir procédé aux soins de propreté corporelle, nettoyé leurs armes et leurs effets et revêtu la tenue prescrite.

CANTONNEMENT D'ALERTE

97. Usité à proximité de l'ennemi ou quand la troupe doit pouvoir sortir très rapidement du cantonnement. L'installer alors de préférence au rez-de-chaussée et dans de grands locaux éclairés la nuit par les soins des habitants (les rues le sont par la municipalité). Les portes sont maintenues ouvertes; au besoin on pratique des issues supplémentaires. Les hommes couchent tout habillés, prêts à prendre les armes; les cavaliers près de leurs chevaux, les officiers avec leur troupe; les chevaux peuvent rester sellés et bridés et être réunis dans des cours, sur les places, etc. Dans chaque local, un homme veille pour entretenir la lumière et donner le signal en cas d'alerte.

CANTONNEMENT-BIVOUAC.

98. Utilisé quand les ressources du cantonnement sont insuffisantes. On peut arriver à 40 hommes par habitant. Le commandant du cantonnement répartit entre tous les corps et services les locaux, abreuvoirs, fontaines, etc.; les rues et les chemins restent libres; des mesures spéciales sont prises pour faciliter les communications, la circulation des voitures; éviter les incendies, gaspillages d'eau, exigences illégitimes.

Les capitaines désignent les fractions qui bivouaqueront dans les cours ou jardins attenant à ces locaux.

99. Cantonnement en Indo-Chine et au Tonkin (*a*).

(*a*) Vu la grande étendue des villages, une troupe de faible effectif ne saurait songer à les occuper ou à les défendre en entier; on doit rechercher, et l'on trouve toujours, soit des écarts, soit des coins possibles à isoler; on s'y renferme et on s'y barricade facilement à l'aide de haies de bambous existantes ou de palissades improvisées. (*Compagnie au service en campagne*, DE FONCLARE.)

III. — **Bivouacs.**

Choix des emplacements (page 174, note) (a).

PRÉPARATION DU BIVOUAC

100. **Le commandant du campement** reconnaît l'emplacement, répartit le terrain entre les bataillons, indique la formation à prendre et se conforme dans la limite possible aux indications relatives à ses fonctions dans le cantonnement (b).

101. Les adjudants de bataillon jalonnent les limites du bivouac de leur bataillon; vont au devant de leur bataillon et le conduisent.

102. Les officiers bivouaquent avec leur troupe.

INSTALLATION AU BIVOUAC

103. Bivouac d'un bataillon en colonne double : Les abris ou les tentes sur une longueur égale au double front de la section, dans le prolongement de la ligne des faisceaux. leur grande dimension perpendiculaire ou parallèle à cette ligne, suivant le terrain. Les cuisines habituellement sur les flancs.

(a) Les espaces nécessaires pour le bivouac sont les suivants (*Aide-mémoire d'état-major*) :

			front		prof.	
Infanterie.	Bataillon d'infanterie.	en colonne double,........	front	112ᵐ	prof.	112.
		déployé	—	245	—	95.
	Régiment.	en ligne de colonnes doubles	—	465	—	120.
		en colonne...............	—	140	—	385.
		déployé..................	—	1065	—	80.
Régiment de cavalerie..........		en colonne...............		120	—	147.
		en bataille,.............		280	—	125.
Artillerie.......	une batterie...............			65	—	130.

(b) Les commandant du bivouac, chef de corps, commandants de compagnie et chefs de section se conforment autant que possible aux prescriptions des nᵒˢ 92, 93, 95, 96.

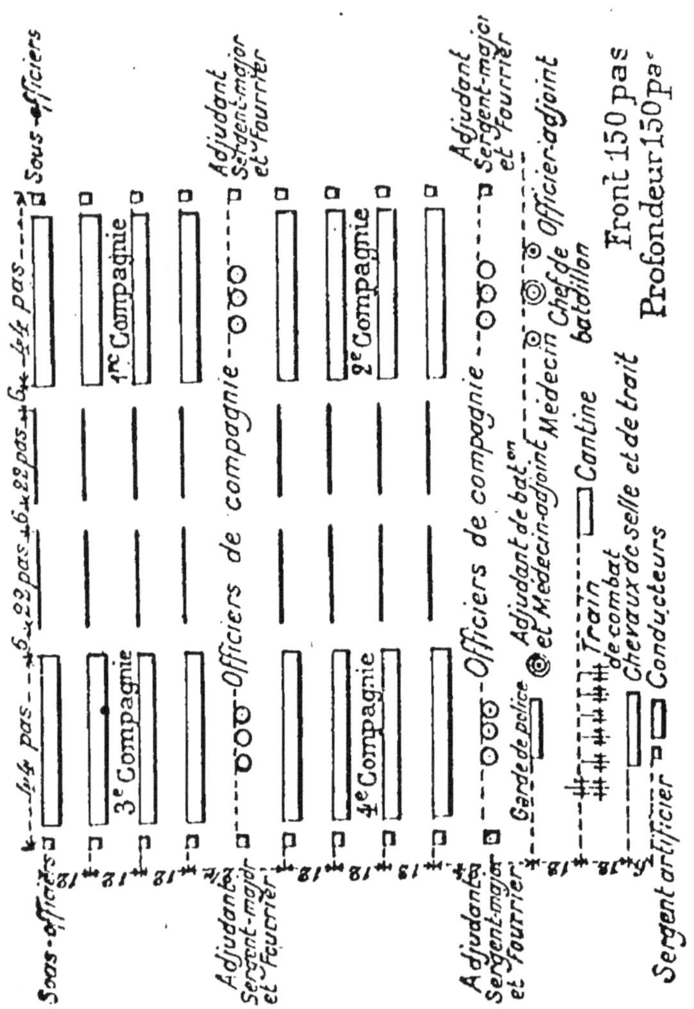

101. Bivouac d'un bataillon en ligne de colonnes : Les deux premières compagnies s'établissent comme les compagnies de tête de la colonne double; les deux autres à leur hauteur dans la même formation; les compagnies du centre séparées par un intervalle de

24 pas. Suivant la direction du vent, les cuisines en avant du front de bandière ou en arrière de la troupe.

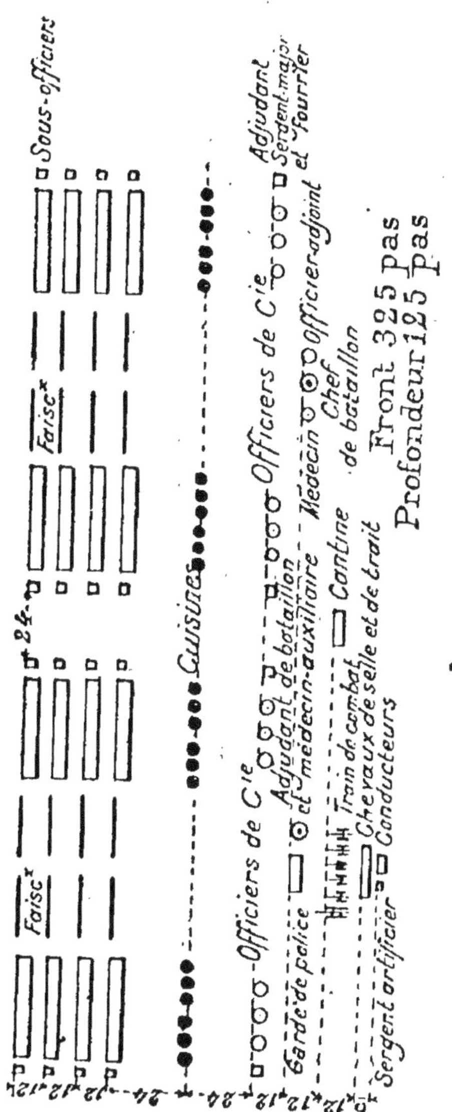

105. **Bivouac en ligne :** Lorsque le terrain ne présente pas une profondeur suffisante, le bataillon bivouaque en ligne. Dans chaque compagnie le bivouac établi à 6 pas en arrière des faisceaux sur deux lignes de tentes distantes elles-mêmes de 6 pas, les sous-officiers à la droite de leur section. La première ligne formée des escouades paires. Les sous-officiers, la garde de police, les cuisines, le train de combat, etc., occupent les mêmes emplacements que dans le bivouac en ligne de colonnes de compagnie.

106. **Bivouac du régiment :** Les bataillons sont disposés en ligne ou en colonne. Le drapeau à la tente du colonel. Le colonel, les officiers de l'état-major, le petit état-major et la section hors rang en arrière du bataillon désigné par le colonel. Le train de combat de chaque bataillon derrière son bataillon. Lorsque l'ordre est donné de réunir tous les trains, le parc est formé conformément aux indications du tableau ci-après :

107. Bivouac en Algérie (*a*) :

IV. — Service dans les cantonnements et bivouacs.

DISPOSITIONS GÉNÉRALES

108. Différents tours de service : Les règles du service des places et du service intérieur sont appliquées autant que possible. = Les gardes, détachements et travailleurs sont toujours fournis par fractions constituées. = Trois tours de service. *Premier tour :* Détachements qui ne sont relevés qu'après un certain nombre de jours. *Deuxième tour :* 1° Gardes de police, gardes intérieures, piquets, plantons, service habituel fourni par les fractions de jour et relevé toutes les vingt-quatre heures ; 2° travaux militaires et corvées. *Troisième tour :* Service individuel dans les cantonnements et bivouacs.

109. Commandant du cantonnement (92).

110. Le chef de corps indique les heures des services qui n'ont pas été fixées par un ordre général ou un ordre du commandant du cantonnement.

SERVICE DE JOUR

111. Remplace le service de semaine ; il est fourni alternativement par chaque bataillon ; il est pris du réveil au réveil.

112. Fraction de jour : Pour 1 régiment, 1 compagnie. Pour 1 bataillon formant corps ou détaché, 1 peloton. Elle fournit la garde de police (118), les autres gardes intérieures et le piquet (120).

(*a*) Il n'est pas indispensable que le campement arrive longtemps avant la troupe ; on peut le détacher au moment de la grand'halte. Le bivouac est toujours établi en carré. La ligne des cuisines est tracée en avant des faisceaux. En pays ami il est utile de parquer les chameaux et les mulets de réquisition, une fois qu'ils ont été déchargés, à quelque distance du camp, sans dépasser la ligne des avant-postes. (*Note de l'auteur.*)

113. L'officier supérieur de jour dirige l'ensemble du service intérieur et commande le service (avant l'entrée au cantonnement ou à l'appel du soir). Il a sous ses ordres la fraction de jour, les officiers de jour et l'adjudant-major de jour. Surveille la garde de police, le piquet, les autres gardes intérieures et les postes placés aux issues; leur fait transmettre le mot par le capitaine de jour; ordonne les patrouilles et les rondes. Pendant les séjours, il se trouve à la garde montante qui défile devant lui. S'assure par lui-même, surtout la nuit, de la vigilance des gardes; interroge, s'il y a lieu, les suspects arrêtés.

114. Le capitaine de jour est responsable de l'ordre dans les cantonnements; est chargé des *distributions*; a sous ses ordres la garde de police et les autres gardes intérieures; se trouve à la garde montante et donne le mot et leurs consignes aux différents postes. Au cantonnement, il transmet les ordres, reçoit les appels, en rend compte au colonel et en fait rendre compte verbalement par l'adjudant à l'officier supérieur de jour; transmet à ce dernier le rapport écrit et les comptes rendus verbaux du commandant de la garde de police. Veille aux exercices et aux travaux des punis et fait fréquemment la visite des postes. A défaut de gendarmerie, fait surveiller les cafés, auberges, etc. Est secondé dans son service par ses officiers et au besoin par les officiers du jour des autres compagnies. A défaut de capitaine de jour, le plus ancien des officiers de jour le remplace dans les distributions. Dans les corps où il n'y a pas d'adjudant-major, les fonctions en sont remplies par le capitaine de jour.

Dans un bataillon formant corps ou détaché, les capitaines roulent entre eux pour le service de jour et remplissent les fonctions de l'officier supérieur et du capitaine de jour, mais l'officier du peloton de jour est chargé des distributions.

115. Officier de jour de compagnie : Surveiller et rendre les appels. Surveiller au cantonnement la corvée de propreté. Ne peut s'absenter sans permission et sans se faire remplacer.

116. Appels : Pendant les périodes de marche, l'appel du matin a lieu au départ; l'appel du soir à l'heure fixée (92).

Les jours de repos, habituellement trois appels : le 1er, une demi-heure après le réveil; le 2e, dans la journée; le 3e, le soir à l'heure fixée. L'appel du soir et l'appel du matin, au logement ou à l'abri de l'escouade, sous la surveillance des officiers de jour; sont reçus à la garde de police par le capitaine de jour. L'appel de la journée, en armes, sac au dos, dans les cantonnements, au point de rassemblement de la compagnie : dans les bivouacs, sur l'emplacement des faisceaux; les tentes ou abris restent dressés. Tous les officiers assistent à l'appel de la journée; les capitaines passent l'inspection (armes, munitions, vivres, chaussures).

117. Prise du service : Pendant les séjours, une demi-heure après le réveil, la fraction qui prend le service se rassemble en armes. Les hommes de piquet laissent leurs tentes ou abris dressés. Troupe inspectée par l'officier supérieur de jour; défile devant lui; les gardes vont occuper leurs postes, le piquet rentre dans son cantonnement ou bivouac (120).

118. Garde de police : Chaque corps a sa garde de police (pour 1 régiment, une section de la compagnie de jour commandée par le chef de cette section; pour 1 bataillon formant corps, une 1/2 section commandée par son sous-officier; pour 1 compagnie isolée, une escouade. Marche habituellement avec le campement (87). Il y a toujours à la garde de police un clairon (a), plus par compagnie un planton connaissant le logement des officiers. Les ordres sont portés au chef de bataillon par un planton spécialement commandé dans une compagnie. Elle assure l'ordre, surveille les équipages, les munitions; garde les hommes punis (en fournissant au

---

(a) Et un ou plusieurs vélocipédistes. (*Note de l'auteur.*)

besoin un poste de discipline); elle fournit sentinelles et patrouilles (*a*). Au bivouac, elle peut construire des abris et faire des feux. A la garde de police et dans toutes les gardes intérieures, un homme par escouade peut être chargé de la préparation des aliments, mais ces postes n'envoient pas aux distributions, et les denrées leur sont apportées par les fractions de piquet. La garde rend les honneurs prescrits par le service intérieur et le service des places (mais sans tambour ni clairon). Le commandant de la garde se conforme aux ordres du capitaine de jour pour le maintien de l'ordre et de la propreté (123); fait faire par les sous-officiers de la garde les rondes et les patrouilles ordonnées par l'officier supérieur et le capitaine de jour; il peut en prescrire lui-même; fait surveiller les cantines, auberges, etc.; à l'appel du soir, les fait évacuer; veille à ce que les feux ne soient pas allumés avant l'heure prescrite, et soient éteints avant le départ; interroge les suspects arrêtés et les envoie, s'il y a lieu, au capitaine de jour. Au réveil, à l'appel du soir et à toutes prises d'armes du régiment, il fait prendre les armes à la garde et au poste de discipline; établit son rapport sur les deux postes et l'envoie au capitaine de jour. Au départ, la garde rentre dans le rang, mais ne quitte son poste qu'au moment de la mise en route du régiment.

119. **Sentinelles :** Au cantonnement, la garde d'un régiment d'infanterie fournit les sentinelles ci-après : une chez le colonel; une devant les armes; une ou plusieurs aux équipages et les sentinelles nécessaires au maintien de l'ordre, à la garde des eaux, etc.

Au bivouac, la garde fournit les sentinelles suivantes : une chez le colonel, une devant les armes, une sur le front de bandière de chaque bataillon, une sur chaque flanc du régiment, une ou plusieurs aux équipages.

Les sentinelles arrêtent de jour les individus suspects,

(*a*) La garde de police d'un des corps est désignée comme poste central de police (92).

et de nuit quiconque cherche à s'introduire dans le bivouac, même les soldats des autres armes. Celle du colonel l'avertit, en outre, de tout mouvement extraordinaire, et ne laisse déplacer le drapeau que par le porte-drapeau escorté de sa garde.

120. Piquet : Fraction disponible de la compagnie de jour, destinée à fournir détachements ou gardes extraordinaires et les soldats nécessaires à la réception et au transport des denrées destinées à la fraction de garde (118). Il est interdit aux hommes du piquet de sortir du cantonnement ou bivouac autrement que pour le service. Officiers, sous-officiers et soldats toujours habillés et équipés; chevaux sellés; sacs prêts; les appels et inspections sac au dos. Le piquet se réunit aux appels et aux prises d'armes au régiment. Pendant les séjours, il n'assiste ni aux exercices, ni aux revues.

121. Poste de discipline ; punis : Ce poste est destiné à recevoir les hommes punis de salle de police et de prison. Dans les bivouacs, il est placé à environ 100 mètres en avant du front; peut faire des feux. Dans les cantonnements, est placé soit au bivouac dans un endroit découvert à proximité de la garde de police, soit dans un local voisin de cette dernière; les hommes punis y sont enfermés. Il est composé d'une escouade commandée par un sous-officier responsable envers le commandant de la garde de police. Le poste prend les armes toutes les fois que la garde de police les prend elle-même et rend les mêmes honneurs que les autres gardes (122). La sentinelle placée devant les armes surveille les prisonniers. La soupe des hommes punis leur est apportée par les soins de leurs caporaux d'escouade. Les hommes punis sont employés, en principe, à toutes les corvées et exercés au peloton de punition. Les chefs de corps font exécuter les punitions, en se rapprochant le plus possible du service intérieur.

Au départ du régiment, le poste et les hommes punis rentrent dans le rang. Les criminels qu'il n'a pas été possible d'envoyer à la prison du quartier général (130) sont attachés et gardés par leur compagnie: en arrivant au cantonnement, ces hommes sont remis à la nouvelle garde de police.

122. Honneurs : La garde de police et le poste de discipline rendent les honneurs prescrits par le service intérieur et le service des places (*a*). Le poste de discipline prend les armes toutes les fois que la garde les prend elle-même.

MESURES D'ORDRE

123. La corvée de propreté est surveillée, au cantonnement dans chaque quartier de compagnie, par le sous-officier de jour ; au bivouac, par le commandant de la garde de police pour tout le régiment.

124. Surveillance à exercer : Aucun officier ne peut s'absenter sans permission du cantonnement ou du bivouac. Les officiers et sous-officiers surveillent la propreté corporelle, les soins des chevaux, l'entretien des effets, armes, harnachement, la conservation des vivres et munitions. Visiter les cantonnements, maintenir la bonne intelligence entre les soldats et les habitants. Réprimer avec rigueur les infractions aux mesures de police sanitaire.

(*a*) Honneurs à rendre par les gardes :

Drapeau............................	{ Le tambour bat aux champs.
Président de la République..........	} L'officier salue du sabre.
Ministres, maréchaux, amiraux, généraux de division commandant les armées ou corps d'armée, ou gouverneurs de Paris et de Lyon............	Le tambour bat aux champs.
Généraux de division, vice-amiraux, cours d'appel......................	} Le tambour rappelle.
Généraux de brigade, préfets, contre-amiraux, cours d'assises............	} Tambour prêt à battre.
Majors généraux de la marine, commandants d'armes, chefs de corps.......	} L'arme au pied.
Troupe en armes......................	{ Sonner aux champs. Si la troupe a son drapeau, l'officier salue du sabre.

125. Ordinaires : Gérés par compagnie; préparation des aliments par escouade. Lorsqu'il est défendu d'aller à l'eau isolément, les sous-officiers de jour réunissent les corvées de la compagnie et les font conduire en ordre.

126. Auberges et cabarets : Défense d'y stationner plus que le temps nécessaire pour y faire ses achats.

127. Service de santé : Visite dans une salle spéciale à proximité de la garde de police. Dans les séjours, organiser une infirmerie; renvoyer, le cas échéant, la voiture d'ambulance. Les admis à l'infirmerie sont mis en subsistance à la section hors rang. Les éclopés envoyés à l'ambulance la veille du départ.

128. Mutations : Les cartouches, vivres, outils des hommes entrant aux hôpitaux leur sont retirés, déposés sur les voitures de compagnie, ou répartis dans la compagnie (186).

129. Limites du cantonnement et du bivouac Aucun officier ne peut s'absenter du cantonnement ou bivouac sans permission. Les limites ne doivent jamais être dépassées par les hommes. Des postes spéciaux y veillent au besoin.

130. Punitions : *Hommes* (121). — *Officiers*. Arrêts gardés dans la limite du cantonnement ou bivouac de la compagnie; mais l'officier prend ses repas avec ses commensaux habituels. — Les militaires prévenus justiciables des conseils de guerre, sont remis à la gendarmerie pour être conduits à la prison du quartier général (121).

131. Soldats : Consacrent au repos tout le temps dont ils peuvent disposer. Il leur est interdit de circuler avant l'heure du réveil ou du départ, de dépasser les limites du cantonnement ou du bivouac. Mettre en état les effets, armes, etc.

132. Chevaux : Conduits en ordre à l'abreuvoir et en bridon plutôt qu'en collier. Ceux attachés à la même corde reçoivent l'avoine en même temps. Ceux qui refusent de manger sont surveillés; le fourrage leur est donné à part par petite partie et arrosé d'eau salée. Les écuries, les emplacements des cordes (bivouac) sont nettoyés tous les jours.

133. Sonneries : Interdites dans les cantonnements ou bivouacs, sauf en cas d'alerte (138).

134. Sauvegardes : Les établissements publics ou particuliers (hôpitaux, couvents, moulins, etc.), dont il importe d'interdire l'entrée aux troupes, d'une manière absolue, reçoivent des sauvegardes établies par les officiers généraux seuls. Les hommes employés au service des sauvegardes reçoivent un ordre signé. (Il est aussi donné des sauvegardes écrites ou imprimées qui doivent être respectées comme une sentinelle.) La gendarmerie est chargée de la surveillance et de la police des sauvegardes.

135. Abris de bivouacs; cuisines; feuillées : Indiqués la nuit par des lanternes (449).

136. Départ : Ne pas troubler le repos des troupes pendant la nuit. Toujours être en état de prendre les armes; paquetage fait le soir; à moins d'ordres contraires, tous les matins à l'heure fixée par le commandement, la troupe est réunie prête à partir; communication par le chef de corps des ordres de départ (44). La garde de police, le poste de discipline et les punis rentrent dans le rang. Prévenus (130).

CANTONNEMENTS DANS LA ZONE DES ÉTAPES

137. Dans un gîte d'étapes, les isolés et les commandants de détachements se présentent au commandant d'étapes (commandant d'armes) ou le préviennent de leur arrivée s'ils sont d'un grade supérieur au sien, et font viser par lui leur feuille de route. Toute colonne qui passe dans le voisinage en informe le commandant d'étapes. Les sous-officiers et soldats de passage ne doivent pas être retenus pour le service des étapes. Mais les petits détachements et isolés peuvent être maintenus provisoirement dans la localité pour être groupés en détachements. En principe, nourriture par l'habitant. Quand l'effectif est trop élevé, les distributions sont faites par la municipalité, sur réquisition du commandant d'étapes. En cas d'urgence seulement, les chefs de détachements peuvent, sans autorisation préalable, requérir la nourriture journalière et des moyens de transport.

MESURES DE SÉCURITÉ

138. *Commandant du campement* (89). *Commandant du cantonnement* (92). *Commandant de compagnie* (95).

Alerte : Le commandant du cantonnement fait battre la générale, signal répété par les clairons des gardes de police. *Au cantonnement :* les hommes s'équipent et se rendent au point de ralliement de la compagnie. Les bataillons et le régiment se rassemblent et gagnent la place d'armes. Il est ordonné aux habitants de rester dans les maisons, de fermer portes et fenêtres, les volets ouverts, les fenêtres éclairées. *Au bivouac :* les hommes s'équipent et se forment derrière les faisceaux; les officiers empêchent de les rompre prématurément.

V. — Avant-postes.

PRINCIPES GÉNÉRAUX

139. Nature des avant-postes : Les avant-postes donnent à une troupe le temps de se préparer au combat et abritent les cantonnements les plus avancés contre le feu de l'artillerie. Les grandes unités seules peuvent satisfaire à ces conditions; les petites ne se couvrent que contre une surprise immédiate. Elles

suppriment une partie des échelons et s'entourent complètement.

CAVALERIE

140. La cavalerie peut être appelée à établir des
postes spéciaux à une certaine distance en avant de la
ligne générale de surveillance.

A l'issue de la marche, le commandant de l'avant-
garde indique au commandant de la cavalerie l'ensemble du terrain que doivent occuper les avant-postes
d'infanterie. Celui-ci continue sa route jusqu'à ce qu'il
ait atteint un terrain favorable pour lui permettre
d'embrasser une étendue de pays aussi grande que possible et se fait éclairer par des patrouilles. Sous la
protection de la cavalerie, les grand'gardes d'infanterie se portent sur les emplacements qu'elles doivent
occuper. Elles restent groupées. Leurs chefs reconnaissent la place que les petits postes et les sentinelles devront prendre à la chute du jour. A ce moment,
le commandant de la cavalerie, ne laissant en place que
son service de vedettes, se retire avec son gros, soit à
la réserve des avant-postes, soit plus en arrière, pour
se reposer jusqu'au jour. Quand les grand'gardes d'infanterie ont pris le service des petits postes et des sentinelles, les vedettes rejoignent à leur tour le gros de
leur escadron. Le commandant de l'escadron détache
deux cavaliers à chacune des grand'gardes d'infanterie
et quatre à la réserve des avant-postes. Ces cavaliers
seront d'ailleurs avantageusement remplacés par des
cyclistes.

Le lendemain au point du jour, la cavalerie divisionnaire, si on est au repos, se porte en avant pour reconnaître le pays et se mettre en relation avec la cavalerie
de première ligne; elle reprend en avant des grand'-
gardes d'infanterie le service des vedettes comme la
veille.

Si la colonne ne dispose pas d'un détachement de cavalerie suffisant pour couvrir d'une surveillance effective

la zone des avant-postes, on installe même pendant le jour les petits postes et les sentinelles, et les reconnaissances nécessaires sont assurées, autant que possible, par des détachements de cyclistes, ou à leur défaut par des patrouilles d'infanterie.

INFANTERIE. — ORGANISATION GÉNÉRALE.

141. Réseau : Le réseau, quand il est aussi complet que possible en raison de la proximité de l'ennemi, comprend la *réserve*, les *grand'gardes*, les *petits postes*, les *sentinelles;* il peut comprendre aussi les *postes spéciaux*, les *postes d'examen*, le tout complété par des *rondes*, *patrouilles* et *reconnaissances*. Ce réseau, placé sous un seul commandement, peut être modifié et simplifié dans chaque cas particulier.

142. Numérotage : Les grand'gardes, les petits postes de chaque grand'garde et les sentinelles de chaque petit poste sont numérotés de la droite à la gauche.

143. Durée du service : Habituellement vingt-quatre heures.

144. Mot et signaux de reconnaissance (163) : Chacun doit les recevoir avant de prendre possession de son poste. S'ils ont été retardés ou surpris par l'ennemi, le commandant des avant-postes en donne d'autres qu'il fait connaître aux postes voisins et au général de brigade. On ne fait connaître aux sentinelles que le mot de ralliement ou les signaux.

145. Emplacements de jour et de nuit : En principe, les postes conservent jour et nuit les mêmes emplacements.

Il y a cependant intérêt à changer de place les sentinelles et même les petits postes, lorsque les avant-postes sont maintenus pendant plusieurs jours sur le même front au contact de l'ennemi. Dans ce cas, éviter de relever les avant-postes aux mêmes heures. Lorsque l'emplacement du petit poste doit être changé pour la nuit, le chef du petit poste le reconnaît à l'avance.

146. Postes spéciaux : La cavalerie peut être appelée à établir des postes spéciaux à une certaine distance en avant de la ligne de surveillance. La réserve des avant-postes fournit aussi les postes spéciaux destinés à occuper certains points importants.

147. Rondes : Fournies par la réserve, les grand'gardes et les petits postes. Chef (officier ou sous-officier) et 2 ou 3 hommes armés. Le jour, les sentinelles les reconnaissent sans avoir besoin de les interpeller. La nuit, un des hommes s'approche et se fait reconnaître. Les rondes pendant la nuit se reconnaissent au moyen de signaux prescrits ou à défaut par les moyens indiqués dans le service des places. Dans le premier cas, elles échangent, en outre, le mot d'ordre ou le mot de ralliement.

148. Patrouilles : Fournies par la grand'garde et les petits postes, elles complètent le service de vigilance des avant-postes en parcourant les parties du terrain que les sentinelles ne peuvent surveiller (ravins, couverts, etc.); elles se portent en avant de leur ligne pour éventer les mouvements de l'ennemi. Servent aussi à assurer la liaison avec les postes voisins. Au contact avec l'ennemi, on les emploie encore pour reconnaître l'emplacement des sentinelles ennemies, les inquiéter ou les enlever. Dans les petits postes, une patrouille est toujours tenue prête à partir.

Les patrouilles sont composées d'au moins trois hommes commandés par un caporal, un sous-officier, au besoin par un officier.

Tout chef qui fait partir une patrouille lui indique : 1º le but précis de sa mission et le point limite de sa marche; 2º le secteur à parcourir et l'itinéraire à suivre; 3º les points où elle doit franchir la ligne des sentinelles, au départ et au retour; 4º le temps approximatif pendant lequel elle doit rester dehors; 5º les mots d'ordre et de ralliement et les signaux (163).

Quand les avant-postes doivent séjourner plusieurs

jours sur un même terrain, l'heure de sortie et les itinéraires des patrouilles sont changés chaque jour.

En général, les petites patrouilles d'infanterie ne doivent pas, la nuit et en terrain coupé, s'avancer à plus d'un kilomètre des sentinelles; si les circonstances exigent qu'elles soient poussées plus loin on augmente leur force.

Au point du jour, les patrouilles doivent être plus fréquentes et reconnaître le terrain plus au loin; elles ne rentrent qu'au grand jour. Pour éviter les méprises de nuit, les petits postes et les sentinelles sont avertis des heures et lieux de sortie, ainsi que des heures et points probables de rentrée des patrouilles.

Les patrouilles marchent avec précaution et sans bruit, faisant halte souvent. Le chef de patrouille communique à ses hommes le but de sa mission et les renseignements recueillis, le mot de ralliement et les signaux. Les hommes marchent sans sac; ils ne causent ni ne fument: arme chargée. Les patrouilles composées de quelques hommes seulement ne marchent pas groupées.

Les hommes doivent être assez rapprochés pour se voir et se prêter un mutuel appui, assez éloignés pour n'être pas tous coupés et enlevés à la fois. Les patrouilles plus fortes marchent groupées; elles sont précédées de 3 ou 4 éclaireurs; au besoin, elles font couvrir leurs flancs et leurs derrières. D'une façon générale, une patrouille ayant pour mission de voir, son chef marche en tête. Si la patrouille comprend seulement quelques hommes, se couvrir en arrière et sur les flancs; avec des patrouilles plus fortes, le chef marche avec les premiers éclaireurs.

Le jour, les patrouilles se faufilent le long des haies, etc....., elles s'arrêtent et se dissimulent pour observer. La nuit et par le brouillard, elles se maintiennent sur les chemins et sentiers.

Au retour, les patrouilles s'arrêtent souvent pour s'assurer qu'elles ne sont pas suivies.

Les patrouilles, pendant la nuit, se reconnaissent au

moyen de signaux prescrits ou à défaut par les moyens indiqués dans le service des places. Dans le premier cas, elles échangent, en outre, le mot d'ordre ou le mot de ralliement.

Les patrouilles évitent d'engager le combat et plus encore de se laisser couper; pour cela, elles prennent un autre chemin au retour.

A sa rentrée, tout chef de patrouille rend compte. Tout renseignement important est transmis aussitôt au commandant des avant-postes.

149. Reconnaissances : Fournies par la réserve. Exécutées sur l'ordre du commandant des avant-postes, par des détachements placés sous le commandement d'un officier. Employer peu de monde ; ne pas les prodiguer, et surtout éviter de les recommencer aux mêmes heures et par la même route.

Le chef de la reconnaissance communique à celui qui serait appelé à le remplacer les instructions reçues et indique à sa troupe le but de la reconnaissance, s'il n'a pas intérêt à le tenir secret. Les reconnaissances se gardent contre toute surprise. Elles cherchent à passer inaperçues et se portent de position en position. A proximité de la position qu'il doit reconnaître, le chef de la reconnaissance établit sa troupe, sous la protection des éclaireurs, dans une position d'attente qui lui permette de recueillir les fractions qu'il aura détachées. Il envoie ensuite des patrouilles sur les différents points qu'il importe de reconnaître et dirige lui-même la patrouille chargée de la mission la plus importante. Lorsqu'il s'agit d'explorer un terrain d'une certaine étendue, il peut aussi envoyer dans la direction générale de la marche et par des itinéraires différents des patrouilles chargées de reconnaître les points qu'il ne peut voir lui-même ; dans ce cas, il leur assigne toujours un point de ralliement. Souvent, afin de faire perdre sa trace à l'ennemi, il évite de suivre au retour le chemin par lequel il est venu. Si l'on rencontre l'ennemi, l'observer et le suivre sans se laisser apercevoir ; le but étant de découvrir ses

forces et ses projets, il ne faut le combattre que lórs-
qu'on y est forcé. Cependant quand l'ennemi marche
sur le cantonnement ou le bivouac, le commandant de la
reconnaissance ne doit pas hésiter à le combattre s'il
a l'espoir de retarder sa marche. — Rappórt écrit.

150. Relèvement : Les différents échelons se relèvent
mutuellement, chaque commandant d'unité parcourant
son terrain avec le chef de l'unité qu'il relève. Dans
les marches en avant, les différentes fractions commen-
cent à se rassembler dès que la ligne des sentinelles
a été dépassée par les premiers éléments de l'infanterie
de l'avant-garde (a).

151. Poste d'examen : Dans un stationnement prolongé, il peut y avoir avantage à établir, sur la ligne
même des petits postes, un poste spécial dit poste d'examen, chargé d'interroger toutes les personnes étrangères à l'armée qui demandent à entrer dans les lignes.
Le commandant des avant-postes fixe la composition de
ce poste d'examen et son emplacement, qui est générale-
lement choisi sur la voie d'accès la plus importante. Le
poste d'examen peut être accolé à l'un des postes du
réseau, mais le personnel qui le compose ne concourt
pas au service de vigilance. Il est fourni par la réserve
des avant-postes et comprend l'effectif nécessaire pour
assurer la garde et l'escorte des personnes arrêtées. Le
chef du poste est choisi parmi les officiers ou sous-officiers parlant la langue du pays; un interprète adjoint
au besoin.

A proximité de l'ennemi, l'entrée et la sortie des
lignes peuvent être interdites d'une manière absolue.

Dans certains cas, lorsque les routes aboutissant sur
le front des avant-postes sont nombreuses, par exemple,
il peut être avantageux d'établir un poste d'examen par
grand'garde.

152. Avant-postes irréguliers : Au contact et à

---

proximité de l'ennemi, les troupes se couvrent par un réseau complet d'avant-postes. Loin de l'ennemi, le réseau des avant-postes est moins dense. Il comprend des grand'gardes soutenues par une réserve et détachant en avant d'elles des postes de 4, 6, 8 hommes (postes à la Bugeaud). Ces postes occupent les voies principales de communication, surtout aux carrefours, et se gardent par une sentinelle double ou simple, placée à une cinquantaine de pas en avant; les autres hommes du groupe s'assoient ou se couchent en se dissimulant de leur mieux; ils conservent l'arme à leur portée. La grand'garde assure la liaison de ces postes par un service de rondes et de patrouilles.

Ce dispositif peut être également employé dans un terrain fourré ou très accidenté, au cas où les sentinelles ne pourraient correspondre facilement avec leur petit poste.

Les postes à la Bugeaud trouvent aussi leur emploi dans un réseau complet d'avant-postes. Lancés, la nuit, en avant des sentinelles, ils peuvent remplacer les patrouilles et permettent de tendre des embuscades à l'ennemi.

153. Avant-postes aux colonies (*a*).

154. Avant-postes en Indo-Chine et au Tonkin (*b*).

155. Avant-postes en fin de combat : Au contact,

(*a*) *Bivouac en carré.* — Chaque face se protège par des petits postes à faible distance; la nuit détacher, en outre, de petits postes en avant des saillants (ancien règlement).

(*b*) Des petits postes ou des sentinelles sont placés à l'extérieur à courte distance, sur les digues ou les tertres assez fréquents qui émergent au-dessus des rizières, d'autres surveillent les avenues conduisant au village. Les soldats indigènes, fort intelligents, marchant nu-pieds, distinguant à merveille les bruits divers de la campagne et leur signification, constituent pour le service des sentinelles comme pour celui des patrouilles d'excellents auxiliaires; mais ils ont des tendances à s'endormir. Ils peuvent être laissés seuls en faction aux heures chaudes de la journée, qui sont les plus pénibles, et doublés seulement la nuit par les Européens. (*Compagnie au service en campagne*, DE FONCLARE.)

couvrir les bivouacs par une ligne de sections ou compagnies plus ou moins espacées et qui détachent, s'il y a lieu, des sentinelles doubles chargées de se replier sans faire feu dès que l'ennemi se présente. Les réserves occupent des positions organisées défensivement.

Ces avant-postes sont toujours sous les armes.

INSTALLATION.

156. Ordres donnés par le commandement (a) :

(a) Pour avoir le nombre des sentinelles disponibles dans une compagnie, il faut défalquer de la compagnie :

Gradés	28
Instrumentistes	4
Conducteurs	2
Infirmier	1
Ouvriers	2
Ordonnances	4
Cuisiniers	16
Total	57

Par suite, les disponibilités d'une compagnie sont les suivantes, savoir :

	POUR UN EFFECTIF PAR COMPAGNIE DE		
	250 h.	200 h.	150 h.
Compagnie.			
Nombre d'hommes disponibles	193	143	93
Section.			
Nombre d'hommes disponibles	48	36	24
dont { le 1/4 pour le service de patrouilles.	12	9	6
{ les 3/4 pour le service de sentinelles.	36	27	18
Le 1/3 de ces nombres représente le nombre des sentinelles simples disponibles	12	9	6
Et la 1/2 de ce dernier nombre représente le nombre de sentinelles doubles disponibles.	6	4	3
Si on en retranche une sentinelle simple devant les armes, il reste un nombre de sentinelles doubles égal à	5	3	2

Toutes choses égales, il y aura avantage à avoir des petits postes

Les ordres donnés par le commandant de l'avant-garde, ou, s'il y a lieu, par les généraux de brigade, font connaître :

1° Ensemble de la position des avant-postes ;

2° Emplacement de la troupe à couvrir ;

3° Points où doit s'opérer la liaison avec les avant-postes voisins ;

4° Indications sur la situation des corps voisins et celle de l'ennemi ; si une route est prise comme démarcation entre deux secteurs, spécifier à quel secteur elle appartient ;

5° Effectif et composition des troupes d'avant-postes ;

6° Leur répartition entre les secteurs ;

7° Conduite en cas d'attaque ;

8° Commandant des avant-postes, ou commandants de secteurs ;

9° Cavaliers ou vélocipédistes mis à la disposition des avant-postes.

(En principe les grand'gardes forment une première ligne de résistance, dans le cas contraire, le commandement détermine la ligne où doit avoir lieu la résistance.)

157. **Commandant des avant-postes.** A) *Ordre d'avant-postes :* L'ordre du commandant des avant-postes (donné d'après la carte) comprend :

1° *Situation.*

1° Renseignements sur l'ennemi ;
2° Cantonnements de la colonne ;
3° Mission de la cavalerie ;

2° *Mission des avant-postes.*

4° Numéros des compagnies de grand'garde, leurs secteurs et leurs emplacements approximatifs ;

5. Numéros des compagnies de réserve et l'emplacement de la réserve ;

---

aussi forts que possible pour diminuer les non-valeurs (sentinelles devant les armes.....). (*Note de l'auteur.*)

6° Conduite à tenir en cas d'attaque;

7° S'il y a lieu, l'emplacement du poste d'examen et son emplacement;

8° L'emploi des cavaliers ou vélocipédistes mis à la disposition des avant-postes;

9° Le mot ou les signaux;

10° Renseignements sur les corps voisins, les chemins ou points à surveiller particulièrement.

B) *Arrivée sur le terrain :* Arrivées au point de dislocation, les compagnies de grand' gardes se dirigent vers leurs secteurs; les voitures restent à la réserve; le déploiement des échelons les plus avancés est protégé par la réserve qui prend position au point convenable. Le commandant des avant-postes visite sans retard tous les échelons, prescrit les modifications nécessaires, s'installe à la réserve, organise le service de cette réserve (postes spéciaux, garde de police, rondes, patrouilles, reconnaissances) et rend compte.

158. Commandant de grand'garde (161): Le capitaine étudie, sur la carte ou sur les lieux, la zone à occuper et détermine les emplacements provisoires des différents échelons de son réseau, réunit les chefs de section, désigne les fractions en petits postes, répartit entre elles le terrain, indique la direction générale de l'ennemi, la *ligne probable* des petits postes et des sentinelles, et donne le mot et les signaux.

Pendant que les unités désignées comme petits postes partent en avant, le commandant de la grand'garde (laissant ses malades ou éclopés à la réserve) conduit sa troupe sur l'emplacement choisi et :

1° Organise le piquet (*a*) (161);

2° Organise le service des rondes, celui des patrouilles (composition, itinéraire, point et heure de sortie et de

---

(*a*) A la grand'garde, les chefs de patrouille et les gradés de ronde peuvent être envoyés, au moment le plus favorable, sur la ligne des sentinelles pour reconnaître le terrain à parcourir la nuit. (*Instruction pratique de l'infanterie en campagne.*)

rentrée, en donne connaissance aux petits postes qui en préviennent les sentinelles) (a);

3° Donne des ordres pour l'installation (travaux à faire, abris à construire, alimentation, corvées d'eau, de vivres, etc.), soins de propreté;

4° Envoie reconnaître l'emplacement des grand'gardes et se met en relation avec elles;

5° Met sa troupe au repos dès que les petits postes sont installés (sentinelle devant les armes fournie par le piquet);

6° Parcourt rapidement, accompagné du chef de chaque petit poste, le secteur de ce poste, rectifie au besoin;

7° Reçoit les rapports des petits postes, fait et envoie celui (très simple) de la grand'garde (emplacements exacts des sentinelles, poste etc., heure, itinéraire, composition, points de départ et de rentrée des rondes et des patrouilles, renseignements sur l'ennemi; croquis sommaire).

159. Chef de poste. A) *Installation* : Le chef du petit poste (b) :

1° Laisse à la grand'garde les cuisiniers;

2° Se détache du gros de la compagnie et gagne l'emplacement assigné en couvrant sa marche par des patrouilles qui dépassent la ligne que les sentinelles auront à occuper;

(a) Partager sa troupe en quatre fractions égales qui fournissent à tour de rôle le piquet, celui-ci étant chargé du service des sentinelles (doubles) et des patrouilles. Ces quatre fractions sont établies en colonnes, le piquet en tête; former les faisceaux et mettre sac à terre. Les hommes de la demi-section de piquet restent à proximité des faisceaux; une escouade alimente les sentinelles nécessaires, une autre les patrouilles; le reste de la grand'garde est au repos. (*Compagnie au service en campagne*, D° FONCLARE.)

(b) Se procure une montre, une lunette, une carte de la contrée, du papier, des enveloppes, de quoi écrire un rapport; des allumettes et une lanterne. Il demande quelle conduite il devra tenir en cas d'attaque par des forces supérieures; s'il devra se replier ou défendre un obstacle en attendant des secours; il s'informe si, à la chute du jour, notre cavalerie se repliera derrière les avant-postes d'infanterie; il règle sa montre sur celle du commandant de la grand'garde. (Général PIERRON.)

3º Reconnaît le terrain, fixe l'emplacement du poste et des sentinelles (place une sentinelle devant les armes);

4º Organise son poste (162);

(*a*) Désigne les gradés chargés de la surveillance de la relève et, s'il y a lieu, de la relève des sentinelles;

(*b*) Désigne les chefs de patrouille (148), les gradés de ronde, les hommes qui doivent les accompagner (une patrouille est toujours tenue prête à partir);

(*c*) Affecte tout le reste au service des sentinelles et rassemble son monde dans l'ordre suivant :

Les hommes destinés à fournir la sentinelle devant les armes couvrant les uns derrière les autres;

Les hommes destinés à fournir la sentinelle nº 1 (numérotés tous sentinelle nº 1) couvrant les uns derrière les autres ; à leur gauche, les hommes de la sentinelle nº 2 dans le même ordre, etc. (*a*);

5º Donne de suite, s'il le peut, la consigne des différentes sentinelles 1, 2..., et indique le chemin à suivre pour chacune d'elles ; les soldats les premiers à marcher dans chaque groupe partent aussitôt, soit isolément, soit sous la conduite d'un gradé, vers les emplacements à occuper ;

6º Donne des ordres pour l'alimentation, les soins de propreté, les corvées, etc... ;

7º Règle le service des patrouilles ;

8º Prévient les sentinelles des heures de sortie et de rentrée des patrouilles (*b*);

9º Se porte sur la ligne des sentinelles, rectifie, s'il y a lieu, les emplacements primitivement choisis, donne ou complète sur le terrain les consignes des sentinelles;

10º Fait rentrer les patrouilles ;

(*a*) Les chefs de patrouille couvrant les uns derrière les autres, numérotés 1, 2, etc..., et ayant à leur gauche leurs patrouilleurs. Les rangs prennent trois ou quatre pas de distance, et les faisceaux sont formés par rangs simples sur l'homme du centre. Mettre sac à terre. (*Note de l'auteur.*)

(*b*) Aux petits postes, les chefs de patrouille et les gradés de ronde doivent être envoyés, au moment le plus favorable, sur la ligne des sentinelles pour reconnaître le terrain à parcourir pendant la nuit. (*Instruction pratique de l'infanterie en campagne.*)

11º Se met en communication avec les postes voisins;

12º Compte rendu très simple au commandant de la grand' garde (emplacements exacts des sentinelles, du poste, heure, itinéraire, composition, points de départ et de rentrée des rondes et des patrouilles, renseignements sur l'ennemi; croquis sommaire).

B) *Consignes particulières à donner aux sentinelles :* Tout chef de petit poste qui place une sentinelle double doit lui donner les consignes particulières suivantes :

1º Désignation de la sentinelle fixe et de la sentinelle mobile ;

2º Numéro de la sentinelle;

3º Emplacement du petit poste, de la grand'garde et du poste d'examen ;

4º Renseignements sur l'ennemi;

5º Secteur d'observation (et point de repère);

6º Conduite à tenir en cas d'attaque et ligne de retraite;

7º Mot de ralliement et signaux particuliers.

(Faire charger l'arme.)

EXÉCUTION DU SERVICE

160. Réserve. *Organisation :* En arrière des grand'gardes, en un point où il soit facile de la porter dans toutes les directions. Au moins la moitié de l'effectif total des avant-postes sous le commandement direct du commandant des avant-postes. Quatre cavaliers. Fournit: rondes, reconnaissances, postes spéciaux. Elle forme une garde de police ; le reste est au bivouac ou au cantonnement d'alerte ; pas de sonneries, sauf en cas d'alerte. Pas d'honneurs. Les bagages peuvent être envoyés à la réserve, mais, le soir, les voitures sont chargées, les chevaux sellés et harnachés. Les distributions sont faites à la réserve d'avant-postes qui fait parvenir aux grand'gardes leurs denrées. Le matin, prendre les armes une heure avant le jour; compte rendu.

Rondes, patrouilles, reconnaissances : Pendant la nuit,

la garde de police prend les armes pour tout ce qui s'approche d'elle.

Troupe arrêtée la nuit aux avant-postes : Son chef, s'il n'est pas porteur d'un ordre écrit ou n'appartient pas à la troupe couverte 'est conduit au commandant des avant-postes. Il est tenu de répondre à toutes les questions faites pour constater son identité.

Parlementaire : Le commandant des troupes seul peut donner l'ordre de l'introduire auprès de lui ; en ce cas, le lui faire conduire (les yeux bandés) par un officier. Toute conversation avec le parlementaire rigoureusement interdite. Retour avec les mêmes précautions. Nécessaire quelquefois de le retenir temporairement s'il a surpris renseignements ou mouvements.

Prisonniers, déserteurs, gens suspects : Les interroger et les envoyer au commandant des troupes (*a*).

161. Grand'gardes. *Organisation :* Établies dans le voisinage d'un chemin et hors des vues de l'ennemi. Les positions occupées peuvent être mise en état de défense.

De 1 compagnie habituellement (dont la partie disponible à la grand'garde proprement dite doit comprendre au moins la moitié) et deux cavaliers. Au bivouac ou sous un abri. Les hommes conservent leur équipement de jour et de nuit. La grand'garde fournit : 1 piquet, du quart de la grand'garde proprement dite ; ce piquet fournit une sentinelle devant les armes, et les hommes pour observer les signaux des petits postes, rondes, pa-

---

(*a*) Questions qu'il faut toujours poser aux prisonniers et aux déserteurs au moment où l'on s'en saisit :

Numéro de la compagnie, du bataillon, du régiment, de la brigade, de la division ; noms du commandant, du colonel, des généraux ; cantonnement du régiment ; des corps voisins (quels sont-ils ?) ; des quartiers généraux ; force de la compagnie ; nombre de malades. Les munitions sont elles au complet ? Bruits qui circulaient au moment du départ, Y avait-il des ordres pour faire un mouvement prochain ? Quelle direction suivait la colonne ? Pourquoi-a t-on déserté ? (*Aide-mémoire d'état-major.*)

trouilles. Pas de sonneries, sauf en cas d'alerte. Pas d'honneurs. Pas de bagages. Distribution à la réserve des avant-postes qui fait parvenir les denrées à la grand'garde. Aliments des petits postes préparés à la grand-garde. Le matin prendre les armes 1 heure avant le jour; compte rendu.

Rondes, patrouilles ou détachements appartenant à la troupe de service : La nuit, le piquet prend les armes.

Détachements n'appartenant pas à la troupe couverte et se présentant de jour pour entrer dans les lignes (a).

Parlementaire : Donner reçu de ses dépêches. Les faire parvenir au commandant des avant-postes. Si le commandant des troupes reçoit le parlementaire, le faire conduire les yeux bandés par un officier à la réserve. Toute conversation avec lui rigoureusement interdite. Retour avec les mêmes précautions.

Déserteurs : Les interroger et les envoyer au commandant des avant-postes.

Prisonniers : Interroger, fouiller au besoin, et envoyer au commandant des avant-postes.

Isolés demandant à entrer dans les lignes : Interroger, fouiller au besoin et conduire sous escorte au commandant des avant-postes.

Troupe, patrouille ou détachement se présentant de nuit sur la ligne : Aller reconnaître. Le piquet prend les armes. Ne laisser passer que si le chef a un ordre écrit ou appartient à la troupe couverte. Sinon l'envoyer au commandant des avant-postes. Arrêter sa troupe à distance. Se préparer à combattre. Prévenir les grand'-gardes voisines.

Officiers ou détachements envoyés en mission; militaires ou étrangers voulant sortir de la ligne : S'assurer qu'ils ont un laissez-passer et les faire accompagner jusqu'à la ligne des sentinelles.

(a) Aller les reconnaître sur la ligne des sentinelles. Ce cas n'est pas prévu par le règlement. (*Note de l'auteur.*)

Attaque de l'ennemi : Soutenir ses petits postes, les recueillir, résister. Prévenir la réserve et les grand'gardes voisines. Les grand'gardes voisines restent sur place.

162. Petits postes. *Organisation :* D'une escouade à une section au plus, à proximité d'un chemin; emplacement dérobé aux vues de l'ennemi. Dans les terrains couverts ou très accidentés leur nombre peut être augmenté, leur effectif peut être réduit au minimum nécessaire pour fournir une sentinelle double à proximité du poste. Au bivouac ou sous un abri. Peuvent se retrancher (*a*). Fournissent une sentinelle devant les armes, des sentinelles doubles, des rondes, des patrouilles (147, 148). De jour, les hommes qui ne sont pas de service peuvent se reposer, mais ils ne quittent pas leur équipement, et conservent l'arme à leur portée. La nuit, tout le monde veille. Ne pas fumer. Pas de feu. Pas de sonnerie, sauf cas d'alerte. Pas d'honneurs. Pas de bagages. Distribution à la réserve des avant-postes. Aliments préparés à la grand'garde. Le matin prendre les armes une heure avant le jour; compte rendu.

Les intervalles entre les petits postes sont surveillés par des patrouilles.

Rondes, patrouilles ou détachements appartenant à la troupe de service . Le jour, laisser passer. La nuit, prendre les armes.

Détachement n'appartenant pas à la troupe couverte et se présentant *de jour* pour entrer dans les lignes (*b*).

Parlementaire : Venir le reconnaître. Prendre ses

(*a*) Le meilleur emplacement est près d'un carrefour, ou à un pont, à la lisière d'un bois permettant de voir sans être vu, ou derrière une ferme, ou à la lisière d'un village. Jamais dans un enclos fermé, ni trop près d'un bois, ou avec un défilé à dos. En cas de neige, de pluie ou de froid excessif, il peut s'abriter sous un hangar, sous une grange, dans une maison, mais en ayant la précaution de laisser les portes ouvertes et de n'occuper que le rez-de-chaussée. (Gal PIERRON.)
(*b*) Les faire arrêter sur la ligne et prévenir le commandant de la grand'garde. Ce cas n'est pas prévu par le règlement. (*Note de l'auteur.*)

dépêches, les envoyer au commandant de la grand'-
garde contre reçu à remettre au parlementaire; rester
auprès de lui en attendant le reçu; le congédier ensuite.
S'il demande à être reçu par le commandant des troupes, faire bander les yeux à lui et à son trompette et les
conduire au poste en attendant l'ordre d'introduction
que peut seul donner le commandant des troupes. Le
faire alors conduire les yeux bandés à la grand'garde;
le trompette reste au poste. Toute conversation avec
eux est rigoureusement interdite. Retour avec les mêmes
précautions.

Déserteurs : Aller les reconnaître. Ne les laisser approcher que successivement. Les envoyer à la grand'garde.

Prisonniers : Faire conduire au commandant de la
grand'garde.

Isolés demandant à entrer dans les lignes : Faire conduire au commandant de la grand'garde.

*Troupe ou détachement se présentant de nuit sur la
ligne :* Prévenir le commandant de la grand'garde.

*Les officiers ou détachements envoyés en mission ou
étrangers* voulant sortir de la ligne doivent être accompagnés jusqu'aux sentinelles par les soins du commandant de la grand'garde.

Attaque de l'ennemi : Prévenir la grand'garde et les
petits postes voisins. Faire prendre les armes. Se porter sur la ligne des sentinelles. Suivant sa force, tendre
une embuscade, ou renforcer sa ligne. Si l'ennemi est
repoussé, le faire suivre par une patrouille (lui indiquer
une limite à ne pas dépasser); sinon, reculer en démasquant la grand'garde.

163. Sentinelles. *Prescriptions générales :* Les sentinelles doivent voir et entendre. Interdiction de s'envelopper la tête; choisir un point de repère apparent.
Arme chargée (165); la nuit, baïonnette au canon. Sac au
dos. Ne pas s'asseoir, ni se coucher. Pas d'honneurs.
Elles doivent communication à tout chef de patrouille
ou de ronde, tout officier ou gradé de la compagnie, de
ce qu'elles ont remarqué. Selon les circonstances, les

sentinelles doubles sont établies de manière à surveiller les routes et chemins, sans former de ligne continue, ou bien elles forment une ligne à travers laquelle personne ne puisse passer sans être vu.

Des deux hommes, l'un est fixe et observe, l'autre peut se déplacer pour parcourir les abords immédiats du terrain qui échappent à la surveillance de la sentinelle fixe. Elles sont relevées toutes les deux heures ou toutes les heures suivant la saison; se relèvent seules, mais par moitié.

On convient d'un signal unique permettant aux sentinelles d'appeler le chef du petit poste. En dehors de ce signal d'appel, on adopte des signaux de reconnaissance. Les sentinelles font les premières le signal convenu auquel ils est répondu par un autre; elles reçoivent ensuite le mot de ralliement.

La *sentinelle devant les armes* des petits postes est chargée d'observer les signaux faits sur la ligne des sentinelles; elle les répète pour montrer qu'elle les a compris. La nuit, la sentinelle devant les armes de tous les échelons prévient pour tout ce qui s'approche d'elle.

Le *jour*, laisser passer les officiers, troupes appartenant à la fraction de service aux avant-postes.

La *nuit*, reconnaître toute personne ou troupe qui approche, en criant (au besoin deux fois) : *halte-là* (faire feu si on ne s'arrête); et puis : *qui vive?* et *avance au ralliement*. Prévenir le poste.

Parlementaire : Arrêter en dehors de la ligne et faire tourner du côté opposé au poste. Prévenir le poste.

Déserteurs : Leur faire mettre pied à terre, dessangler leurs chevaux, déposer leurs armes (faire feu s'ils n'obéissent pas); prévenir le poste.

Isolés demandant à entrer dans les lignes : Les arrêter et prévenir le petit poste.

Troupe ou détachement se présentant de nuit (a) pour entrer : Arrêter et prévenir le petit poste.

____

(a) Ou de jour. Ce cas n'est pas prévu par le règlement. (*Note de l'auteur.*)

Personnes (militaires ou non) *voulant sortir des lignes :* Ne les laisser passer que si elles sont accompagnées par les soins du commandant de la grand'garde.

Ennemi : Prévenir le poste ; continuer à observer ; si l'ennemi se précipite sur les sentinelles, faire feu, au besoin à plusieurs reprises.

CHAPITRE IV

TIR

I. — Renseignements sur le tir du fusil modèle 1886.

164. Au moment du départ du coup, l'axe du canon subit un léger déplacement angulaire au-dessus de sa position de pointage, auquel on donne le nom de *relèvement*.

L'angle de mire augmenté de l'angle de relèvement prend le nom d'*angle de projection*.

L'*ordonnée* d'un point de la trajectoire est la distance de ce point à la ligne de mire.

La *durée de trajet* d'un projectile est le temps qu'il met à franchir une portée donnée.

La *vitesse restante* d'un projectile à une portée donnée est la **vitesse** qu'il posssède à cette portée.

Le fusil modèle 1886 M. 93 a une portée maximum de 3.200 mètres, sous un angle de projection de 33°.

La **vitesse** initiale de son projectile est en moyenne de 638 mètres.

Tables de tir du fusil modèle 1886 M. 93.

Tirant la cartouche modèle 1886-M., à la température de 15°
et à la pression de 760 m/m.

| PORTÉES. | TANGENTES DES ANGLES | | DURÉES | VITESSES | FLÈCHES. |
	de projection	de chute.	de trajet.	res-tantes.	
mètres	millièmes	millièmes	secondes	mètres	mètres
100	1,01	1,21	0.169	552	0,028
200	2,42	3,24	0,362	486	0,142
250	3,28	4,56	0,468	459	0,247
300	4,24	6,08	0,580	435	0,390
400	6,48	9,75	0,822	393	0,819
500	9,12	14,2	1,09	359	1,48
600	12,2	19,5	1,38	330	2,41
700	15,6	25,6	1,69	305	3,66
800	19,5	32,6	2,03	284	5,29
900	23,8	40,3	2,40	266	7,33
1000	28,5	48,9	2,79	249	9,84
1100	33,6	59,9	3.20	236	12,9
1200	39,4	72,4	3.64	222	16,6
1300	45,7	86,7	4.10	211	21,1
1400	52,7	102,7	4.59	201	26,6
1500	60,4	120,6	5.40	191	33,0
1600	68,8	140,5	5.63	183	40,6
1700	78,0	162,6	6.19	175	49,5
1800	88,0	186,9	6,78	168	59,8
1900	98,8	213,5	7,39	161	71,7
2000	110,4	242,6	8,02	155	85,3

Table des zones dangereuses du fusil modèle 1886 M. 93, en prenant pour point à viser le pied du but.

DISTANCES du but.	HOMME à cheval. (2^m,50).	HOMME debout (1^m,60).	HOMME à genou (1^m).	HOMME couché. (0^m,55).
mètres.	mètres.	mètres.	mètres.	mètres.
100	100	100	100	100
200	200	200	200	200
250	250	250	250	250
300	300	300	300	300
400	400	400	400	75
500	500	500	93	45
600	600	106	58	31
700	128	72	43	23
800	89	54	32	18
900	68	42	25	15
1000	55	34	20	12
1100	44	27	17	
1200	36	22	14	
1300	30	18	12	
1400	24	16	10	
1500	21	13	8	
1600	18	11	7	
1700	15	10	6	
1800	13	9	5	
1900	12	8	4,5	
2000	11	7	4	

Table des ordonnées de 100ᵐ en 100ᵐ du fusil modèle 1886 M. 93 à la température de + 15°; pression 760ᵐᵐ.

DISTANCES DES ORDONNÉES COMPTÉES A PARTIR DE L'ORIGINE DU TIR.

PORTÉES.	100	200	300	400	500	600	700	800	900	1000	PORTÉES.
mètres.	mètres.	mètres.	mètres.	mètres.	mètres	mètres.	mètres.	mètres.	mètres.	mètres.	mètres.
200	+ 0,141	●	0,547	1,62	3,35	5,85	9,25	13,7	10,2*	26,0	200
250	0,228	+ 0,172	— 0,289	1,28	2,02	5,33	8,64	13,0	18,4	25,3	250
300	0,324	0,365	●	— 0,893	2,44	4,76	7,97	12,2	17,6	24,2	300
400	0,547	0,811	+ 0,67	●	— 1,32	3,42	6,44	10,4	15,6	22,0	400
500	0,811	1,34	1,40	+ 1,06	●	— 1,83	4,86	8,30	13,2	19,3	500
600	1,12	1,95	2,38	2,28	+ 1,52	●	— 2,42	5,86	10,4	16,3	600
700	1,46	2,64	3,42	3,66	3,25	+ 2,08	●	— 3,09	7,33	12,8	700
800	1,85	3,42	4,58	5,21	5,19	4,40	+ 2,71	●	— 3,85	8,06	800
900	2,28	4,17	5,86	6,92	7,33	6,96	5,70	+ 3,42	●	— 4,69	900
1000	2,75	5,21	7,27	8,80	9,67	9,78	8,98	7,17	+ 4,22	●	1000
1100	3,26	6,24	8,81	10,9	12,2	12,9	12,6	11,3	8,87	+ 5,16	1100
1200	3,84	7,39	10,5	13,1	15,1	16,3	16,6	15,9	14,0	10,0	1200
1300	4,44	8,66	12,4	15,7	18,3	20,1	21,1	21,0	19,7	17,2	1300
1400	5,17	10,1	14,5	18,5	21,8	24,3	25,9	26,6	26,0	24,2	1400
1500	5,94	11,6	16,8	21,6	25,6	28,9	31,3	32,7	32,9	31,0	1500
1600	6,78	13,3	19,4	24,9	29,8	34,0	37,2	39,4	40,5	40,3	1600
1700	7,70	15,1	22,1	28,6	34,4	39,5	43,6	46,8	48,7	49,5	1700
1800	8,69	17,1	25,1	32,6	39,4	45,5	50,6	54,7	57,7	55,5	1800
1900	9,77	19,3	28,3	36,9	44,8	51,9	58,2	63,4	67,5	70,3	1900
2000	10,9	21,6	31,8	41,6	50,6	58,9	66,4	72,7	78,0	82,0	2000

Table des ordonnées de 100ᵐ en 100ᵐ du fusil modèle 1886 M. 93 à la température de + 15°; pression 760ᵐᵐ.

PORTÉES.	DISTANCES DES ORDONNÉES COMPTÉES					A PARTIR DE L'ORIGINE DU TIR.					PORTÉES.
	1100	1200	1300	1400	1500	1600	1700	1800	1900	2000	
mètres.	mètres.	mètres.	mètres.	mètres.	mètres.	mètres.	mètres.	mètres.	mètres.	mètres.	mètres.
200	34,3	44,3	56,3	70,4	87,0	106,0	128,0	151,0	183,0	216,0	200
250	33,4	43,3	55,2	69,2	85,7	105,0	127,0	152,0	181,0	214,0	250
300	32,3	42,1	53,9	67,8	84,2	103,0	125,0	151,0	179,0	212,0	300
400	29,9	39,5	51,0	64,7	80,9	99,7	121,0	147,0	175,0	208,0	400
500	27,0	36,3	47,6	61,0	76,9	95,5	117,0	142,0	170,0	203,0	500
600	23,6	32,6	43,6	56,8	72,3	90,6	112,0	136,0	164,0	196,0	600
700	19,8	28,5	39,1	54,8	67,1	85,1	106,0	130,0	158,0	190,0	700
800	15,5	23,8	34,1	46,5	61,3	78,9	99,4	123,0	150,0	182,0	800
900	10,8	18,7	28,5	40,5	54,9	72,0	92,4	115,0	142,0	173,0	900
1000	— 5,68	13,1	22,4	33,9	47,9	64,5	84,2	107,0	133,0	164,0	1000
1100	0	— 6,89	15,7	26,7	40,2	56,3	74,4	97,8	124,0	154,0	1100
1200	+ 6,31	0	— 8,25	18,7	31,5	47,1	65,6	87,4	113,0	142,0	1200
1300	13,3	+ 7,62	0	— 9,8	22,0	36,9	54,8	76,0	101,0	129,0	1300
1400	21,0	16,0	+ 9,10	0	—11,5	25,7	42,9	63,4	87,5	115,0	1400
1500	29,4	25,2	19,1	+10,7	0	—13,4	29,9	49,6	72,9	100,0	1500
1600	38,7	35,3	30,0	22,5	+12,6	0	—15,6	34,4	56,9	83,2	1600
1700	48,8	46,3	41,9	35,4	26,4	+14,7	0	—17,9	39,5	64,9	1700
1800	59,7	58,3	54,9	49,3	41,3	30,6	+16,9	0	—20,5	45,0	1800
1900	71,6	71,3	68,9	64,4	57,5	47,9	35,3	+19,4	0	—23,4	1900
2000	84,5	85,3	84,1	80,8	75,0	66,6	55,2	40,5	+22,2	0	2000

Renseignements sur la précision du fusil modèle 1886 M. 93.

PORTÉES.	ÉCARTS PROBABLES		OBSERVATIONS.
	VERTICAUX.	HORIZONTAUX.	
1	2	3	4
mètres.	contim.	contim.	
100	2,8	2,7	Les nombres inscrits dans les colonnes 2 et 3 mesurent la demi-largeur de la bande verticale ou horizontale indéfinie contenant 50 p. 0/0 des meilleurs coups dans un tir exécuté sur appui par un excellent tireur.
200	5,6	5,4	
250	7,2	6,8	
300	8,8	8,4	—
400	12,2	11,6	Aux distances supérieures à 1,000 mètres, la demi-largeur de la bande perpendiculaire au plan de tir contenant 50 p. 0/0 des meilleurs coups recueillis sur un plan parallèle à la ligne de mire est de 8 à 12 mètres en moyenne jusqu'à 2,000 mètres.
500	15,9	14,8	
600	20,0	18,4	
700	24,2	22,4	
800	28,9	26,8	
900	33,9	31,5	
1000	39,1	36,5	

Table des déviations dues au vent (a) pour les balles du fusil modèle 1886 M. 93.

PORTÉES.	DÉVIATIONS		OBSERVATIONS.
	LATÉRALES.	EN PORTÉE.	
1	2	3	4
mètres.	mètres.	mètres.	
100	0,008	»	Les chiffres qui figurent dans les colonnes 2 et 3 se rapportent à un vent soufflant perpendiculairement ou parallèlement à la direction du tir avec une vitesse de 1 mètre par seconde. Les déviations dues à un vent de vitesse différente s'obtiennent en multipliant les colonnes 2 et 3 par le nombre qui exprime la vitesse du vent à la seconde exprimée en mètres. Il est bien entendu que la vitesse du vent ne doit pas être comptée suivant sa direction, mais bien normalement et parallèlement à la direction du tir.
200	0,026	»	
250	0,042	»	
300	0,065	»	
400	0,13	»	
500	0,24	»	
600	0,41	1	
700	0,68	1	
800	0,95	2	
900	1,3	3	
1000	1,7	3	
1100	2,0	4	
1200	2,4	5	
1300	2,8	6	
1400	3,3	7	
1500	3,8	8	
1600	4,4	9	
1700	5,0	10	
1800	5,6	11	
1900	6,3	13	
2000	8,0	16	

(a) En marchant à l'ennemi, obliquer dans le sens du vent. (Général Lr JOINDRE.)

Influence des circonstances atmosphériques sur le réglage du tir (fusil modèle 1886 M. 93).

A. — INFLUENCE DE LA TEMPÉRATURE.

DISTANCES.	UNE VARIATION de température de + 10° déplace le point moyen du tir		OBSERVATIONS.
	vers le haut ou vers le bas	en portée (au delà ou en deçà).	
mètres.	mètres	mètres.	
250	0,03	8	Le fusil modèle
400	0,08	9	1886 est réglé pour
1000	0,88	18	la température de
1500	3,38	28	15°.
2000	»	45	

B. — INFLUENCE DE L'ALTITUDE.

DISTANCES.	POUR UNE AUGMENTATION D'ALTITUDE DE			
	500 mètres.	1000 mètres	1500 mètres	2100 mètres
mètres.	mètres	mètres.	mètres.	mètres.
	Le point moyen du tir est déplacé vers le haut de :			
400	0,09	0,17	0,25	0,34
1000	1,30	2,50	3,70	4,90
1500	4,50	8,70	12,70	17,00
	et les portées sont augmentées de :			
400	9,00	17,00	25,00	34,00
600	11,00	26,00	39,00	54,00
1000	18,00	42,00	63,00	89,00
1500	30,00	68,00	101,00	146,00
2000	45,00	100,00	153,00	226,00

RENSEIGNEMENTS

Sur la pénétration des balles des fusils de guerre dans divers milieux (1).

I. — MATÉRIAUX MEUBLES.

II. — LIGNEUX ET MEUBLES.

III. — MAÇONNERIES.

IV. — CUIRASSE DE CUIRASSIER.

V. — PROJECTILES DE CAMPAGNE.

---

(1) Résultats des expériences exécutées par l'Ecole normale de tir et la Commission d'expériences de Versailles.

Obstacles traversés sous grande épaisseur.

1. — MATÉRIAUX MEUBLES.

ÉPAISSEURS LÉES DES MASSIFS TRAVERSÉS.

Fusil de 8 %m environ. — Balles de 15 grammes fer à enveloppe de maillechort ou acier plaqué.
V₂₅ de 620 mètres.

DISTANCES DE TIR	TERRE VÉGÉTALE LÉGÈRE				TERRE VÉGÉTALE FORTE				SABLE DE CARRIÈRE argileux		SABLE de rivière		ARGILE PLASTIQUE			NEIGE		
	non tassée			tassée	non tassée		tassée		non tassé		non tassé		sèche	agglomérée, non pétrie		fraîche	tassée et piétinée	ancienne
mèt.	sèche	humectée à 7,5 p. 100	humectée à 15 p. 100	sèche	sèche	humectée à 10 p. 100	sèche	humectée sec	humecté à 6 p. 100	humecté à 12 p. 100	sec	humecté à 10 p. 100	sèche	humectée à 7,5 p. 100	humectée de 15 à 20 p. 100	non tassée	tassée et piétinée	tassée et congelée
50	82	73	79	60	49	100	55	61	65	75	20	26	82	100	104	310	135	117
100	75	76	73	72	48	100	55	54	73	72	20	29	75	97	102	300	131	112
200	64	67	66	67	46	75	45	55	66	65	29	32	69	76	76	244	159	147
400	58	58	59	55	46	70	44	57	58	56	33	35	60	73	76	187	140	120
800	39	46	45	38	34	47	30	40	39	40	27	29	49	54	52	99	84	63

Fusils de 6 %m. — Balles de 10 gramm² enveloppe de maillechort ou acier plaqué.
V₂₅ = 700 mètres.

DISTANCES DE TIR	TERRE VÉGÉTALE LÉGÈRE				TERRE VÉGÉTALE FORTE				SABLE DE CARRIÈRE argileux		SABLE de rivière		ARGILE PLASTIQUE			NEIGE		
	non tassée			tassée	non tassée		tassée		non tassé		non tassé		sèche	agglomérée, non pétrie		fraîche	tassée et piétinée	ancienne
mèt.	sèche	humectée à 7,5 p. 100	humectée à 15 p. 100	sèche	sèche	humectée à 10 p. 100	sèche	humectée sec	humecté à 6 p. 100	humecté à 12 p. 100	sec	humecté à 10 p. 100	sèche	humectée à 7,5 p. 100	humectée de 15 à 20 p. 100	non tassée	tassée et piétinée	tassée et congelée
50	72	48	75	70	62	30	50	23	35	71	10	50	85	82	98	295	136	110
100	72	68	65	70	40	67	55	46	40	68	14	58	85	78	81	255	125	133
200	60	67	67	82	42	60	45	47	44	66	26	60	60	73	73	243	105	99
400	58	56	56	55	40	60	40	51	52	54	23	55	55	68	73	136	140	115
800	45	47	46	41	42	65	36	36	38	40	?	47	47	46	48	95	82	59

II. — LIGNEUX ET MÉTAUX.

Fusils de 8mm environ.

DISTANCES DE TIR.	BOIS.			MÉTAUX.					
	SAPIN sec en lambourdes.	SAPIN vert en grume.	Chêne en lambourdes.	Fer.	Acier doux.	Acier demi-dur.	Acier à 25 p.100 de nickel	Acier chromé Hoitzer.	Acier spécial du Creusot.
mètres.	5/10	5/10	6/10	10/10	10/10	10/10	10/10	10/10	10/10
10	»	»	»	12,1	10,6	»	»	5,1	5,2
50	104	107	62	10,6	9,4	8,5	7,5	5,0	5,0
100	103	87	52	9,3	8,1	7,0	5,0	4,8	4,7
200	75	68	48	7,1	6,2	5,0	3,5	3,4	3,4
300	»	»	»	5,6	4,8	4,1	2,7	2,8	2,4
400	60	50	35	»	4,0	3,5	»	»	»
500	»	»	»	»	»	3,2	»	»	»
600	»	»	»	»	»	3,1	»	»	»
700	»	»	»	»	»	3,0	»	»	»

Fusils de 6mm,5.

DISTANCES DE TIR.	BOIS.			MÉTAUX.					
	SAPIN sec en lambourdes.	SAPIN vert en grume.	Chêne en lambourdes.	Fer.	Acier doux.	Acier demi-dur.	Acier à 25 p.100 de nickel	Acier chromé Hoitzer.	Acier spécial du Creusot.
mètres.	5/10	5/10	6/10	10/10	10/10	10/10	10/10	10/10	10/10
10	»	»	»	12,0	»	»	»	7,0	6,0
50	131	135	70	11,1	10,2	»	»	6,1	5,3
100	123	94	66	10,2	8,9	7,9	5,5	5,3	4,8
200	110	78	57	8,4	7,2	6,4	4,5	3,6	3,6
300	»	»	»	6,9	5,7	5,4	3,9	2,8	2,5
400	71	48	40	5,6	4,5	4,6	2,4	»	»
450	»	»	»	5,0	3,9	»	»	»	»
500	»	»	»	»	»	4,0	»	»	»
600	»	»	»	»	»	3,5	»	»	»
700	»	»	»	»	»	3,0	»	»	»

III. — MAÇONNERIES.

DISTANCES LIMITES (Fusils de 8mm environ.)	MURS EN PISÉ		PANS DE BOIS de 0m,22.		PANS DE BOIS de 0m,30.	
	de 0m,22.	de 0m,30.	Blocage.	Carreaux de terre.	Blocage.	Carreaux de terre.
	mèt.	mèt.	mèt.	mèt.	mèt.	mèt.
à laquelle traverse une balle unique	790	600	800	Néant	800	Néant
auxquelles traverse un groupement de.... 4	»	»	»	50	»	25
5	»	»	»	100	»	50
9	»	»	»	150	»	»
14	»	»	»	»	»	100
17	»	»	»	»	»	150

DISTANCES LIMITES (Fusils de 6mm,5.)	MURS EN PISÉ		PANS DE BOIS de 0m,22.		PANS DE BOIS de 0m,30.	
	de 0m,22.	de 0m,30.	Blocage.	Carreaux de terre.	Blocage.	Carreaux de terre.
	mèt.	mèt.	mèt.	mèt.	mèt.	mèt.
à laquelle traverse une balle unique	820	700	800	Néant	800	Néant
auxquelles traverse un groupement de.... 4	»	»	»	25	»	»
10 à 12	»	»	»	50	»	25
17	»	»	»	100	»	»
25	»	»	»	150	»	100
30	»	»	»	»	»	150

IV. — CUIRASSE MODÈLE 1855.

NATURE ET ÉTAT DE L'OBSTACLE.	CALIBRE DU FUSIL.	DISTANCES LIMITES auxquelles sont traversés	
		le busc.	les parties les plus minces.
	$\frac{m/}{m}$	mètr.	mètr.
Commission d'expériences de Versailles (1) — Cuirasse modèle 1855 en acier chromé d'Unieux. Épaisseur décroissant de 3mm, 3 (busc) à 2 millimètres (2) (côtés)......	8,0	»	300
	7,9	»	300
	6,5	»	300
École normale de tir (1). — Id.................	8.0	265	290
	7.9	265	285
	6.5	330	345

(1) Établissement qui a procédé aux expériences.
(2) Le minimum d'épaisseur est de 1,5 à 1 millimètre ; mais ces parties latérales fuyantes échappent, en général, au tir dans les charges.

V. — OBUS VIDES DE CANON DE CAMPAGNE.

1° *Obus en fonte* (épaisseur 21mm) :

Il faut de 4 à 7 balles superposées, tirées à une distance de 5 à 10 mètres, pour obtenir avec les balles de 8mm ou de 6mm,5 des trous de 12 à 14mm de diamètre.

Une balle unique est impuissante, à toutes les distances, à déterminer la perforation.

2° *Obus allongés* (épaisseur 8mm) :

La balle de 6mm,5 atteignant la paroi normalement, la perce jusqu'à la distance de 20 mètres incluse. Elle agit d'ailleurs par défoncement en poinçonnant un disque qui reste dans l'obus.

Il faut de 3 à 10 balles de 8mm pour percer entre 5 et 10 mètres l'obus allongé.

II. — Conduite des feux.

165. Principes du tir individuel : Le soldat isolé doit tirer le moins possible et seulement quand il en a reçu l'ordre ou l'autorisation, quand il doit pourvoir à sa propre défense ou quand il est nécessaire de signaler sans retard la présence ou l'approche de l'ennemi. Il doit avoir son fusil approvisionné ; il charge au moment de tirer. Quand l'occasion se présente, il doit, de son propre mouvement et avec calme, choisir son emplacement, se poster, estimer la distance du but et, s'il y a lieu, disposer la hausse et tirer.

Pour tirer, le soldat doit chercher avant tout à voir, puis à s'abriter ou à se couvrir, enfin à trouver un appui pour son arme. Un arbre de moyenne grosseur est un abri peu sûr ; il faut un arbre de la grosseur d'un homme pour arrêter les balles aux petites distances. Les murs en pierre ou en brique, même d'une faible épaisseur, abritent contre le feu à toutes les distances.

Le soldat est moins exposé couché qu'à genou, et à genou que debout. Il tire mieux à genou que couché ou debout, plus vite et plus commodément debout que dans toute autre position ; la position debout est aussi la seule qui permette l'usage de la baïonnette. Le tir sur appui est toujours plus sûr qu'à bras francs et moins fatigant ; aussi le tireur doit chercher toujours un appui pour soutenir son arme. Lorsque le tireur peut appuyer à la fois l'arme et le corps, ou seulement le bras ou la main, la position du tireur doit être modifiée en conséquence.

166. Limites d'emploi du tir individuel : Le soldat isolé ne doit pas tirer à plus de :

250 mètres sur un homme à pied (ou plusieurs) (*a*) ;

(*a*) Un homme isolé est invulnérable pour un ennemi situé à plus

400 mètres sur un cavalier (ou plusieurs);

500 mètres sur un groupe de 4 hommes (et plus).

Il n'est jamais utile de tirer à des distances supérieures; il est souvent avantageux d'attendre, pour commencer le feu, que le but soit plus rapproché.

167. **Règles de tir :** La distance évaluée indique la hausse à prendre.

Le point à viser est le milieu du pied de la partie visible du but.

Avec les hausses de 400 mètres et au-dessus, contre un but qui se déplace transversalement ou par un vent soufflant de côté, il faut viser le bord du but, du côté du vent ou de la marche.

Le soldat isolé tire lentement, coup par coup et en observant l'effet de son tir; dans les circonstances pressantes, il peut faire usage de la répétition.

168. Emploi des feux : La section est l'unité d'exécution des feux.

L'efficacité d'un feu dépend de l'exactitude avec laquelle les soldats appliquent les principes du tir, du sang-froid et de l'aptitude de celui qui le dirige.

169. Principes du tir collectif : Lorsqu'il est réuni à d'autres soldats dans un groupe, le tirailleur applique les mêmes règles que quand il est isolé; mais il n'a plus le choix de l'emplacement, du but et de la hausse, ni le droit de commencer, de continuer ou de cesser le feu suivant sa propre volonté : l'initiative en est réservée au chef.

Lorsque le groupe déployé reçoit l'ordre de prendre position ou de se porter d'un point à un autre, chaque homme doit trouver sa place dans l'espace dont il peut disposer sans gêner ses voisins.

Lorsqu'il est commandé d'employer deux hausses simultanément, ceux qui ont appartenu au premier rang prennent la hausse la plus faible.

---

de 300 mètres. Il peut occasionner des pertes à des groupes ennemi à 600 mètres et plus. (Général Le Joinbre.)

Lé feu est ouvert, arrêté, repris, au commandement du chef.

La vitesse du tir ne doit jamais dépasser 8 à 9 coups par minute (11 à 12 à répétition, ce qui revient à épuiser le magasin en 40 secondes) (*a*).

Les hommes doivent toujours avoir le magasin approvisionné ; ils ne tirent à répétition que quand ils en reçoivent l'ordre. Quand le magasin est épuisé, ils continuent de tirer coup par coup ; le magasin est réapprovisionné au premier répit.

Les principes de la discipline du feu se résument ainsi pour le soldat :

1º S'appliquer à distinguer l'objectif et le viser avec la hausse prescrite ;

2º Ne pas tirer une cartouche ni faire usage de la répétition sans l'ordre du chef.

170. Principes de la conduite du feu : L'emploi du feu est subordonné au rôle tactique de la troupe et à son approvisionnement de munitions. Il dépend aussi de la situation, de l'importance de l'objectif et de la probabilité de l'atteindre (*b*).

La conduite du feu varie avec l'objectif, la distance, avec le terrain, le temps disponible, l'état de la troupe.....

171. La section tire en ligne et ordinairement sur un rang. Elle peut aussi tirer sur deux et même sur quatre rangs, dans les circonstances où il est nécessaire de mettre en ligne un grand nombre de fusils sur un front limité.

172. Dans l'offensive, le feu est ouvert le plus tard possible, et seulement quand on ne peut continuer à progresser avant d'avoir éteint ou ralenti le tir de l'ennemi.

(*a*) La vitesse du feu à volonté de 6 coups à la minute doit-être un minimum. (Général LE JOINDRE.)

(*b*) On ne doit tirer que si on a au moins une chance d'atteindre un homme sur 100 balles tirées. (Général LE JOINDRE).

Une troupe engagée dans un combat de front, et dont l'action offensive ne doit pas être poussée immédiatement à fond, a intérêt à chercher vers la limite des moyennes et des petites distances (*a*) la position d'où elle pourra entamer et entretenir le combat par le feu.

173. Dans la défensive, une troupe pourvue de son approvisionnement normal, et en mesure de régler son tir, peut ouvrir utilement le feu sur une ligne déployée en marche à la distance de 1.200 mètres.

Il convient de n'ouvrir le feu sur des objectifs étroits qu'aux distances où il peut être réglé.

Des objectifs larges et profonds, des colonnes par exemple, peuvent être battus par des feux exécutés aux grandes distances.

174. Il est parfois nécessaire d'ouvrir le feu aux grandes distances sur des objectifs importants ou dangereux.

Une troupe inférieure à la section ne tire ordinairement qu'aux petites distances.

175. Réglage du tir : Le réglage du tir a pour objet d'amener sur le but la partie centrale de la gerbe.

176. *Réglage en portée.* — Dans la pratique, une erreur de hausse de 50 mètres est négligeable; une erreur dépassant 200 mètres ne permet plus de compter sur un effet appréciable. La hausse de la distance exacte donne toujours le résultat maximum.

Dans certains cas, le réglage en portée peut être assuré par l'observation des points d'arrivée ; mais, le plus souvent, l'opération du réglage se réduit à évaluer la distance du but et à faire tirer avec la hausse correspondante.

(*a*) Les distances sont appelées petites, moyennes ou grandes selon qu'elles sont comprises entre zéro et 600 mètres, entre 600 mètres et 1.200 mètres ou supérieures à 1.200 mètres. (École de section.)

Il y a toujours avantage, quand on en a le temps, à mesurer et à repérer les distances en avant du front sur lequel on peut être appelé à combattre.

Dans beaucoup de cas, les télémètres peuvent rendre des services importants; leur emploi permet tout au moins d'éviter des erreurs grossières.

Lorsque le chef de section croit que l'éloignement du but se trouve compris entre deux distances ne différant pas entre elles de plus de 200 mètres, il faut tirer avec la hausse de la distance intermédiaire.

Quand la distance du but est plus incertaine, il surseoit à l'ouverture du feu ou, s'il est obligé de tirer, il prescrit deux hausses différant entre elles de 200 mètres et encadrant la distance appréciée du but.

L'usage simultané de deux hausses est interdit aux fractions constituées plus faibles que la section.

177. Le réglage en portée devient plus facile à mesure que diminue la distance du but. En outre, la tension de la trajectoire et la puissance des ricochets compensent en partie les effets d'une erreur de hausse.

Aux petites distances, sur des objectifs d'une certaine hauteur, il n'est plus indispensable de changer de hausse pour tenir sous son feu un ennemi en mouvement.

Dans les circonstances pressantes, on peut tirer :

Avec la hausse de 400 mètres, sur l'infanterie en marche, à toutes les distances inférieures à 600 mètres;

Avec la hausse de 600 mètres, sur la cavalerie, à toutes les distances inférieures à 800 mètres.

Le chef de section n'en doit pas moins, s'il en a le temps, rechercher la hausse de la distance exacte et faire tirer avec cette hausse.

178. Dans tous les cas, le chef de section et les serre-files observent les effets du feu. Le chef de section augmente ou diminue la hausse, suivant le cas, par portées de 200 mètres, jusqu'à ce qu'il ait trouvé celle qui correspond à l'éloignement du but.

179. *Réglage en direction.* — Sur les lignes déployées, le réglage en direction est assuré par l'étendue même du front de l'objectif.

Dans le tir sur des buts étroits, on tient compte du déplacement latéral de la gerbe sous l'effet du vent, ou du déplacement latéral de l'objectif, en faisant viser, aux moyennes et aux grandes distances, le bord de l'objectif du côté du vent, ou dans le sens de la marche. On cherche aussi à régler le tir en direction par l'observation des points d'arrivée.

Lorsque le réglage en direction est incertain, il est bon de s'abstenir de tirer :

Au delà de 800 mètres, sur un front d'escouade sur deux rangs (5 mètres) ;

Au delà de 1.000 mètres, sur un front de demi-section sur deux rangs (10 mètres) ;

Au delà de 1.200 mètres, sur un front de section sur deux rangs (20 mètres).

180. Le feu est exécuté coup par coup ou à répétition il comporte divers degrés de vitesse.

On emploie le tir à répétition chaque fois qu'il est urgent de produire le maximum d'effet dans le moindre temps ; mais, en principe, en dehors de la crise finale d'une action, on n'en fait pas usage quand on n'est pas sûr de pouvoir réapprovisionner le magasin..

L'intensité du feu se règle généralement par le nombre de fusils mis en ligne. Elle se modère en suspendant le feu de la section entière, ou alternativement, celui d'une escouade ou d'une demi-section.

181. Le chef de section conduit le feu de sa troupe en exécution des ordres du capitaine.

Quand il y a lieu de concentrer le feu de la section sur un but étroit, il indique un point à viser.

Il s'attache à désigner l'objectif et le point à viser avec netteté et précision.

Il se sert de termes simples tels que : à droite, à gauche, plus loin, plus près, qui doivent toujours être pris dans le même sens, par rapport à la position des tireurs, et s'appliquer à la façon dont ceux-ci voient eux-mêmes les objets.

182. Les sous-officiers et les caporaux transmettent les commandements et en assurent l'exécution.

Ils veillent à la conservation des munitions, font recueillir les cartouches des blessés, et assurent la répartition des cartouches de ravitaillement.

III. Ravitaillement en munitions.

DISPOSITIONS GÉNÉRALES

183. 1° *Sur le champ de bataille*, le ravitaillement est assuré de l'arrière à l'avant. Les exigences de la comptabilité doivent plier devant celles du combat; la promptitude passe avant la régularité. Les échelons de l'arrière doivent se mettre en rapport avec ceux de l'avant.

2° *En dehors du champ de bataille*, le ravitaillement doit s'effectuer avec promptitude et régularité.

Pendant l'action, les commandants de bataillon, de détachement, les chefs de groupe de voitures de compagnie, ont qualité pour signer des bons de munitions. Il est fait droit immédiatement à toute demande de munitions, quelle qu'en soit la forme.

En dehors du champ de bataille, tous les bons doivent être contresignés par le chef de corps ou de détachement. Les bons ne doivent jamais excéder les besoins reconnus, les chefs de corps ayant toujours la faculté d'établir des bons supplémentaires. Si un détachement de voitures ou une corvée se présente sans bon au ravitaillement, le commandant de la section n'en satisfait pas moins à la demande verbale qui lui est adressée, à moins que l'absence de bon ne soit pas suffisamment justifiée; il se fait, en tout cas, délivrer un reçu par le commandant de la corvée. Afin de ne pas fractionner les trousses, on n'est pas astreint, dans la distribution, à fournir exactement le nombre de cartouches demandé. Les bons sont présentés aux sections de munitions. Chaque corps de troupe établit, le plus tôt possible après le combat, et au plus tard le lendemain matin, un état faisant ressortir la quantité de munitions nécessaire pour rétablir l'approvisionnement normal. Ces états sont adressés, par la voie hiérarchique, au général commandant le corps.

REMPLACEMENT DANS LES CORPS POURVUS DE VOITURES DE COMPAGNIE

184. Personnel de ravitaillement : 1° *Par régiment*, sergent-major chef artificier monté chargé de la direction de toutes les voitures de compagnie (réunies ou non); marche avec le groupe de 4 voitures du 1er bataillon (ou du bataillon de tête), et en cas de fractionnement avec la portion où est le colonel ; 2° *Par bataillon*, un sergent artificier chef de groupe, attaché en permanence au groupe des 4 voitures du bataillon; 3° *Par compagnie*, 2 soldats conducteurs, attachés en permanence à la voiture. Assurent le chargement et la distribution des munitions, outils, etc.

185. Tableau de répartition de l'approvisionnement de munitions en campagne.

COMPOSITION GÉNÉRALE de L'APPROVISIONNEMENT.	INFANTERIE	
	NOMBRE DE CARTOUCHES	
	portées par	par homme.
I. De la ligne de bataille.	Les hommes............	120
	Les voitures de compagnie................	65,5
	Les fourgons à bagages (pour mémoire)......	(2.5)
	TOTAUX........	185.5
II. Du parc de corps d'armée.	1er échelon (sections de munitions)...........	44.2
	2e échelon (sections de munitions)...........	66,2
	TOTAL...........	110.4
	TOTAUX des munitions de la ligne de bataille et du parc de corps d'armée................	295,9
III. Du grand parc d'artillerie d'armée.	Sont destinées à pourvoir au remplacement des munitions des parcs de corps d'armée.	

Les munitions d'une voiture de compagnie sont plus spécialement affectées à cette compagnie ; toutefois, la répartition entre les compagnies d'un bataillon ou d'un régiment peut varier selon le rôle de ces unités. (En général, avantager les fractions destinées à la première ligne.)

186. Maintien de l'approvisionnement : 1° *En station et en marche*, l'approvisionnement individuel est alimenté avant tout au moyen de cartouches retirées aux hommes pour quelque motif que ce soit (on n'a recours aux voitures de compagnie qu'en cas d'insuffisance de ces ressources); on peut dépasser l'approvisionnement individuel de quelques unités et aller (sur l'ordre du chef de corps, si un engagement paraît imminent) jusqu'à un paquet. L'excédent est mis sur les voitures de compagnie et, en cas d'impossibilité, sur les fourgons à bagages (placer les cartouches dans les caisses blanches, dans des sacs ou bissacs soigneusement noués). Ne faire de versement à l'artillerie que si les corps ne peuvent effectuer le transport. Les voitures de compagnie sont réapprovisionnées par les sections de munitions d'après l'ordre du commandement et sur la présentation de bons établis par les commandants d'unités.

2° *Au combat. a)* L'approvisionnement individuel est d'abord augmenté au moyen des voitures de compagnie dont les cartouches sont distribuées lorsque la troupe est sur le point d'être engagée (en profitant du rassemblement, des temps d'arrêt, etc.), ou même, avant le départ, à petite distance de l'ennemi, sur l'ordre du commandement, notamment pour l'avant-garde ou les premières troupes à engager; *b)* L'approvisionnement est ensuite alimenté au moyen de cartouches retirées aux hommes tués, etc., et au moyen des sections de munitions du parc de corps d'armée.

187. Rôle des voitures de compagnie sur le champ de bataille : En toutes circonstances, à moins d'ordres contraires, les voitures chargées de munitions suivent leur bataillon, réunies par groupe de quatre sous la conduite du sergent artificier (emplacement désigné par le chef de bataillon). En cas d'engagement inopiné et avant la distribution des cartouches des voitures, celles-ci sont, sous la conduite du sergent artificier, arrêtées et mises à l'abri du feu. Le chef de bataillon prend les mesures (186) pour faire parvenir les cartouches aux combattants. Les coffres vidés, les voitures de compagnie (qu'elles aient reçu ou non le chargement de havresacs et d'effets) sont réunies en un seul groupe par régiment, en arrière et à 1.000 mètres au plus de la réserve. Elles suivent ses mouvements sans s'astreindre à se mettre en marche en même temps (éviter de stationner dans les endroits découverts; aller rapidement d'une position à une autre; s'organiser défensivement sur chaque position). Le chef artificier dirige le groupe des voitures, assure la liaison avec le corps, reçoit les caissons des sections et les dirige d'après les ordres reçus. Pendant le combat, les voitures de compagnie ne sont pas ravitaillées par les sections. Après le combat, les voitures de compagnie rejoignent leur bataillon.

188. Ravitaillement par les sections de munitions : Lorsque les voitures de compagnie ne contiennent plus de munitions, le ravitaillement des troupes se fait au moyen des caissons de sections de munitions du 1ᵉʳ échelon du parc de corps d'armée. La liaison du groupe des voitures de compagnie avec la section de la division est établie par le commandant de cette section au moyen d'agents de liaison envoyés par lui.

Il envoie ses caissons de munitions qui sont dirigés sur les points de rassemblement des voitures de compagnie; le sergent-major chef artificier en avise le chef de corps.

Pour ravitailler des troupes, le chef de corps fixe le nombre de caissons à porter en avant et indique les points sur lesquels il convient de les diriger; ces points sont au maximum à 1.000 mètres de la ligne de feu et on profite des abris du terrain pour les en rapprocher le plus possible. (Dans les circonstances critiques, le chef de corps peut même ordonner de porter les caissons aux allures vives jusque sur cette ligne.) Le sergent-major chef artificier fait accompagner chaque caisson par un sergent artificier et par deux conducleurs en second des voitures de compagnie pour assurer la distributions des munitions. Dès qu'un caisson est vide, il est renvoyé au groupe des voitures de compagnie et de là il est conduit à la section de munitions par l'agent de liaison qui ramène un caisson plein. Le chef artificier remet à cet agent de liaison un bon indiquant la quantité de munitions délivrée, chaque fois qu'il renvoie à la section de munitions un caisson vidé en totalité ou en partie. = Les chevaux de remplacement nécessaires aux voitures de compagnie leur sont fournis par les sections sur l'ordre du général commandant la brigade d'infanterie, qui devra en rendre compte.

189. Remplacement des munitions pendant le combat : 1° *Au moyen des ressources appartenant à l'unité.* — On profite de toute circonstance favorable pour remplacer les munitions consommées. Si la quantité en est faible, les cartouches retirées aux hommes tués ou blessés peuvent suffire; mais dès qu'elle atteint le tiers ou, selon les circonstances, le quart de l'approvisionnement initial, on a recours aux voitures de compagnie si les munitions qu'elles renferment n'ont pu être distribuées, puis aux caissons de sections de munitions en se conformant aux dispositions ci-après :

Tout déplacement d'hommes ou de voitures d'avant en arrière, en vue du remplacement des munitions, est absolument interdit sur le champ de bataille. (Ce principe s'applique aux voitures de compagnie et aux sections.) Des hommes sont désignés *dans les compagnies de réserve* pour transporter sur la chaîne les munitions puisées aux voitures de compagnie ou aux caissons. Le transport des cartouches s'opère au moyen de bissacs (24 par voiture de compagnie, 36 par caisson). Les hommes désignés sont en nombre égal à celui des bissacs à transporter (a) avec un supplément égal à la moitié environ de ce nombre. Ces hommes, commandés par un cadre

---

(a) Chaque bissac peut contenir 64 paquets de 8 cartouches. Dans un cas très pressé, on peut se dispenser de défaire les trousses; le

suffisant, conservent leur équipement (a); ils se portent
en ordre près des combattants, leur distribuent des cartouches et retournent auprès des caissons (ou des voitures de compagnie) ou à leur compagnie. Autant que
possible les bissacs vidés sont rapportés à la voiture d'où
ils proviennent. Lorsque les caissons (ou les voitures de
compagnie) sont assez rapprochés des combattants et
que le nombre des cartouches nécessaires force à vider
un caisson (ou une voiture) d'un seul coup, on peut, en
outre de l'emploi des bissacs, faire transporter les trousses restantes à la main (chaque homme transporte 3
trousses). Lorsqu'on dispose de plusieurs caissons, on
épuise un caisson avant d'en entamer un autre. Lorsqu'un caisson est sur le point d'être épuisé, le chef de
groupe le fait vider dans les bissacs des voitures de
compagnie.

2° *Au moyen des ressources appartenant à une autre
unité.* — Si l'ensemble des voitures d'un régiment ou si le
groupe des quatre voitures d'un bataillon doit ravitailler
sur le champ de bataille une fraction de troupe étrangère,
le chef artificier ou le sergent artificier se fait autoriser,
par son chef de corps ou le commandant de son bataillon, à délivrer les cartouches demandées; il se fait remettre un bon ou même une simple note au crayon et
portant le numéro du régiment, bataillon, compagnie,
le nombre de cartouches demandé, le grade du requérant et sa signature. En cas d'extrême urgence, l'autorisation verbale du chef de corps ou du commandant
de bataillon suffit. Sur l'ordre du général de brigade ou
de division, une ou plusieurs voitures de compagnie

---

chargement du bissac est alors composé de 8 trousses (8 paquets de
8 cartouches).
Poids du bissac : 16 kilogrammes.
Chaque homme transporte ainsi environ 500 cartouches 1886.
(a) Lorsque la distance, les difficultés du terrain, etc., rendent cette
mesure indispensable, les hommes désignés peuvent être autorisés à
déposer leur havresac près du caisson; ils doivent toujours venir le
reprendre.

d'un régiment peuvent être utilisées pour ravitailler un autre corps de la brigade ou division.

190. Ravitaillement après le combat : Le ravitaillement continue à s'effectuer suivant les principes ci-dessus, même pendant la nuit et pour des unités bivouaquées. Le chargement des voitures de compagnie est reconstitué au moyen des caissons des sections. Si les hommes ont un excédent de cartouches, il leur est retiré et placé dans les voitures de compagnie. Le ravitaillement a toujours lieu par transbordement et non par échange de voitures.

REMPLACEMENT DES MUNITIONS DANS LES CORPS POURVUS DE CAISSONS DE BATAILLON

Nota : Ces prescriptions, tirées de l'ancien règlement sur le remplacement des munitions, n'ont pas été reproduites dans celui du 1ᵉʳ août 1902.

191. Approvisionnement et personnel : Le chiffre et la répartition des munitions d'infanterie qui constituent l'approvisionnement normal sont indiqués plus haut (185), sauf que les caissons de bataillon portent 26,5 cartouches par homme tandis que les voitures de compagnie en portent 65,5. Chaque caisson reçoit 26.496 cartouches modèle 1886. — Le personnel spécial affecté aux caissons de bataillon comprend : 1° Un chef artificier monté, chargé de la direction de tous les caissons du régiment, réunis ou non; 2° pour chaque caisson de bataillon, un sous-officier chef de caisson, deux soldats pourvoyeurs. Les soldats pourvoyeurs, comme le sous-officier chef de caisson, sont attachés en permanence au caisson. Le sous-officier et les hommes ne montent sur les coffres que pour les mouvements rapides.

192. Maintien de l'approvisionnement : 1° *En station ou en marche*, mêmes règles que pour les corps pourvus de voitures de compagnie (186).

2° *Au combat.* — *a)* L'approvisionnement individuel

est d'abord augmenté au moyen des caissons de bataillon. Mêmes règles que pour les corps pourvus de voitures de compagnie (186).

b) L'approvisionnement est ensuite alimenté soit au moyen des cartouches retirées aux hommes tués, etc., soit au moyen des ressources fournies par les caissons.

193. Rôle des caissons sur le champ de bataille : Sont généralement groupés par régiment ; exceptionnellement, et sur l'ordre du chef de corps, ils marchent avec leur bataillon (leur emplacement est désigné, suivant le cas, par le commandant du régiment ou du bataillon.) La distance qui les sépare de la ligne de feu est, au maximum, de 1.000 mètres. Dans les circonstances critiques, le chef de corps ou de bataillon, suivant le cas, peut prescrire aux caissons de se porter, aux allures vives, jusque sur la ligne de feu. Le chef artificier, dans chaque régiment d'infanterie, se préoccupe surtout de rester en relations avec les bataillons, engagés ou non. Quant aux relations des groupes de caissons de bataillon avec les sections de munitions, c'est aux commandants des sections qu'il appartient de les établir et de les maintenir au moyen d'agents de liaison envoyés par eux.

194. Remplacement des munitions pendant le combat : 1° *Au moyen des ressources appartenant à l'unité.* On profite de toute circonstance favorable pour remplacer les munitions consommées. Si la quantité en est faible, les cartouches retirées aux hommes tués ou blessés peuvent suffire ; mais dès qu'elle atteint le tiers ou, selon les circonstances, le quart de l'approvisionnement initial, on a recours aux caissons.

Tout déplacement d'homme ou de voiture d'avant en arrière, en vue du remplacement des munitions, est absolument interdit sur le champ de bataille. Ce principe s'applique aux caissons de bataillon et aux sections. Des hommes sont désignés dans les compagnies de réserve pour transporter sur la chaîne les munitions puisées aux caissons. Le transport des cartouches s'opère au moyen de bissacs (36 par caisson). Les hommes désignés sont en nombre égal à celui des bissacs à transporter (a) avec un supplément égal à la moitié environ.

Ces hommes, commandés par un cadre suffisant, conservent leur équipement (b); ils se portent en ordre près des combattants, leur distribuent les cartouches et retournent auprès des caissons ou à leur compagnie. Autant que possible, les bissacs vidés sont rapportés au caisson. Lorsque les caissons sont assez rapprochés des combattants et que le nombre des cartouches nécessaires force à vider un caisson d'un seul coup, on peut en outre de l'emploi des bissacs, faire transporter les trousses restantes, à la main, par un nombre d'hommes suffisant (chaque homme transporte 3 trousses). Lorsque les caissons sont groupés, on épuise un caisson avant d'en entamer un autre. Lorsqu'un caisson est sur le point d'être épuisé, le chef du groupe le fait vider dans les bissacs.

2° Au moyen des ressources appartenant à une autre unité. Si un groupe de caissons ou un caisson doit ravitailler sur le champ de bataille une fraction de troupe étrangère, le chef artificier ou le chef de caisson se fait autoriser, par son chef de corps ou le commandant de son bataillon, à délivrer les cartouches demandées; il se fait remettre un bon ou une simple note au crayon et portant le numéro du régiment, bataillon, compagnie, le nombre de cartouches demandées, le grade du requérant et sa signature. En cas d'extrême urgence, l'autorisation verbale du chef de corps ou du commandant du bataillon suffit.

Sur l'ordre du général de brigade ou de division, un ou plusieurs caissons d'un régiment peuvent être utilisés pour ravitailler un autre corps de la brigade ou division.

195. Ravitaillement par les sections de muni-

(a) Voir note a de la page 120.
(b) Voir note a de la page 121.

tions : Dès que le brigadier de liaison envoyé par la section de munitions a rejoint le chef artificier, il est informé du nombre des caissons déjà vidés; il se porte alors à sa section, ramène un même nombre de caissons, aussitôt échangés contre les caissons de bataillon. Les caissons de bataillon vides sont conduits à la section par les conducteurs et les attelages qui en sont venus (a). Le chef de corps ou le commandant du bataillon, suivant le cas, est informé par le chef artificier ou le chef de caisson que l'approvisionnement est reconstitué. Un bon indiquant les munitions délivrées et l'heure de l'opération est remis par les sous-officiers chefs de caissons de bataillon au brigadier de liaison qui, lorsqu'il va chercher de nouveaux caissons, ramène de préférence les caissons de bataillon qui lui appartiennent, si on a eu le temps de les remplir de nouveau à la section. Dans tous les cas, les caissons échangés pendant le combat sont restitués à leur unité d'affectation dès que les circonstances le permettent; ceux des corps de troupe sont toujours rendus pleins.

Lorsque le général de division en donne l'ordre, les sections de munitions, dès leur arrivée sur le champ de bataille, envoient à chaque régiment, sous la conduite du brigadier de liaison, un nombre de caissons égal à celui des caissons de bataillon. L'opération se continue comme ci-dessus. — Chevaux de remplacement (188).

196. **Reconstitution de l'approvisionnement normal après le combat :** Après l'engagement, on reconstitue l'approvisionnement normal conformément aux prescriptions de l'article 190. L'emplacement des caissons de bataillon, au cantonnement ou au bivouac, est indiqué le jour par un fanion jaune, la nuit par une lanterne de même couleur.

(a) La lanterne et le fanion indicateurs de munitions sont portés par le caisson de bataillon, ou sont conservés par le sous-officier chef de caisson. Après l'action, les commandants de sections prennent des dispositions pour que, par de nouveaux échanges, chaque voiture soit rendue à l'unité à laquelle elle était affectée.

CHAPITRE V

COMBAT

1. — **Prescriptions diverses.**

197. *Dès qu'un combat est prévu* se préoccuper de la distribution des munitions (186); faire marcher les brancardiers à gauche de leur bataillon (*a*).

Dès que le combat commence, le médecin chef de service, sur l'ordre du commandant, ou, à défaut, sur son initiative, détermine l'emplacement du poste de secours auquel se rendent les médecins, infirmiers, brancardiers et voitures médicales (*b*). Les brancardiers régimentaires ont pour mission, ainsi que les infirmiers, et à l'exclusion de tout combattant, de relever les blessés sur le champ de bataille, de leur donner les premiers secours et de les transporter en arrière de la ligne de feu, jusqu'au poste de secours. Le noyau du relai d'ambulance (*c*) est constitué par la voiture d'ambulance, qui s'arrête sur l'accotement de la route. Les musiciens, conduits au poste de secours, constituent un relai de brancardiers entre le poste de secours et le relai d'ambulance. Si le régiment se déplace, le médecin groupe les blessés et les laisse sous la garde d'un infirmier. Pendant l'action, les brancardiers explorent la zone entre les réserves de bataillon et celles de régiment (et si les circonstances le permettent la zone entre les réserves de bataillon et la ligne de feu). En

---

(*a*) Sous la conduite du caporal brancardier. (Règlement du 31 octobre 1892.)

(*b*) En arrière et près des réserves de régiment; la direction est indiquée au besoin par des jalonneurs porteurs de fanions. (Règlement du 31 octobre 1892.)

(*c*) En principe, un relai par régiment; cependant on peut mettre un seul relai pour deux ou plusieurs corps. (Règlement du 31 octobre 1892.)

cas de mouvement rétrograde, si le poste de secours n'a pu évacuer ses blessés, un médecin, et, s'il y a lieu, quelques infirmiers désignés à l'avance par le médecin chef de service, restent auprès des blessés. Il en est rendu compte au chef de corps. — Les vélocipédistes sont groupés le plus près possible de la réserve sur une route.

Pendant le combat, les blessés sont relevés par les brancardiers régimentaires à l'exclusion de tout autre militaire combattant. Après avoir reçu les premiers soins, ils sont transportés aux postes de secours installés en arrière de la ligne de combat par les médecins des régiments. Tous les hommes et tous les officiers portent sur eux, cousu dans la doublure du vêtement, un paquet individuel de pansement qui permet de soigner, sur le champ de bataille, les blessures légères. Ce paquet contient une gaze qu'il suffit de plier en forme de compresse et d'appliquer sur la plaie après l'avoir préalablement trempée dans l'eau. La gaze est alors recouverte d'une feuille de taffetas gommé destinée à maintenir l'humidité. On applique sur le tout du coton et on maintient le pansement à l'aide d'une bande de toile ou simplement d'un mouchoir ou d'une cravate. Il sera souvent possible aux officiers de maintenir au combat certains hommes légèrement blessés en leur faisant donner, pendant les temps d'arrêt ou les moments d'accalmie, les soins nécessaires.

Après le combat, les médecins, brancardiers, infirmiers, voitures médicales rejoignent leur bataillon. Les commandants de compagnie et tous les officiers supérieurs concourent au rapport écrit de la journée. Signaler les hommes qui se sont distingués. Rapports spéciaux sur ceux qui auraient manqué à leurs devoirs. Si un militaire paraît mériter une mention particulière, il devient l'objet d'un rapport rédigé et signé par l'officier supérieur ou autre sous les yeux duquel le fait s'est passé (même s'il s'agit d'un officier sans troupe). Envoyer également au général : 1º État des pertes ; 2º situation des munitions.

Les prisonniers sont désarmés immédiatement; ils ne doivent jamais être insultés, maltraités ou dépouillés. Il est interdit de leur extorquer par menaces ou mauvais traitements des renseignements contraires aux intérêts de leur pays. Les officiers sont séparés du reste de la troupe. Après le combat, les armes et munitions des prisonniers sont versés à l'artillerie, leur équipement à l'intendance, leurs chevaux et harnachement à la remonte. Les prisonniers sont conduits par les soins des corps qui les ont capturés sur des points désignés par le commandant et remis à la gendarmerie. Les officiers doivent être immédiatement séparés de la troupe.

II. — Mode d'action de la section dans le combat.

198. Dans la marche offensive, la section se dirige sur l'objectif qui lui est indiqué. Tant qu'elle n'a pas à ouvrir le feu, elle prend, au commandement de son chef, les formations qui la rendent peu vulnérable ou lui permettent de tirer le meilleur parti des formes et des accidents du sol pour s'abriter. Elle est toujours déployée pour tirer (*a*). Le chef de section fait ouvrir le feu dès qu'il en reçoit l'ordre ou, de sa propre initiative, dès que les circonstances l'exigent (*b*). La section tra-

---

(*a*) Les formations sur un rang ne sont à prendre que si le terrain ne permet pas le déploiement sur un grand front. (Général LE JOINDRE).

(*b*) L'officier commandant une section isolée sur la défensive ou dans l'offensive a à se poser les huit questions suivantes :

1° Quelle position occuper ?
2° Quelle formation prendre ?
3° Lorsque l'ennemi paraît, dois-je tirer ?
4° Quel effectif emploierai-je ?
5° Combien faudra-t-il que je fasse brûler de cartouches à chaque homme pour avoir des chances d'obtenir la destruction de la moitié de la troupe opposée ?
6° Quel genre de feu exécuter ?
7° Quel point viser ?
8° Quelle hausse employer ?

(Général LE JOINDRE.)

verse, à une allure vive, les espaces découverts. Elle peut aussi, lorsque ces espaces sont battus par un feu violent, se porter d'une position abritée à une autre, par petits groupes, par files ou même homme par homme, les tirailleurs s'espaçant (a) pour franchir le terrain dangereux et se groupant de nouveau dès qu'ils ont gagné l'autre abri ou l'autre emplacement de tir qui leur a été indiqué avant le commencement du mouvement.

199. Dans la défensive, la section se tient d'abord abritée en arrière de son emplacement de tir qu'elle a pu organiser et fortifiér. Les points remarquables de son champ de tir sont repérés. Elle est appelée à occuper son emplacement lorsque l'ennemi se trouve à distance efficace de tir. Le chef de section dirige des feux sur l'assaillant dans les instants où celui-ci s'avance à découvert. La conduite de ces feux est subordonnée aux circonstances variables du combat : le tir est interrompu ou ralenti chaque fois que l'ennemi se dérobe à la vue ou qu'il ne présente plus qu'un but très peu vulnérable; le feu peut être aussi interrompu afin de permettre au chef de section de rester maître du feu de ses tirailleurs et d'habituer ceux-ci à une stricte discipline. Lorsque l'adversaire s'est rapproché, la section passe de la défensive à l'offensive.

III. — Combat de la compagnie.

1° *Compagnie encadrée.*

200. Le capitaine indique rapidement aux chefs de section le rôle particulier de chaque section, les dispositions à prendre, la place à occuper; il appelle leur attention sur la zone de terrain qui les sépare de l'ennemi et sur les mouvements des troupes placées à

(a) Les tirailleurs à trois pas ne sont guère plus vulnérables que s'ils étaient isolés. (Général LE JOINDRE.)

droite, à gauche et en arrière. Il prescrit, si elle n'est déjà faite, la distribution des cartouches de la voiture de compagnie, et ordonne de faire approvisionner le magasin. Ses ordres sont formulés en termes clairs et précis. S'il ne peut les donner de vive voix, il les fait porter par ses agents de transmission, qui sont : le sergent-major (quand il ne commande pas une section), le caporal fourrier et deux soldats. Il se tient là où il peut le mieux diriger sa compagnie, de préférence à portée des sections conservées en soutien.

201. Le capitaine a le devoir, dès que sa compagnie est engagée, d'user largement de son initiative. Mais il ne perd pas de vue les instructions qu'il a reçues, s'applique à coopérer efficacement à l'effort commun du bataillon et à maintenir sa troupe dans le cadre qui lui a été assigné.

202. Le front de combat de la compagnie dépend de son effectif et de sa situation tactique; une compagnie de 200 fusils peut occuper un front de 150 mètres environ quand elle agit offensivement, de 200 mètres et plus quand elle combat défensivement.

203. Au début du combat, le capitaine ne déploie que l'effectif nécessaire pour contre-battre efficacement le feu de l'ennemi : une ou plusieurs sections, qui occupent, en totalité ou en partie, le front de combat de la compagnie. Si le chef de bataillon lui a prescrit de couvrir le front du bataillon ou seulement celui de sa compagnie, il envoie en avant la fraction désignée pour ce service.

204. La conduite du feu et celle de la troupe restent intimement liées : le capitaine dirige l'une et l'autre. Il est responsable de l'emploi des munitions. Il veille à ce que le feu ne soit pas ouvert sans son ordre ou sans son consentement ni sur un but autre que celui qu'il a désigné. Selon les circonstances ou les ordres reçus, il concentre le feu des sections ou il laisse aux chefs de section le soin de le répartir sur le front d'action de la compagnie. Il observe les effets du tir, prêt à le rectifier, à l'accélérer, à le ralentir ou à l'arrêter, suivant les résultats obtenus et la marche du combat (a). Il règle la consommation des cartouches en interrompant le tir ou en faisant varier son intensité dans les sections (b). Il se renseigne, afin de connaître à tout moment le nombre approximatif de cartouches restant dans les cartouchières; il veille au remplacement des munitions consommées et assure la distribution de celles amenées de l'arrière.

205. Dans les cas imprévus et urgents, les chefs de

(a) Comment obtenir la supériorité du feu?

Une force d'un effectif moitié moindre que celle qui lui est opposée fera subir à celle-ci numériquement les pertes qu'elle éprouvera elle-même :

1° Si elle occupe le même front que celle ci;

2° Si, occupant un front moitié moindre, elle tire dans la position couchée, l'autre restant debout;

3° Si, ayant un front moitié moins étendu que l'adversaire, elle est en état de tirer deux fois plus vite tout en conservant un tir aussi ajusté;

4° Si, les formations étant semblables, elle emploie la hausse exacte, tandis que son adversaire fait une erreur de hausse de 100 mètres;

5° Si le tir de l'adversaire a une dispersion double;

6° Si, tout en ayant la même formation que l'adversaire, on a abrité les tireurs derrière une tranchée ou un ressaut du sol qui les couvre à moitié.

En outre, la troupe la plus faible n'éprouvera numériquement que la moitié des pertes d'une façon double qui lui serait opposée :

1° Si elle occupe un front double de celui de l'adversaire, c'est-à-dire si entre chaque homme se trouve un intervalle quadruple de celui qui sépare les tireurs ennemis;

2° Si elle réunit deux des conditions énumérées ci-dessus sous les numéros 2° à 6°;

3° Si, tout en ayant la même formation que l'adversaire, elle est couverte par un abri protégeant contre les coups les trois quarts de la surface des tireurs.

Enfin, la troupe la plus faible prendra une supériorité absolue sur un adversaire de force double si elle réunit trois des conditions énumérées ci-dessus, ou si elle est placée dans une tranchée sur un front égal à celui qu'occupe l'adversaire. (Général LE JOINDRE).

(b) Une compagnie qui marchera en avant (par échelons) de 900 à 200 mètres aura besoin de seize minutes et brûlera 70 cartouches par homme. (Général LE JOINDRE.)

section prennent la conduite du feu de leur section, sans attendre les ordres du capitaine.

206. Les sections qui n'ont pas été employées au début servent de soutien à la ligne des tirailleurs, appuient sa marche, protégent ses flancs. En terrain uni et découvert, elles restent assez en arrière de la chaîne pour ne pas être atteintes par les projectiles dirigés sur celle-ci. Lorsque le développement du combat nécessite le renforcement de la chaîne, celle-ci peut être prolongée ou doublée par l'entrée en ligne de nouvelles forces. Le prolongement facilite l'action des chefs et la conduite du feu; on l'emploie de préférence toutes les fois qu'il est possible. Lorsque le doublement s'impose, les chefs de section et les autres gradés se partagent le commandement de la chaîne. Ceux qui étaient déjà sur la ligne commandent les fractions de droite, les derniers arrivés commandent celles de gauche.

207. Le déploiement total d'une compagnie doit être retardé autant que possible. Le capitaine a avantage à conserver le plus longtemps possible, en arrière de la ligne des tirailleurs, un soutien à rang serrés.

208. Si la compagnie est conservée comme soutien du bataillon, elle ne se porte sur la chaîne, en tout ou en partie, que par ordre du chef de bataillon. Le capitaine, jusqu'au moment où il reçoit cet ordre, s'applique à éviter les pertes en utilisant le terrain et en choisissant les formations les plus avantageuses. Pendant l'action, il est attentif aux mouvements de la chaîne, s'en rapproche progressivement, et se tient prêt, soit à la renforcer au premier signal, soit à prendre part à une contre-attaque.

209. Lorsqu'elle se trouve en entier sur la ligne des tirailleurs, la compagnie n'a plus qu'à agir droit devant elle. Dans l'offensive, entraînée par le capitaine et les chefs de section, elle continue la marche en avant par bonds successifs jusqu'à ce qu'elle ne puisse plus progresser par ses propres moyens. Elle s'arrête alors et participe à la préparation de l'attaque. Poussée ensuite par les troupes qui exécutent cette attaque, elle se porte de nouveau en avant et mène le combat jusqu'au dénoûment. L'attaque a lieu après que le feu a produit son effet, sous la forme d'un assaut énergique dirigé sur une portion déterminée de la ligne adverse. Dans la défensive, la compagnie agit exclusivement par le feu jusqu'au moment où elle reçoit l'ordre de passer à l'offensive. Elle augmente l'intensité de son tir à mesure que l'ennemi se rapproche et le porte à son maximum pendant la phase qui précède immédiatement l'acte décisif.

2° *Compagnie isolée.*

Lorsque la compagnie combat isolément, le capitaine envoie des éclaireurs, donne ses ordres, échelonne ses sections; en les disposant de manière à protéger ses flancs, et les engage au fur et à mesure des nécessités du combat. Il conserve toujours une réserve.

3° *Combat contre la cavalerie.*

210. Par la soudaineté de ses apparitions, la cavalerie oblige l'infanterie à prendre si rapidement des dispositions de défense qu'elles doivent être ordonnées par les capitaines, dès que le danger est signalé.

211. Le combat contre la cavalerie est toujours de courte durée. L'infanterie repousse la cavalerie par le feu; elle doit donc mettre en ligne le plus grand nombre de fusils. Elle se garde pour éviter les surprises. Toutes les dispositions qui permettent de faire face rapidement à la charge, de donner des feux puissants, peuvent être employées. Quand l'approche de la cavalerie est signalée, les sections plus directement menacées lui font aussitôt face. Les autres sections prennent promptement les formations et les emplacements leur permettant d'agir par le feu. La baïonnette n'est mise au canon que sur l'ordre des chefs de section.

212. En beaucoup de cas, il est inutile et même dangereux de rallier des fractions déployées en tirailleurs.

Toutefois, le ralliement est toujours indiqué après un combat malheureux et sous la menace d'une poursuite par la cavalerie.

243. Le rôle de la cavalerie consiste parfois à faire des démonstrations destinées à arrêter l'infanterie. Celle-ci ne doit pas se prêter à cette tactique et interrompre sa marche pour ouvrir le feu à de grandes distances : tant que la cavalerie ne passe pas de la démonstration à l'attaque, l'infanterie ne se laisse point détourner de sa mission; elle trouve, dans un dispositif échelonné, le moyen de parer à toutes ces éventualités.

214. Si la cavalerie combat à pied, elle ne cherche généralement à arrêter l'infanterie que par des feux exécutés aux grandes distances, afin de se ménager les moyens de rompre le combat et de remonter à cheval avant d'avoir à subir des feux efficaces. L'infanterie, dans ce cas, doit s'efforcer de se rapprocher d'elle le plus rapidement possible, afin de l'atteindre par des feux exécutés aux moyennes et aux petites distances et rendre ainsi sa retraite plus périlleuse.

215. Lorsque les dispositions à prendre contre la cavalerie ne peuvent pas être ordonnées à la voix, l'approche de la charge est annoncée par une sonnerie. Chaque chef de subdivision prescrit les mesures à prendre pour repousser l'attaque.

IV. — Combat du bataillon.

Offensive.

1° *Bataillon encadré.*

216. Fractionnement : En général, le bataillon est disposé sur deux lignes. La composition de ces lignes et la distance qui les sépare dépendent du but à atteindre, de la phase du combat, de l'éloignement de l'ennemi et des circonstances particulières du terrain.

217. Front : Le front de combat dépend de l'effectif, de la situation tactique et du terrain ; le plus souvent, dans l'offensive, il ne dépassera pas trois cents mètres pour un effectif de huit cents fusils.

218. Rôle du chef de bataillon : Le chef de bataillon détermine, selon les circonstances, mais en restant dans les limites des ordres reçus, le front, la profondeur et le dispositif de la formation. Pendant le combat, il se tient au point le plus favorable. Il dispose des compagnies de soutien pour donner à l'action une énergie croissante jusqu'au moment de l'acte décisif. Il se tient en communication avec ses capitaines et leur fait porter ses ordres à l'aide de l'adjudant-major, de l'adjudant de bataillon et des sergents fourriers. Il peut aussi les leur transmettre par signaux. Il laisse à chacun l'initiative qui lui permet d'obtenir le maximum des efforts.

La solidarité entre les compagnies est un devoir essentiel.

219. Marche d'approche : Lorsque le chef de bataillon a reçu les ordres qui le concerne, il prescrit les mesures de sûreté à prendre, désigne la fraction qui doit éclairer le mouvement. Il détermine la formation à prendre, la répartition et le rôle des compagnies. Si ce n'est déjà fait, il prescrit de répartir entre les compagnies, suivant leurs besoins probables, les cartouches portées sur les voitures de compagnie. Pendant le combat, il assure le transport et la distribution des cartouches de ravitaillement dont il aura au besoin provoqué l'envoi.

220. Lorsque le bataillon doit se porter en avant, il se fait précéder par la fraction désignée pour l'éclairer, sauf lorsque le terrain est très découvert. Les compagnies se mettent en marche en prenant les distances et les intervalles prescrits. Le chef de bataillon assure la direction générale du mouvement.

221. Tant qu'il est dérobé aux vues de l'ennemi, et en dehors de la portée de l'artillerie, le bataillon peut conserver une formation plus ou moins resserrée, qui, tout en laissant aux compagnies l'aisance de leurs mouvements, facilite le commandement et le maintien de la direction. Les capitaines ont la latitude de modifier la formation de leur troupe pour utiliser le terrain; ils ne sont pas astreints à maintenir rigoureusement les distances et les intervalles prescrits; s'ils s'en sont écartés, ils les reprennent dès que le terrain le permet.

222. Lorsque le bataillon arrive dans la zone des feux de l'artillerie, son chef fait augmenter les distances et les intervalles pour diminuer la vulnérabilité, mais en observant de ne pas compromettre l'action du commandement. Les officiers montés mettent pied à terre. Les chevaux sont groupés et conduits au point indiqué par le chef de bataillon. Quand le bataillon doit franchir des espaces découverts, battus par le feu de l'artillerie, les distances et les intervalles sont augmentés le plus possible, de manière que deux éléments d'une même unité ne puissent se trouver à la fois exposés aux atteintes d'un même projectile (*a*). Les lignes de sections ou demi-sections, par quatre ou par deux, conviennent sous le feu de l'artillerie et de l'infanterie aux grandes distances (au delà de 1.200 mètres). Les compagnies de soutien se maintiennent en liaison avec la première ligne et règlent leur marche sur elle (*b*).

223. Combat de préparation : Arrivés au contact, la fraction désignée pour éclairer le bataillon, refoule les patrouilles ennemis et poursuit la marche jusqu'à ce qu'elle soit arrêtée par le feu. A ce moment, le chef de bataillon constitue définitivement la ligne de combat.

(*a*) Pour échapper à un feu d'artillerie réglé, il faut avancer de 60 mètres ou reculer de 140 mètres. (Général LE JOINDRE).

(*b*) Une compagnie en 2ᵉ ligne en pays plat est à disposer en ligne de sections par quatre, à 37 mètres d'intervalle, à 400 mètres en arrière de la première ligne — et non en colonne de compagnie.....

Toutes les fois qu'une troupe de 2ᵉ ligne se trouve masquée par un obstacle quelconque aux vues de l'ennemi, sa formation nouvelle doit être par le flanc, de préférence par compagnies entières. (Général LE JOINDRE.)

Le dispositif adopté dérive de celui qui a été prescrit pour la marche d'approche ; une ou plusieurs compa* gnies forment la ligne de combat, les autres restent en arrière, à sa disposition. Les compagnies de première lignes rejoignent les patrouilles de la fraction qui précède le bataillon pour l'éclairer et déploient le nombre de sections jugé nécessaire pour engager le combat dans de bonnes conditions. La marche en formation par files est avantageuse aux moyennes distances (vers 1.200 mètres).

221. La ligne de tirailleurs gagne du terrain ; elle commence à tirer lorsqu'il est nécessaire de contrebattre le feu de l'ennemi pour avancer. Le combat est mené avec vigueur ; la marche s'exécute généralement par bonds rapides et, au besoin, par petites fractions en utilisant tous les accidents du terrain, et en ne recourant au feu pendant les arrêts que s'il est absolument indispensable de le faire pour préparer la reprise de la marche. La ligne de combat arrive ainsi sur les emplacements d'où l'on pourra donner au feu sa plus grande puissance et concourir efficacement à la préparation de l'attaque décisive. Ces emplacements, désignés par le chef de bataillon, seront à une distance de l'ennemi variable avec les abris que présente le terrain, et généralement comprise entre 700 et 400 mètres, afin de ne pas gêner le tir de l'artillerie assaillante. La densité de la chaîne est alors portée à son maximum, jusqu'au coude à coude sur un seul rang. Les compagnies restant en soutien profitent de ce temps d'arrêt pour se rapprocher de la chaîne. Tant qu'il lui reste des soutiens disponibles, le chef de bataillon renforce la ligne de combat suivant les besoins

225. Attaque : S'il s'agit d'attaquer un poste avancé ou un point d'appui faiblement défendu, le bataillon peut, en général, y suffire avec ses seules ressources. Dans ce cas, son chef n'hésite pas à brusquer l'attaque, en portant sur le point choisi les forces nécessaires dans une formation qui permette de produire un effort violent. Tout point d'appui enlevé est, autant que possible, renforcé par la fortification.

Mais devant une position fortement défendue, le bataillon aura souvent besoin de l'intervention d'un bataillon de deuxième ligne pour achever le combat de préparation et exécuter l'attaque.

226. Aussitôt après la constitution du dispositif d'attaque, la marche en avant est poursuivie vigoureusement. Le chef de bataillon fait rentrer successivement en ligne les fractions nécessaires, le plus souvent par sections, exceptionnellement par demi-sections, de manière à maintenir la ligne de feu à son maximum de densité. Le bataillon peut ainsi être déployé en entier. Les capitaines se partagent alors le commandement de la chaîne, en se conformant au principe posé à l'école de compagnie.

227. La marche est continuée, en général, avec le concours des bataillons disponibles. L'arrivée sur la ligne de nouvelles fractions doit, en principe, déterminer un mouvement en avant de la chaîne. Devant un ennemi ébranlé par le feu, la marche pourra parfois être poursuivie sans interruption : mais, le plus souvent, il sera nécessaire de procéder par bonds et par efforts successifs, les fractions ayant gagné du terrain facilitant par leurs feux la marche des groupes restés en arrière. Dans ces arrêts, le feu est conduit avec la plus grande intensité ; l'élan de la troupe et l'énergie du feu sont constamment entretenus par l'arrivée de nouveaux renforts.

228. Les troupes de choc se rapprochent progressivement et sont placées face à l'objectif choisi. Chacun de leur bataillon est disposé sur une ou deux lignes, les compagnies en ligne déployée, en ligne de sections par quatre ou en colonne de compagnie, séparées par les intervalles et les distances qui conviennent le mieux aux circonstances.

229. La marche se poursuit ainsi jusqu'à distance d'assaut (150 mètres environ). A ce moment, les troupes de choc doivent être arrivées à 200 ou 300 mètres de la chaîne. Leur chef fait alors battre et sonner la charge qui est, pour la chaîne, le signal du feu à répétition, pour les troupes de choc, celui de la marche ininterrompue à l'adversaire; la baïonnette est mise au canon, et la masse tout entière, entraînée par les officiers, aux cris « en avant à la baïonnette », se lance sur l'ennemi.

230. **Poursuite ou rétablissement de l'ordre :** L'ennemi chassé, les troupes disponibles interviennent pour prendre possession de la position, parer à un retour offensif ou compléter le succès en accélérant la retraite de l'ennemi par la poursuite ou par le feu. Dès qu'il est possible, les troupes qui ont donné l'assaut se reconstituent et deviennent à leur tour disponibles. Si l'attaque ne réussit pas, les unités se rallient rapidement, sous la protection des troupes encore intactes.

2º *Bataillon isolé.*

231. Garder une réserve, ménager ses forces, couvrir ses flancs et assurer une ligne de retraite. Le bataillon peut, tout en menaçant l'ennemi de front, employer une partie de ses forces à une attaque de flanc; cette attaque peut même devenir la principale. Les deux attaques doivent être simultanées et, au moment de l'effort décisif, menées avec une égale énergie. Le chef de bataillon exécute la reconnaissance et fait avancer les compagnies du gros dans la formation qu'il juge la plus avantageuse pour les dérober aux vues et au feu de l'ennemi.

232. L'avant-garde commence l'engagement, tâte l'ennemi; le chef de bataillon prend ensuite les dispositions nécessaires, soit pour prolonger la ligne de combat, soit pour exécuter simplement une fausse attaque, soit enfin pour soutenir les premières troupes engagées.

233. Au moment voulu, une fraction de la réserve est portée en avant, sur le point où l'effort principal doit se produire. L'autre fraction est conservée en arrière comme dernière réserve; pendant l'action, elle pare aux contre-attaques et aux mouvements tournants de l'adversaire ; en cas de nécessité absolue, elle peut même être employée tout entière à appuyer l'attaque de front ou l'attaque de flanc.

Défensive.

1° *Bataillon encadré.*

234. Reconnaissance. — Le chef de bataillon dirige le bataillon vers l'emplacement indiqué, et arrête le gros en arrière de la position. Il se couvre par une avant-garde.

Le chef de bataillon fait compléter et augmenter par tous les moyens possibles l'approvisionnement en cartouches.

Il procède à la reconnaissance. Le chef de bataillon doit avoir soin de se renseigner sur les emplacements qui seront attribués à l'artillerie ; il tient compte de cette indication dans l'occupation de la position.

235. Fractionnement et front. — La reconnaissance terminée, le chef de bataillon détermine le fractionnement du bataillon. Pour un effectif de 800 fusils, ce front sera de 400 mètres environ. En certains cas, cette limite pourra être dépassée.

236. Occupation. — Il n'est pas nécessaire d'occuper uniformément la ligne de défense ; on se place de préférence aux points qui offrent en avant un champ de tir découvert et qui permettent de s'abriter contre les feux de l'artillerie. Les différentes parties du front doivent se prêter un mutuel appui et ne pas être séparées par des obstacles infranchissables. Il sera quelquefois avantageux de répartir en secteurs l'ensemble de la position.

237. Les emplacements des fractions qui ne sont pas engagées sont déterminés par les nécessités tactiques du combat ; il importe toutefois de les soustraire aux effets du feu. Lorsque la ligne de défense se trouve en avant d'une crête on doit rechercher les moyens de préservation, soit dans le choix des positions défilées ou la création d'abris artificiels, soit dans la formation et la disposition des troupes. A défaut d'abris, les réserves prennent les formations les plus convenables et sont disposées, le plus souvent, en colonne par quatre, en arrière des intervalles qui peuvent exister sur la chaîne. Enfin les chefs de subdivision doivent observer avec soin les points d'arrivée des projectiles, et faire exécuter les déplacements qu'ils jugent nécessaires pour mettre leur troupe en dehors des terrains battus et rasés. Il est souvent utile de porter la ligne de combat en avant de la crête, pour avoir en arrière un masque qui protège les réserves.

238. Si le temps et les circonstances le permettent, on renforce la position par des travaux de campagne.

239. Si le combat ne doit pas s'engager immédiatement, on ne dispose en avant que les fractions nécessaires pour la surveillance du terrain et l'exécution des travaux; le gros du bataillon est maintenu en position d'attente à l'abri des vues de l'ennemi. A l'approche de celui-ci, les patrouilles renseignent le chef de bataillon sur sa force et la direction de son mouvement. Le chef de bataillon fait occuper la position de combat. Les patrouilles se retirent en démasquant rapidement la ligne de défense, autant que possible par des cheminements indiqués à l'avance.

240. Combat : Feu ouvert dès qu'il peut être efficace. Intensité réglée suivant la distance et l'importance des objectifs. Profiter de toutes les occasions pour écraser de son feu les fractions à rangs serrés de l'ennemi. L'engagement des fractions disponibles est subordonné aux mouvements de l'assaillant ; quand l'attaque est bien dessinée, le chef de bataillon concentre tous ses moyens sur les points menacés. Si les circonstances l'exigent, il porte toutes les compagnies sur la ligne. Quand les fractions du bataillon occupent des postes avancés en avant de la position principale, elles utilisent toute la puissance de leur feu ; en général, elles ne conservent pas de soutiens, mais doivent avoir une attention particulière à ne pas se laisser déborder. Elles évitent de continuer la lutte aux petites distances et rompent le combat assez à temps pour pouvoir effectuer leur mouvement en ordre, sous la protection de la ligne principale, qu'elles démasquent rapidement.

211. Contre-attaque : Le bataillon peut prendre part à la contre-attaque générale. Il peut aussi avoir à exécuter une contre-attaque partielle, destinée à repousser l'assaillant qui lui est directement opposé ou à s'assurer la possibilité de se dégager et de se retirer en bon ordre. La contre-attaque est exécutée d'après les mêmes procédés que l'attaque. Elle se produit lorsque l'assaillant arrive à courte portée de la défense et masque le tir de son artillerie, ou lorsqu'il montre de l'hésitation. Elle est, de préférence, dirigée sur l'un des flancs. Dans le cas où le bataillon a été déployé en entier sur la chaîne, la contre-attaque partielle est faite par les unités des troupes de 2ᵉ ligne.

212. Poursuite : L'ennemi repoussé, on cherche par des feux à lui faire subir les plus grandes pertes possibles, et à l'empêcher de se remettre en ordre à portée de la ligne de défense. Cette ligne ne doit jamais être totalement abandonnée. Si on ne réussit pas à arrêter l'assaillant, il appartient aux troupes de 2ᵉ ligne de prendre position à distance convenable pour protéger le ralliement du bataillon, ou de rétablir le combat par un retour offensif.

213. Retraite : Lorsque, par suite des ordres donnés, la résistance n'a pas été poussée jusqu'à la dernière extrémité, la retraite s'exécute par échelons.

2ᵒ Bataillon isolé.

214. Les règles indiquées pour le bataillon encadré sont applicables au bataillon isolé. Toutefois, au début, le bataillon isolé restreindra son front et s'établira de préférence en profondeur. Il doit toujours conserver une réserve.

Missions particulières du bataillon.

Bataillon opérant à l'aile d'une ligne.

215. Un bataillon placé à l'aile d'une ligne peut avoir pour mission, soit d'assurer la sécurité de l'un des flancs, soit de menacer une des extrémités de la ligne ennemie en la débordant, soit d'occuper l'adversaire sur un point pendant que d'autres troupes l'attaquent sur un autre point. Dans ces cas, il est avantageux que les compagnies de soutien soient, au début, disposées en échelons sur le flanc extérieur.

Bataillon avant-garde d'un régiment.

216. Le plus souvent, l'avant-garde a un rôle offensif, surtout au début. Mais son action reste subordonnée à celle du corps principal, et elle ne doit jamais s'engager dans un sens qui forcerait celui-ci à agir contrairement aux vues du commandement. Le bataillon avant-garde déploie progressivement les forces nécessaires pour vaincre les premières résistances de l'ennemi et s'emparer des points d'appui. En présence de forces adverses supérieures, le bataillon avant-garde peut être amené à rester sur la défensive. Dans ce cas, il peut avoir à se déployer en entier et à étendre son front autant qu'il est nécessaire pour ne pas être débordé. Si l'ennemi n'attaque pas, le bataillon maintient ses unités en position d'attente.

Bataillon arrière-garde d'un régiment.

217. L'arrière-garde a pour mission de retarder la marche de l'ennemi pour permettre au corps principal de gagner du temps et du terrain. Son rôle est essentiellement défensif. Le bataillon arrière-garde agit, en principe, par échelons de force variable, chargés de résister à l'ennemi sur des positions successives. Le chef de bataillon a soin de ne pas laisser trop augmenter la distance qui le sépare du corps principal. Il garde particulièrement ses flancs. Il cherche à attirer l'ennemi dans des embuscades, ou il tente brusquement contre lui des retours offensifs courts et énergiques. L'occasion de ces retours offensifs se présente généralement lorsque l'arrière-garde a pour mission de garder un défilé que franchit le corps principal ou de défendre la sortie d'un passage par lequel l'ennemi est forcé de déboucher. En principe, un combat d'arrière-garde ne doit pas être poussé à fond ; cependant, l'arrière-garde doit savoir se sacrifier pour assurer la retraite du corps qu'elle est chargée de couvrir.

Bataillon en flanc-garde.

218. Un bataillon peut avoir à remplir une mission de protection soit comme flanc-garde fixe, soit comme flanc-garde mobile.

249. Flanc-garde fixe : Le chef de bataillon prend un dispositif d'avant-postes sur la position à occuper. En cas d'attaque, la résistance doit être prolongée assez longtemps pour que le corps principal ait le temps de s'écouler ou de prendre les mesures nécessitées par la situation.

250. Flanc-garde mobile : Le bataillon se couvre par une avant-garde, une arrière-garde et des patrouilles.

Défense et attaque de l'artillerie (*a*).

251. Défense : Tout commandant de troupes doit,

(*a*) Il faut une section d'infanterie pour contrebattre une section d'artillerie, une compagnie pour contrebattre une batterie.....
Une compagnie qui a pris position à 1.200 m. d'une batterie ennemie

en toutes circonstances, aide et protection aux batteries placées dans son voisinage. Lorsque l'artillerie se sépare momentanément des autres armes, on lui donne un soutien spécial dont la force dépend du nombre des batteries à défendre. Le chef du soutien n'est pas sous les ordres du commandant de l'artillerie. Il reçoit de cet officier tous les renseignements de nature à lui faciliter l'accomplissement de sa mission, mais il a le choix des moyens d'exécution. Le chef de bataillon chargé de la protection d'une troupe d'artillerie répartit ses compagnies en avant du front (a) et sur les flancs de la ligne à protéger. Les différentes unités sont placées de manière à ne pas gêner le tir des batteries ; celles placées sur le front sont poussées assez loin pour les couvrir efficacement contre les effets du feu de mousqueterie de l'adversaire ; elles occupent, en position d'attente, les emplacements les plus convenables et ne prennent la formation de combat que si l'attaque de l'ennemi les y oblige.

252. Attaque : Parfois, surtout au début d'une action, il peut arriver que l'artillerie ennemie se trouve insuffisamment soutenue. Dans ce cas, l'infanterie ne doit pas hésiter à l'attaquer résolument. Elle agit de même lorsque des batteries ont pris position à proximité de couverts à travers lesquels l'infanterie peut s'avancer sans être vue et chercher à les surprendre ou à les attaquer de flanc. Si les batteries sont couvertes par un soutien d'infanterie, le chef de bataillon lui oppose l'effectif nécessaire pour répondre à son feu. Le bataillon se porte rapidement en avant en utilisant tous les couverts et abris et s'efforce d'arriver aussi vite que possible à petite distance de l'artillerie (500 mètres envi-

---

devra consacrer un tir concentré de 30 cartouches par homme sur cette batterie, pour avoir des chances de réussite de la chasser. (Général LE JOINDRE.)

(a) Sur un terrain à pente un peu faible, l'infanterie placée devant l'artillerie doit être au moins à 300 m. en avant ; sur une pente très raide, il suffit qu'elle soit à 30 m. au-dessous de l'artillerie. (Général LE JOINDRE.)

ron), afin de rendre sa retraite impossible en détruisant par son feu ses servants et ses attelages. Si l'ennemi est obligé d'abandonner quelques canons, le chef de bataillon s'oppose aux efforts tentés pour les reprendre. S'il ne peut emmener les pièces, il les fait mettre hors de service.

V. — Combat du régiment, de la brigade et de la division.

Principes généraux.

253. Tout combat est précédé de préliminaires destinés à orienter le commandement sans engager sa liberté d'action. La cavalerie signale la première l'ennemi; les avant-gardes prennent le contact et s'engagent ensuite pour donner aux commandants des colonnes, qui marchent avec elles, le temps et les moyens de compléter la reconnaissance du terrain et de l'adversaire, de réunir leurs forces et de recueillir les renseignements qui leur sont nécessaires pour agir en connaissance de cause.

Tant que les avant-gardes seules sont en présence, le commandement doit rester libre de refuser le combat ou de l'engager.

254. Dès qu'il a pris la résolution de combattre, le chef communique alors aux commandants des grandes unités son but, son plan, fixe les zones d'action, les objectifs et le rôle de chacun, indique la place où il se tiendra durant le combat et désigne les unités qui doivent, jusqu'à nouvel ordre, rester hors de l'engagement, ainsi que les points où elles se rassembleront. Pour que les ordres soient transmis avec la célérité indispensable, l'unité subordonnée est, en principe, représentée par un agent de liaison auprès du chef de l'unité supérieure. Dans une unité composée de plusieurs armes, chaque arme est de même représentée auprès du commandant de l'unité. Chacun, dans sa sphère, a la faculté d'employer à son gré les moyens dont il dispose, son initiative n'ayant d'autres limites que celles imposées par la nécessité de tenir compté de la situation et de s'inspirer toujours de la pensée du chef.

255. L'ensemble des forces est généralement réparti en trois groupes principaux : 1º Troupes chargées du combat de préparation, se subdivisant elles-mêmes en *troupes de première ligne*, appelées à être engagées dès le début, et en *troupes disponibles*, employées au fur et à mesure des besoins, pour soutenir la première ligne ; 2º *troupes de choc ;* 3º *réserves*, tenues à l'abri de la lutte jusqu'à la solution définitive et dont on se sert alors pour décider au besoin le succès ou limiter l'insuccès.

256. Après que les forces et les zones d'action ont été réparties, les unités sont dirigées vers leurs emplacements de combat ; leur premier soin est de se couvrir et de se relier aux unités voisines. Les unités placées aux ailes ont mission d'assurer la protection des flancs. Lorsque ceux-ci ne sont pas appuyés à des obstacles infranchissables, ils sont couverts par des troupes échelonnées. La solidarité entre les unités est un des facteurs essentiels du succès.

257. Pour achever la reconnaissance des forces et des dispositions de l'adversaire, et choisir le point sur lequel sera produite l'action décisive, le commandant en chef engage peu à peu sur tout le front les troupes chargées du combat de préparation. Leur rôle est d'opposer à l'ennemi, sur tous les points où il montre des troupes, le minimum de forces nécessaires pour le contenir, l'immobiliser et l'user, en le tenant à tout instant sous la menace d'une attaque sérieuse. Il n'existe pas de formation normale de combat. Les unités prennent, en s'engageant, les dispositions qui conviennent le mieux à la situation et au terrain. C'est par le jeu des forces disponibles que les commandants d'unités interviennent ensuite dans la conduite du combat.

258. L'attaque décisive peut avoir pour objet de produire une rupture dans la ligne adverse, d'aborder un flanc, d'envelopper une aile, etc. Dans tous les cas, les troupes qui l'exécutent doivent être assez nombreuses pour assurer la supériorité des forces sur le point décisif et y produire l'effort violent et concentré qui brisera la volonté de l'ennemi.

259. Combat de la division.

1º DIVISION ENCADRÉE.

Offensive.

260. Préliminaires : Avant le combat, la cavalerie recueille sur les forces adverses des renseignements multiples. L'avant-garde se déploie peu à peu contre les avant-postes adverses, s'empare des points d'appui. L'artillerie de l'avant-garde suit le mouvement de l'infanterie et intervient, s'il est nécessaire, pour faciliter l'enlèvement des points d'appui. Durant cet engagement, le général de division arrête son plan de combat, pendant que les troupes du gros de la colonne, sans interrompre leur marche, viennent se rassembler, en un ou plusieurs groupes, sur les emplacements qu'il indique et dans les formations les plus propres à faciliter leur emploi ultérieur. Autant que possible, l'infanterie se porte à travers champs sur les emplacements désignés, laissant les routes libres pour les mouvements de l'artillerie.

261. Répartition des forces : Dès que le commandant en chef s'est décidé à poursuivre le combat, le général de division indique aux commandants des brigades les forces qu'ils peuvent engager dans le combat de préparation et celles qui, jusqu'à nouvel ordre, restent à sa disposition ; il précise le rôle assigné à chaque brigade, et, si les brigades doivent agir accolées, répartit entre elles les objectifs et les zones d'action.

262. Combat de préparation : L'artillerie occupe les positions qui lui ont été assignées et entre en action dès qu'elle en reçoit l'ordre (*a*). Les généraux de brigade et les commandants des différentes armes font exécuter les mouvements qui doivent amener leurs troupes vis-à-vis de leurs objectifs particuliers. Le meilleur dispositif de déploiement étant celui qui oblige le moins au mélange des unités et qui favorise le mieux la succession des efforts dans le sens de la profondeur, le déploiement par unités accolées est celui qui doit être employé de préférence. Les bataillons de première ligne prennent les intervalles qui doivent les séparer et se font éclairer dans la direction de l'ennemi. Ces bataillons ne sont pas répartis uniformément sur tout le

---

(*a*) NOTE SUR L'EMPLOI DE L'ARTILLERIE.

(Règlement du 16 décembre 1901.)

I. — *Devoirs du commandant des troupes :* 1° Tenir toujours le commandant de l'artillerie au courant de la situation et de ses intentions ;

2° Fixer les positions initiales de l'artillerie ;

3° Donner les ordres relatifs à l'ouverture du feu ;

4° Prescrire au cours du combat les changements de position ;

5° Donner, s'il y a lieu, l'ordre de mettre sous un même commandement, pour un but défini, la totalité ou une fraction de l'artillerie (ménager le principe de ne pas séparer l'artillerie des divisions auxquelles elle est attachée) ;

6° Fixer le moment où cette mesure doit prendre fin ;

7° Prévenir le commandant de l'artillerie du moment où l'infanterie va exécuter une attaque ;

8° Assurer la protection de l'artillerie, protection qui résultera, soit du dispositif général, soit de l'affectation d'un soutien spécial (qui n'est pas aux ordres du commandant de l'artillerie).

II. — *Principes particuliers de l'emploi de l'artillerie :* 1° Celle-ci ne doit jamais se retirer du combat sans en avoir reçu l'ordre ;

2° Dans la défensive, n'ouvrir le feu que sur l'ordre du commandement.

front; ils peuvent être plus ou moins espacés, pourvu que les intervalles existant entre eux puissent toujours être battus par le feu : Chaque unité — brigade ou régiment — met en première ligne, sur le front qui lui est attribué, un nombre de bataillons proportionné au but à atteindre, à l'étendue, à la force et au nombre des objectifs qu'elle a l'ordre d'attaquer. Les bataillons restants constituent les forces disponibles de l'unité à laquelle ils appartiennent; ils se forment sur une ou plusieurs lignes, en arrière de la première dont ils suivent le mouvement à des distances variables avec les circonstances du combat et la configuration du sol, mais telles que leur intervention dans le combat puisse toujours se produire à temps. Le front d'attaque de la division à 12 bataillons ne dépasse généralement pas 2.500 mètres.

263. Les bataillons de première ligne effectuent leur marche d'approche conformément aux indications données aux n°⁵ 216 et suivants, ils se portent sur la ligne marquée par les points d'appui occupés par l'avant-garde, et la prolongent jusqu'aux limites du front de combat de la division Ils poursuivent leur marche offensive jusqu'à ce que le tir de l'adversaire les arrête; ils entretiennent alors le combat par le feu. Pendant cette période d'arrêt, dont la durée sera souvent longue, la lutte pourra être très vive en quelques points; elle obligera parfois certaines des unités engagées à passer de l'offensive à la défensive, à rétrograder même quelquefois. C'est par l'emploi judicieux des forces disponibles que le combat sera partout rétabli ou continué. Les bataillons disponibles suivent la ligne de combat (*a*). S'il en est besoin, ils organisent, avec le concours du génie, les points d'appui qu'elle a enlevés, lui fournissent les renforts destinés à combler les vides et

---

(*a*) Quand les troupes de deuxième ligne sont à plus de 300 mètres de la première, elles peuvent marcher par bonds successifs; en deçà de 300 mètres leur marche doit être interrompue. (Général LE JOINDRE.)

à la maintenir à son maximum de densité, ainsi que les détachements nécessaires pour la réapprovisionner en munitions pendant qu'elle est arrêtée.

264. Attaque décisive : Le choix du point d'attaque résulte soit des indications du combat, soit des circonstances qui ont permis de le fixer d'avance.

265. L'attaque décisive est préparée spécialement par une concentration rapide, violente et intense des feux de toute l'artillerie et des troupes d'infanterie qui voient l'objectif choisi. Quelques batteries sont désignées pour accompagner l'attaque, fournir à l'infanterie un appui moral et matériel. L'échelonnement en profondeur des troupes de choc est indispensable afin de permettre la poussée incessante d'arrière en avant, produite par les fractions qui vont être jetées sur la chaîne, non pour la renforcer seulement, mais pour déterminer, étayer et entretenir sans cesse son irrésistible élan vers l'ennemi. La formation de ces troupes doit être mobile et aussi peu vulnérable que possible; elles peuvent être disposées en lignes minces successives, en lignes de colonnes de compagnie, en lignes de sections par quatre, séparées par des distances et des intervalles réglés de façon à n'en pas faire une masse trop compacte. Dans le choix du dispositif d'attaque, il faut surtout rechercher le moyen de tirer parti de la protection offerte par le terrain, et, pour obtenir ce résultat, ne pas hésiter à sacrifier la régularité et la symétrie des formations. L'assaillant gagne du terrain jusqu'à distance d'assaut. A ce moment, les têtes des colonnes l'assaut doivent se trouver à petite distance de la chaîne. Le chef qui les commande fait alors battre et sonner la charge : la chaîne exécute le feu à répétition; les colonnes d'assaut la rejoignent, l'entraînent en avant. Sur toute la ligne, les troupes mettent la baïonnette au canon et se lancent à fond sur la position de l'adversaire. Au besoin, la réserve est employée à donner une dernière impulsion aux troupes d'assaut.

266. Poursuite ou rétablissement de l'ordre :

Si l'ennemi battu se retire, il faut compléter le succès et hâter sa retraite en le poursuivant par les feux de l'infanterie et de l'artillerie victorieuses. Si l'ennemi s'est arrêté sur une deuxième position, le combat est repris soit par les troupes de choc reconstituées, soit par la réserve.

267. Une première attaque non-réussie ne doit pas être suivie de la retraite. Dès que les troupes qui l'ont effectuée ont pu se reformer sous la protection de la réserve, une nouvelle attaque est préparée puis lancée contre la position adverse. Quand, après un insuccès, la la retraite s'impose, l'artillerie dirige un feu violent sur l'infanterie ennemie, afin de permettre à son infanterie de se dégager. Une partie de la réserve est rapidement déployée de manière à diriger son feu contre un des flancs de la contre-attaque. A la faveur de cette résistance, l'infanterie repoussée se replie, démasque la position qu'a occupée l'autre partie de la réserve, se rassemble et se réorganise en arrière de cette ligne.

Défensive.

268. Préliminaires : Le général de division indique le lieu de rassemblement du gros en arrière de la position. Il procède, sous la protection des avant-postes, à la reconnaissance du terrain. Les lignes de résistance sont déterminées par la configuration du terrain. On évite de les occuper avant de savoir quelle sera la direction de l'attaque. Ces lignes peuvent être renforcées par des travaux de campagne. Ces points d'appui sont reliés, au besoin, par des tranchées-abris ou par des obstacles naturels dans lesquels on ménage des intervalles donnant toute commodité pour exécuter les contre-attaques et passer de la défensive à l'offensive. Afin de faciliter la direction du combat, la position est divisée en secteurs de largeur d'autant plus restreinte que le terrain est plus couvert et plus accidenté.

269. L'approche de l'ennemi est signalée par la cavalerie. La résistance des avant-postes oblige l'ennemi à déployer une partie de ses forces.

270. Répartition des forces : Dès qu'il a arrêté son plan de combat, le général de division répartit ses troupes : une unité plus ou moins forte, est affectée à chacun des secteurs, selon son importance ; elle se subdivise en première ligne et en forces disponibles. Il fixe le nombre des bataillons destinés à la contre-attaque et de ceux qui constitueront la réserve ; il indique leurs emplacements et ceux de l'artillerie, la mission du génie et désigne les directions que surveillera particulièrement la cavalerie.

271. Combat de préparation : Tant que l'adversaire est arrêté par les avant-postes, l'infanterie de la ligne de combat reste en position d'attente, un peu en arrière de ses emplacements de combat. Les commandants des secteurs procèdent à une reconnaissance rapide de leur zone d'action et font exécuter ou achever les travaux destinés à renforcer leur position.

272. Lorsqu'ils ne peuvent contenir plus longtemps l'assaillant, les avant-postes se retirent, par des cheminements reconnus à l'avance, et démasquent la ligne principale de résistance que les troupes de première ligne garnissent immédiatement. Ces troupes ne sont pas réparties uniformément sur tout le front ; elles sont placées, de préférence, sur les points donnant des facilités d'accès à l'assaillant et sur ceux qui offrent des abris contre les feux de l'artillerie. Les différentes parties occupées du front doivent se prêter un mutuel appui et ne pas être séparées par des obstacles infranchissables. Le front de la division peut, dans une certaine mesure, dépasser celui occupé dans l'offensive. Les emplacements des bataillons disponibles, déterminés d'après les nécessités du combat, sont choisis de manière à les soustraire aux effets des feux dirigés sur la chaîne. L'artillerie ouvre le feu aussitôt que possible. L'infanterie de la défense commence généralement le feu avant l'infanterie assaillante ; elle doit infliger de loin à celle-ci, pendant qu'elle marche à découvert, des pertes déjà sensibles, l'obliger à s'arrêter prématurément pour répondre à son feu et conserver la supériorité du feu durant cet arrêt. Toutefois, dans certaines circonstances, elle aura intérêt à retarder l'ouverture du feu, afin de ne pas éclairer trop tôt l'ennemi sur ses moyens et de ménager ses munitions. L'ouverture soudaine d'un feu violent, à courte distance, produira alors un effet de surprise qui influera d'autant plus sur le moral de l'adversaire qu'il coïncidera avec des pertes matérielles subites et considérables. A mesure que la chaîne assaillante, constamment renforcée et poussée, se rapproche de la défense, les soutiens des bataillons de première ligne et les bataillons disponibles des secteurs se rapprochent aussi de leur ligne de combat, la renforcent lorsqu'il en est besoin, et se tiennent prêts à se porter au-devant des attaques et à les repousser.

273. Contre-attaque : La contre-attaque est, par excellence, l'acte de vigueur de la défense active. La contre-attaque est, suivant le cas, partielle ou générale. Une contre-attaque partielle peut être ordonnée par tout commandant d'un élément défensif qui dispose encore de troupes de soutien. Elle est destinée à arrêter un ennemi trop pressant. Mais cet acte d'énergie ne doit avoir d'autre but que de dégager la ligne de défense; c'est une phase particulière du combat défensif qui ne peut être suivie d'un mouvement offensif, à moins d'ordres spéciaux. Cette contre-attaque doit être soudaine et agir par le choc. La contre-attaque partielle doit être courte. Dès qu'elle a réussi à briser l'élan de l'assaillant, la troupe qui l'a exécutée se replie de façon à ne pas se compromettre et à permettre au feu de la chaîne de consacrer son succès.

La contre-attaque générale, exécutée par des troupes de choc, sur l'ordre du général de division, est destinée à arrêter et à faire échouer l'attaque de l'assaillant. Elle est dirigée souvent sur les troupes de réserve qui appuient l'assaut, de manière à rendre infructueux les efforts de l'ennemi. Comme elle comporte la mise en mouvement d'effectifs élevés, il lui faut de l'espace, et les ailes d'une ligne sont souvent les points favorables à sa préparation et à son exécution. Elle doit être soudaine et énergique, mais elle ne peut, en raison même de son effectif, produire le choc dès son premier élan : elle sera donc conduite suivant les principes de l'attaque décisive dans l'offensive. La contre-attaque générale sera le plus souvent le signal du passage à l'offensive sur tout le front.

274. Si la contre-attaque ne peut être lancée à temps ou si elle ne réussit pas à arrêter l'attaque, le général de division peut prescrire un retour offensif dès que l'assaillant a pénétré dans la position et avant qu'il ait pu se reformer et se réorganiser. Ce retour offensif a lieu, de préférence, par surprise et sur un flanc. Quand on peut profiter de la nuit pour lancer un retour offensif, il s'effectue alors dans les conditions les plus favorables à sa réussite.

275. Poursuite ou rétablissement de l'ordre : La poursuite, quand l'adversaire a été repoussé, la retraite, dans le cas contraire, sont préparées et exécutées comme il a été dit dans l'exposé du combat offensif.

2° DIVISION ISOLÉE.

276. Indications générales : Lorsque la division est isolée, son commandant agit en toute indépendance et conduit le combat en se conformant aux principes généraux et aux indications données pour le combat de la division encadrée. La division n'étant plus protégée à droite et à gauche par des colonnes voisines, il pourvoit, par ses propres moyens, à la sécurité de ses flancs. Le nombre des bataillons conservés en réserve au début de l'action est habituellement plus élevé que dans la division encadrée. Le front de combat est généralement plus restreint. Les troupes chargées de l'attaque décisive peuvent être appelées à agir à une aile, en un point situé en dehors du front des troupes de préparation ; elles se font alors précéder par une chaîne qui gagne le plus rapidement possible l'emplacement favorable à l'exécution des feux et attire sur elle le feu de la défense.

277. Rupture du combat : Le chef à qui il appartient d'accepter ou de refuser le combat ne doit l'accepter que si l'issue de l'action semble pouvoir lui être favorable. La rupture du combat n'implique pas l'idée d'un insuccès. Elle a pour but de se soustraire aux atteintes d'un ennemi supérieur en force et de reprendre sa liberté d'action sans être entamé ni désorganisé.

COMBAT DE LA BRIGADE

BRIGADE ENCADRÉE.

278. Dans la division dont elle fait partie, la brigade peut avoir à remplir des rôles variables selon la place qu'elle occupe dans une colonne de marche ou un dispositif de combat. Quand un de ses régiments fournit l'avant-garde de la division, la brigade est souvent appelée à constituer seule la ligne combat formée au début de l'action ; elle se fractionne alors en bataillon de première ligne et en bataillons disponibles. Si elle agit accolée à une autre brigade, elle a ordinairement à fournir, en sus des troupes destinées au combat de préparation, soit les troupes de choc, soit la réserve. Une brigade qui se trouve en queue de colonne au commencement de l'engagement a, le plus souvent, à fournir les troupes de choc et la réserve.

279. Dans ces différents cas, après qu'il a reçu les ordres du général de division, le commandant de la brigade les communique aux chefs de corps et leur donne des instructions plus détaillées. Lorsque la brigade est scindée, le général de brigade se tient avec celui de ses régiments où sa présence est le plus nécessaire. Le front de la brigade à 6 bataillons ne dépasse généralement pas 1.500 mètres.

BRIGADE ISOLÉE.

280. La brigade isolée, quand elle dispose de détachements d'autres armes, combat en appliquant les mêmes principes généraux que la division. Lorsqu'elle n'a pas à compter sur le concours des autres armes, la brigade agit encore d'après les mêmes principes, mais en se faisant éclairer et couvrir par des fractions constituées tirées de ses régiments, en préparant ses attaques par le seul feu de son infanterie, et en proportionnant ses travaux de défense aux moyens d'exécution dont elle peut disposer.

COMBAT DU RÉGIMENT

RÉGIMENT ENCADRÉ.

281. Selon la place qu'il occupe dans une colonne de marche, ou un dispositif de combat, le régiment peut avoir à remplir l'un des rôles suivants : Former l'avant-garde d'une colonne et engager le combat ; participer au combat de préparation ayant, au début, tout ou partie de ses bataillons en chaîne ou disponibles ; constituer une troupe de choc ou une réserve.

282. Dans tous les cas, dès qu'il a reçu les ordres du général de brigade, le colonel les transmet à ses chefs de bataillon en les complétant par des indications précises sur le rôle du régiment et sur celui de chacun des bataillons, sur les dispositions à prendre et les travaux à exécuter. Il désigne les bataillons devant former la ligne de combat, indique leur objectif et leur zone d'action ou leur secteur défensif; il fait connaître les positions relatives que les bataillons disponibles occuperont par rapport aux bataillons déployés, ainsi que la place qu'il tiendra pendant le combat. L'action engagée, le colonel règle l'emploi des bataillons dispo-

nibles. Il maintient le front dans ses limites qui ne dépassent guère 700 mètres. Il n'intervient personnellement
dans l'action que lorsqu'il voit commettre une faute
grave ou pour rétablir le combat compromis sur un
point. Il assure le réapprovisionnement en munitions
des unités engagées. Quand le signal de l'attaque est
donné, le colonel se porte devant le centre de son régiment, le drapeau déployé derrière lui, et l'entraîne à
l'assaut. Il assure la poursuite de l'ennemi par les feux,
ainsi que l'occupation de la partie de la position enlevée
par le régiment; il reforme ses bataillons le plus rapidement possible.

RÉGIMENT ISOLÉ.

283. Le régiment isolé, qu'il soit ou non renforcé
par des détachements d'autres armes, combat en observant les mêmes règles générales que la brigade et la
division.

VI. — Détachement d'infanterie adjoint à la cavalerie d'exploration.

284. Des détachements d'infanterie peuvent être
adjoints à la cavalerie d'exploration. Ils sont sous les
ordres du général commandant la cavalerie. L'infanterie a généralement, dans ce cas, un rôle de soutien.
Tantôt elle occupe des défilés en arrière ou sur les flancs
de la cavalerie pour assurer sa retraite ou limiter les
débouchés accessibles à la cavalerie ennemie; tantôt
elle suit de loin tenant successivement les points d'appui
dont la possession facilite les manœuvres de la cavalerie. Mais il faut toujours que son action et celle de la
cavalerie, tout en concourant au même but, restent
absolument séparées. C'est là le principe essentiel. On
accélère ou on prolonge la marche d'un détachement
d'infanterie adjoint à la cavalerie en chargeant les
sacs sur des voitures qu'on peut même, dans certains
cas, utiliser pour le transport des hommes.

VII. — Cas particuliers.

Défilés.

285. Quelle que soit la nature des défilés, les combats qui s'y livrent présentent un caractère commun : l'importance de la possession des issues.

286. Défense : Suivant la configuration du terrain et les situations tactiques, les défilés sont défendus en arrière, en avant ou à l'intérieur. Dans tous ces cas, le fractionnement de la troupe et le rôle de ces diverses fractions dans le combat sont généralement les mêmes que pour la défense d'une position.

287. La défense en arrière est souvent la plus favorable. La ligne de combat, les fractions maintenues en soutiens et la réserve sont établies sur les points qui leur permettent le mieux de battre le défilé et de couvrir son débouché de feux convergents ; éviter que les extrémités de la ligne puissent être enfilées par les feux de l'assaillant.

288. Les défilés sont défendus en avant lorsqu'il importe d'en conserver les deux issues, par exemple quand une avant-garde doit assurer le débouché de la colonne qui la suit, ou encore lorsqu'une arrière-garde doit protéger le passage du défilé par la troupe qu'elle couvre. — Dans le premier cas, la défense est portée assez en avant pour que le débouché de la colonne et son déploiement éventuel ne soient pas gênés. Dans le second, les troupes sont placées de manière à laisser le défilé libre et à attirer autant que possible sur d'autres points les feux de l'assaillant. S'il est nécessaire, on prend vigoureusement l'offensive pour le tenir éloigné des points d'où il pourrait menacer l'entrée du défilé.

289. Pour défendre un défilé à l'intérieur, les troupes s'établissent en un endroit où le défilé s'élargit. La réserve, en tout ou en partie, reste à l'intérieur, en un point d'où elle puisse appuyer la ligne de combat ou protéger sa retraite. Les différents échelons se gardent sur les flancs, par lesquels ils sont toujours menacés d'être tournés. Au besoin, le défenseur échelonne des détachements le long du défilé pour assurer sa ligne de retraite.

290. Attaque : L'attaque d'un défilé défendu en avant doit être menée vigoureusement. Dirigée de préférence contre un des flancs du défenseur. Si celui-ci se retire, le poursuivre vivement afin de l'empêcher de se reformer et déboucher à sa suite de l'autre côté du défilé. Quand le défilé est défendu à l'intérieur, chercher à s'emparer des positions qui dominent les flancs de l'adversaire. Pour progresser dans une vallée, disposer sa ligne de combat dans le fond et sur les versants en portant ses ailes en avant. Une partie de la réserve est dirigée par la crête qui commande le mieux l'intérieur du défilé. L'attaque d'un défilé défendu en arrière ne peut être entreprise qu'autant que le feu de l'assaillant a réduit celui de la défense. Puis, des fractions de la réserve, lancées à une allure vive, franchissent le défilé, et gagnent du terrain en avant sous la poussée incessante des troupes fraîches. Lorsqu'elles ont suffisamment progressé, la ligne de combat, qui a facilité leur mouvement par un feu vif, traverse à son tour et s'établit en réserve.

Bois.

291. La mise en état de défense comprend : l'organisation de la lisière, celle des lignes successives de défense intérieures (ravins, cours d'eau, clairières), et l'organisation en arrière pour en battre les débouchés.

292. Mise en état de défense : La lisière extérieure se prêtant trop au réglage du tir de l'artillerie, organiser la défense en arrière des premières lignes d'arbres, lorsque le taillis peut être débroussaillé et que la pente donne des vues suffisantes sur le terrain en avant. La porter en avant quand ces conditions ne sont pas remplies, et alors l'emplacement des tranchées-abris est déterminé par la condition de donner aux tirailleurs un bon champ de tir, saillants flanqués ou reliés par des tranchées-abris. Des cheminements sont préparés parallèlement à la ligne de défense et de celle-ci vers l'intérieur du bois. Pour obliger l'ennemi à les attaquer ou à les tourner, les lignes intérieures (clairières) sont organisées de façon à avoir un certain champ de tir; au besoin, les renforcer par des abatis. La défense en arrière est organisée de façon à battre les débouchés du bois et à prendre d'enfilade la lisière. Cette dernière ligne de défense est assez éloignée de la lisière pour forcer l'ennemi à préparer une nouvelle attaque.

293. Occupation : Le front est divisé en secteurs d'autant plus étroits que le bois est plus épais. Les troupes sont disposées de façon que les soutiens de secteurs, placés sur les communications établies, donnent un appui immédiat à la première ligne. Les lignes de défense en arrière sont occupées de la même manière. Les réserves sont placées aux carrefours importants et sur les flancs du bois. On ne met de l'artillerie dans les bois que lorsque sa ligne de retraite est assurée. Généralement, l'artillerie est placée sur les flancs, en des positions prenant d'enfilade les approches du bois.

294. Défense : La défense de la lisière s'exécute comme celle d'une position ordinaire. Si l'assaillant perce la lisière en un point, profiter de l'incertitude et du désordre dans lesquels il se trouve pour l'attaquer en flanc. Même après que la lisière a été perdue, des attaques de flancs répétées à l'intérieur et à l'extérieur amènent souvent la retraite de l'assaillant. Les lignes suivantes sont défendues d'après les mêmes principes. Si le défenseur est rejeté hors du bois, les efforts de la dernière ligne doivent empêcher l'ennemi d'en déboucher et paralyser ainsi son succès.

295. Attaque : L'attaque principale est dirigée sur un saillant. Le rôle de l'artillerie prend fin lorsque l'infanterie de l'attaque commence à masquer son tir. Elle observe alors les flancs pour s'opposer à toute contre-attaque de la part du défenseur. Quand les tirailleurs ont percé la lisière, ils ne s'engagent sous bois qu'après que l'ordre a été rétabli.

Peu de bois doivent être considérés comme impraticables à l'infanterie. On profite de tous les chemins pour pousser vivement en avant, de manière à talonner l'ennemi et à l'empêcher de prendre pied sur une nouvelle position.

Si le bois est facilement praticable, les chaines de tirailleurs, suivies de leurs soutiens, s'y engagent résolument, en protégeant leurs flancs.

Dans les bois épais, l'attaque progresse au moyen de fractions marchant par quatre, par deux, ou, au besoin, par file, et reliées entre elles. On brusque l'attaque contre les lignes intérieures en cherchant à les déborder.

Pour déboucher du bois du côté opposé à l'entrée, l'assaillant a recours à une préparation énergique par le feu si l'adversaire a pris position en dehors du bois. Les troupes latérales concourent utilement à amener l'évacuation du bois en le contournant par les côtés.

Lieux habités.

296. Règles : Les règles indiquées pour les bois s'appliquent, en général, aux lieux habités. La mise en état de défense des lieux habités comprend l'organisation de la lisière, de lignes de défense intérieures ou d'un réduit, et enfin d'une ligne en arrière.

La défense de la lisière est portée en avant des premières maisons. Toutefois, le choix de cette ligne est subordonné aux vues qu'elle donne sur le terrain des attaques. Supprimer les saillants en les reliant entre eux par des tranchées-abris. Un chemin de ronde sur le pourtour et des voies de communication à l'intérieur sont organisés afin de faciliter le renforcement des lignes. Les ailes extérieures de la localité sont aussi mises en état de défense, pour flanquer la lisière, abriter les soutiens et permettre à ces derniers de prendre l'offensive par des contre-attaques.

On organise dans les mêmes conditions les lignes intérieures et le réduit.

La ligne de défense en arrière est choisie de manière à empêcher l'ennemi de déboucher et à le forcer au moins à se réorganiser.

297. Occupation : La localité est divisée en secteurs et les troupes y sont disposées comme pour la défense d'un bois. Les soutiens sont placés de manière à donner l'appui le plus immédiat à la ligne de feu. Les troupes occupant chacune des lignes de défense sont indépendantes les unes des autres. La réserve est placée en dehors de la localité et en arrière de l'un des flancs, de manière à pouvoir prononcer des contre-attaques et prendre l'offensive. Une partie de cette réserve occupe la ligne en arrière destinée à empêcher l'ennemi de déboucher. L'artillerie n'est placée qu'exceptionnellement dans la localité, et seulement quand elle y a des lignes de retraite faciles. On la met de préférence sur l'un ou sur les deux flancs.

298. Défense : Les troupes chargées de la défense des différentes lignes sont placées en arrière de leurs emplacements et ne les occupent qu'au moment où les troupes d'attaque prononcent leur mouvement. Des observateurs, choisis de préférence parmi les officiers, surveillent le terrain en avant. Ils signalent l'approche de l'infanterie adverse. Les défenseurs de la première ligne garnissent alors leurs emplacements de combat. Ils les occupent plus fortement quand l'assaillant masque le tir de son artillerie. Si la lisière est percée, des retours offensifs sont exécutés par les soutiens de secteurs et par la réserve. Les lignes intérieures et le réduit sont défendus comme la lisière. La réserve prononce des contre-attaques. Si l'ennemi s'empare de la localité, c'est à la ligne de défense en arrière à l'empêcher d'en déboucher.

299. Attaque : L'attaque d'une localité se fait

comme l'attaque d'un bois et des positions. Dès qu'on a pris pied en un point quelconque de la lisière, les soutiens s'y portent rapidement. On cherche ensuite à s'étendre sur tout le pourtour. Mais, au lieu de s'attarder à la conquête de chaque maison, on s'efforce de gagner la lisière opposée pendant que des fractions se prolongent sur les flancs extérieurs et cherchent à envelopper la localité. La réserve s'oppose à tout retour offensif. Pendant ce temps, d'autres fractions attaquent les maisons qui se défendent encore et fouillent les autres. Souvent on se servira du canon et de la mélinite pour démolir les barricades et faire tomber le réduit. Pour déboucher de la localité après sa conquête, on a recours à une préparation par le feu si l'adversaire a occupé une position en arrière. Au besoin, on fait intervenir l'artillerie.

Opérations de nuit.

300. Le caractère principal des attaques de nuit étant la surprise, l'opération doit être préparée secrètement et les mouvements de troupe exécutés sans bruit. L'attaque a toujours lieu par le choc et à la baïonnette. Pour obtenir l'ordre et la cohésion, on n'emploie que des petites colonnes échelonnées en profondeur sur les directions choisies,

Le choix du moment a une grande influence. Pour un coup de main ou une affaire d'avant-poste, le moment le plus opportun peut être soit le commencement, soit le milieu de la nuit. Si, au contraire, l'attaque de nuit doit être le prélude d'un engagement sérieux, on choisit les dernières heures de la nuit, afin de disposer de tout le jour pour l'opération principale.

Il est avantageux d'opérer sur un terrain connu, soit qu'on y ait déjà combattu, soit qu'on ait eu le temps de l'étudier et de le parcourir avant la nuit. On communique aux chefs d'unité tous les renseignements nécessaires sur le but de l'opération, sur la zone d'action qui leur est affectée, le rôle à remplir, les points de ralliement, la ligne de retraite et enfin un signal de reconnaissance.

301. Attaque : Le silence pendant la marche et la simultanéité des attaques sont les principaux facteurs du succès. Les troupes destinées à concourir à la même attaque sont rassemblées en un point central et dirigées par des guides sur les points d'où elles partiront pour prononcer leur attaque. A une heure donnée, les colonnes sont toutes lancées en même temps: elles poursuivent leur mouvement sans interruption, sans répondre au feu de l'adversaire. Chaque colonne est précédée à courte distance de quelques éclaireurs: elle forme plusieurs échelons, assez rapprochés, dont le dernier constitue la réserve. En cas de succès, la position est occupée: des petits postes sont envoyés dans la direction de l'ennemi; les troupes se tiennent prêtes à repousser ses retours offensifs. En cas d'insuccès, les réserves recommencent l'attaque, ou bien elles couvrent la retraite et font face aux contre attaques.

302. Défense : Lorsqu'on prévoit une attaque de nuit, on renforce la défense soit par des travaux de campagne, soit par des troupes disposées en lignes derrière des abris ou des levées de terre. On surveille les lignes d'attaque probables; des fractions sont placées de manière à battre les voies de communication pouvant donner accès à l'ennemi. Des avant-postes sont poussés assez loin vers l'ennemi et des patrouilles fréquentes sont dirigées de ce côté. Il est recommandé d'éviter des déplacements pendant le combat. Un signal de reconnaissance est donné aux troupes. Si, malgré les précautions prises, l'attaque se prononce, les sentinelles se retirent, l'ennemi est reçu par des feux d'abord, à la baïonnette ensuite, et le défenseur prend l'offensive au moyen de petites colonnes disposées d'avance en arrière de la ligne de feu et prêtes à exécuter des contre-attaques. Si l'ennemi se retire, on le fait suivre par des patrouilles. S'il pénètre dans la position, les fractions de la défense qu'il n'a pas repoussées restent derrière leurs abris en attendant le moment favorable pour l'attaquer sur ses derrières ou sur ses flancs. En dernier lieu, on profite de l'obscurité pour exécuter une contre-attaque ou pour se retirer.

DÉTACHEMENTS

303. Constitution : Peuvent être composés de tout ou partie d'un même corps de troupe ; les fractions qui entrent dans la constitution des détachements sont toujours des fractions constituées. Un tour est établi entre les bataillons et compagnies.

304. Commandant : Désigné par l'autorité qui a ordonné la formation du détachement. Un détachement composé de fractions prises dans différents corps doit, si possible, être commandé par un officier supérieur en grade aux officiers de ces fractions. Le commandant d'un détachement a l'autorité d'un chef de corps pour la police, la discipline et le service des troupes. Les plaintes en cassation passent par le chef de corps.

305. Préparation des opérations : Donner au chef de détachement des instructions (écrites si possible) très précises ; lui fournir des guides (37) ; en prendre plusieurs, les questionner séparément, les confronter ensuite. Le chef du détachement étudie son opération à l'avance et communique ses ordres et renseignements à son second. A la rentrée, rendre compte.

306. Conduite des détachements : Se conformer suivant le cas aux principes de : sûreté, marches, cantonnements.

Dans les *surprises*, la première condition du succès est le secret. Le moment le plus favorable est le point du jour. Profiter aussi de la pluie, de la nuit, du brouillard, de la chaleur. Éviter les villages, les routes. Forcé de traverser les lieux habités, les faire fouiller. Obligé d'y prendre des vivres, les faire apporter à l'extérieur et en quantité supérieure à son effectif. En cas de séjour, envoyer des espions, prendre des otages, empêcher la communication des habitants avec le dehors..... Pour combattre, confier à chaque fraction de sa troupe une mission spéciale ; désigner point de ralliement et ligne de retraite ; agir avec soudaineté et énergie en gardant une réserve compacte. Si on a pu faire brèche dans le réseau de surveillance ennemie, continuer sa marche en se dissimulant, et attaquer au dernier moment. Si le détachement est signalé ne pas se laisser arrêter par le réseau de surveillance, et arriver sur l'ennemi en même temps que le détachement. Ordonner la retraite dès le résultat obtenu. — *Surprise d'un cantonnement :* Attaquer simultanément sur plusieurs points ; une fraction attaque ; on occupe les issues ; la réserve se tient en dehors de la localité. — *Surprise d'une troupe en marche :* Choisir un terrain où l'ennemi aurait des difficultés à se déployer.

Attaque d'un convoi : De préférence, dans les haltes quand il commence à parquer, que les attelages sont à l'abreuvoir, qu'il franchit un défilé. Opérer comme pour une surprise. Une fraction attaque l'escorte, une les voitures ; une en réserve. Dans l'attaque des voitures, immobiliser les premières et les dernières voitures ; les hommes se dispersent, cherchant à couper les traits. Si le convoi est parqué, manœuvrer pour attirer l'escorte au loin. S'il est considérable, l'attaquer sur plusieurs points. Les mesures de détail sont autant que possible arrêtées à l'avance, pour éviter toute confusion et tout retard.

Le convoi enlevé, organiser une escorte et l'emmener ; si les attelages sont insuffisants, laisser les voitures chargées des objets les moins importants et y mettre le feu.

Réquisition, fourrage, destruction : Arrivé à destination, partager sa troupe en deux parties : la plus faible exécute l'opération ; l'autre la protège et se porte dans la direction de l'ennemi (avec une fraction observant, l'autre servant de soutien) ; en cas d'attaque, elle repousse l'ennemi ou couvre la retraite de manière à permettre le ralliement du reste de la troupe.

DES CONVOIS ET DE LEUR ESCORTE

307. Commandement : Le commandant de l'escorte d'un convoi a toute autorité sur les troupes, agents, voituriers, etc., de ce convoi. S'il ne se compose que de munitions, le commandement appartient à l'officier d'artillerie, s'il est d'un grade égal ou supérieur à celui du commandant de l'escorte; sinon, ce dernier défère autant que possible aux demandes de l'officier d'artillerie sur les heures de départ, haltes, etc. Il défère de même aux observations des officiers d'artillerie ou du génie, ou des fonctionnaires, s'il s'agit d'un convoi de matériel de leur arme ou service. Les officiers étrangers à l'escorte qui marcheraient avec le convoi en peuvent y exercer aucune autorité sans l'assentiment du commandant, qui dispose, dans l'intérêt du service, de tous les militaires présents d'un grade inférieur ou égal au sien.

308. Division du convoi : S'il est considérable, le partager en plusieurs divisions: affecter une garde à chacune, répartir des soldats de distance en distance pour surveiller les conducteurs de voitures de réquisition. Ordre habituel : voitures de munitions ; voitures de subsistances, voitures d'effets. Au surplus adopter toujours un ordre tel que les voitures dont la conservation importe le plus soient dans l'ordre le plus propre à les préserver du danger.

309. Marche du convoi : L'escorte et la marche sont réglés suivant l'ennemi, les localités, les chemins, etc. Se faire donner à ce sujet des renseignements précis, les vérifier. La veille du départ, parquer comme en route. Vérifier le chargement et les voitures (pièces de rechange). Réquisitionner outils et travailleurs. Assurer la subsistance des hommes et attelages. — Choisir la route la plus praticable. Faire marcher les voitures par deux, à 2 mètres de distance, toujours dans le même ordre et numérotées. — Éviter le combat si possible. Le rôle de l'escorte est d'éclairer le convoi et au besoin de le défendre. — Partager l'escorte en deux groupes: l'un, le plus faible, assure la protection immédiate et la garde du convoi (avant-garde, arrière-garde, flanqueurs, garde des voitures); il fait corps avec le convoi. L'autre, sous le commandement direct du commandant du convoi, forme une colonne isolée qui marche là où elle est le mieux placée pour s'interposer, le cas échéant, entre le convoi et l'ennemi; il s'éclaire au loin.

340. Haltes, parcs : Faire des haltes horaires; très rarement des grand'haltes, et seulement dans des lieux reconnus et très favorables. La nuit, bivouaquer ou cantonner en des lieux favorables pour se garantir d'une surprise ou d'une attaque. Choisir pour le parc un endroit permettant d'atteler ou de rompre avec ordre; les voitures habituellement sur plusieurs rangs, les timons dans une même direction; entre chaque rang, une rue assez large pour la circulation. Si le convoi bivouaque et qu'on craigne une attaque, former le parc en carré, les roues à l'extérieur.

341. Défense d'un convoi en marche : Pendant que le convoi continue sa marche, le gros de l'escorte se porte au-devant de l'ennemi, sans toutefois se laisser attirer hors de portée de la défense du convoi. S'il ne peut s'opposer à l'attaque du convoi, il concourt à sa défense au même titre que le groupe de protection immédiate. Essayer de faire filer les voitures les plus importantes avec une partie de l'escorte. (Emmener d'abord les munitions.) — Si le convoi est attaqué inopinément et dans l'impossibilité de continuer sa marche, parquer hors de la route, en carré. — S'il n'est pas possible de sauvegarder le convoi, y mettre le feu; emmener les attelages; les tuer au besoin.

342. Défense d'un convoi de chemin de fer : Si on prévoit qu'un convoi de chemin de fer peut être attaqué, une escorte d'infanterie est placée dans les premières voitures. Le chef de l'escorte prend la direction du train; les agents de l'exploitation doivent déférer à ses ordres.

313. **Attaque d'un convoi** (306).

314. Convoi par eau : Un petit poste sur chaque bateau ; un détachement sur un bateau particulier, en avant ou en arrière ; cavaliers sur les flancs ; avant-garde et arrière-garde par terre.

315. Convois de prisonniers : Recevoir du commandement : 1° Instructions ; 2° ordre de mouvement ; 3° un état nominatif des prisonniers ; 4° un mandat d'indemnité à percevoir avant le départ. S'assurer un interprète (au besoin parmi les prisonniers). Ces convois exigent une vigilance spéciale, prudence et fermeté. Diviser la colonne en deux parties, l'une chargée de la garde immédiate des prisonniers, l'autre du service de sûreté. Séparer les officiers des soldats. Prendre des précautions minutieuses pour éviter les évasions. Mettre les prisonniers en colonne et par groupes de vingt (sous la direction de gradés) qu'on fait précéder, suivre et flanquer par l'escorte. Au départ, charger les armes devant les prisonniers ; baïonnette au canon. Défendre toute conversation entre l'escorte et les prisonniers ; défense à ceux-ci de communiquer avec les habitants et les prévenir que toute tentative de résistance sera réprimée avec sévérité.

Cantonner dans une église ou de grands bâtiments, les éclairer ; laisser une seule porte ouverte et y mettre une garde. Au départ et à l'arrivée, ou dans les séjours, matin et soir, appel.

En cas d'attaque de l'ennemi, une partie de l'escorte garde les prisonniers qu'elle oblige à rester couchés ; l'autre partie repousse l'ennemi. Dès qu'on le peut, presser la marche, enfermer les prisonniers dans un grand bâtiment qu'on garde et défend.

A l'étape, appel en présence du commandant d'étapes qui donne récépissé sur l'ordre de mouvement et garde l'état nominatif. Signaler les évadés. Rejoindre le plus promptement possible son corps d'armée. A l'arrivée, compte rendu.

316. Convois de prisonniers par chemin de fer (453).

317. Escorte d'un train (454).

VIII. — Reconnaissances générales.

PRINCIPES GÉNÉRAUX

318. Composition : Sont exécutées par des officiers accompagnés de quelques cavaliers (*a*) ou d'un détachement. Ces détachements varient suivant le but, la distance à parcourir, le pays, et comprennent de l'infanterie ou de la cavalerie, ou des troupes de toutes armes.

319. Conduite d'une reconnaissance (*b*) : Recevoir une instruction qui précisera les renseignements à obtenir et contiendra des indications complètes sur la destination à donner aux comptes rendus, leur fréquence ou périodicité (*c*). Communiquer ces renseignements au général de brigade dont dépendent les avant-postes, qui y ajoute les indications par lui recueillies (sur l'ennemi ou les localités) (*d*). Etudier sur la

---

(*a*) Ou vélocipédistes. (*Note de l'auteur.*)

(*b*) Se munir de : lunette, boussole, montre, crayon, papier, enveloppes. Si l'on doit revenir au point de départ, se munir, si possible, d'une tenue sombre (manteau, etc.), n'emporter aucun papier qui pourrait être utile à l'ennemi (calepin, annotation sur cartes), au besoin, notes en langage secret. Prendre, si possible, un bon cheval de couleur sombre. Ces prescriptions s'appliquent également au personnel de la reconnaissance. Choisir des hommes intelligents, ayant bonne vue et parlant la langue du pays. (*Manuel des reconnaissances*, général PIERRON.)

(*c*) Collationner sa carte avec celle du commandant des troupes, régler sa montre; convenir d'un langage secret; le cas échéant, réclamer des renseignements sur l'heure de rentrée, nos avant-postes, situation de l'ennemi (*Manuel des reconnaissances*, général PIERRON.)

(*d*) Et le mot ou les signaux. Communiquer aussi ces renseignements au chef appelé à succéder, le cas échéant, au commandant de la reconnaissance. Faire connaître aux hommes le but de la reconnaissance, le mot et le point de ralliement ou les signaux. (*Manuel des reconnaissances*, général PIERRON.)

carte, terrain, itinéraire et moyens (routes, voies ferrées, postes, télégraphe) de transmission des renseignements.

Marcher groupé en se couvrant par des éclaireurs. Chercher à passer inaperçu (*a*). Souvent avantageux d'arriver la nuit devant l'objectif pour l'examiner à la pointe du jour. Ne s'engager dans les villages, bois, ravins, etc., qu'après les avoir fait fouiller par les éclaireurs qui recueillent des renseignements ou prennent des otages (*b*); noter les points importants du terrain surtout ceux utiles pour la retraite (*c*). Souvent utile de changer d'itinéraire pour le retour (*d*).

(*a*) Suivre les vallons, les bois, éviter les lieux habités. (*Manuel des reconnaissances*, général PIERRON.)

(*b*) Si l'on interroge des habitants, leur poser des questions simples : questionner de préférence les enfants, cantonniers, médecins de campagne, débitants de carrefours, voyageurs, étrangers. Dans une localité, saisir les registres de la gare, de la poste, de la mairie, les journaux dans les cafés, etc. Recueillir les calepins des prisonniers, des blessés, des cadavres. (*Manuel des reconnaissances*, général PIERRON.)

(*c*) Regarder quelquefois en arrière, pour se rappeler l'aspect du terrain ; noter aux carrefours les enseignes des cabarets, etc. (*Manuel des reconnaissances*, général PIERRON.)

(*d*) *Dans la sphère présumée de l'ennemi, procéder par bonds successifs* et vivement d'un observatoire à un autre. (*Manuel des reconnaissances*, général PIERRON.)

Reconnaissance d'un ennemi en marche. Opérer de préférence sur le flanc de l'ennemi ; constater d'abord la direction de sa marche, puis sa force et sa composition.

Reconnaissances par détachements mixtes. Utiles dans les pays fourrés. Si les troupes légères de l'ennemi essaient de tenir dans des couverts, faire contourner leurs flancs hors de portée de fusil par la cavalerie ; l'artillerie ouvre le feu contre la lisière ; si l'ennemi essaie de tenir, l'infanterie attaque, le chasse et le rejette sur la cavalerie.

Reconnaissance de l'ennemi au repos. Nécessaire de percer le réseau des avant-postes. Éviter les villages, passer dans les bas-fonds ou bois ; choisir l'heure des repas, laisser l'escorte à un défilé en arrière ; se faire accompagner d'un seul officier. Pour traverser une plaine découverte en présence de vedettes ennemies, s'intercaler dans un troupeau qui soulève de la poussière. Si l'ennemi est campé, compter les tentes, s'il bivouaque, évaluer la superficie. (page 60).

Reconnaître l'ennemi en position de combat. Diriger sur la position présumée un faisceau de patrouilles dont le chef limite le front (au plus 1.500 mètres) à étudier par chacune d'elles et

En cas de rencontre de l'ennemi, observer en se dissimulant. N'attaquer que pour mieux voir; si l'on est obligé de combattre; attaquer vivement et rompre le combat dès que le but est atteint.

---

de façon à constater : 1° orientation générale et étendue du front ennemi; 2° point d'appui des ailes ou dispositif de l'adversaire pour protéger ses flancs; 3° forme de la ligne de bataille ennemie; saillants, rentrants; 4° itinéraire à suivre pour arriver sans être vu sur le flanc de l'ennemi. Quand on est arrêté par les coups de fusil, déboîter et prendre une direction parallèle à la position probable bordée par l'ennemi et donner des coups de sonde vers les points d'appui. Centraliser les renseignements et en déduire : 1° front de l'ennemi (flancs); 2° forme de la position; 3° points d'appui des ailes; 4° si possible, emplacement de la masse la plus considérable des forces ennemies.

Reconnaissance des positions. I. *Position d'attente.* — La choisir à proximité des carrefours ou débouchés permettant de prendre les différentes directions; emplacement abrité des vues et des coups de l'ennemi, autant que possible à portée du bois, de l'eau et si on le peut, des ressources en vivres, liquides ou rafraîchissements.

II. *Position de combat.* — Les conditions idéales, rarement réunies, sont : 1° bien couvrir, directement ou indirectement, la ligne de retraite, 2° permettre des feux efficaces sur le terrain des attaques sur le front et sur les flancs; ne pas offrir d'angles morts ou abris pour s'approcher à couvert; 3° avoir les flancs protégés par des obstacles garantissant des feux d'enfilade, ou par des échelons de troupe n'ayant devant elles aucun défilé qui permette d'exécuter une contre-attaque; 4° ne pouvoir être facilement reconnue ni tournée à petite distance; 5° avoir une étendue proportionnée à l'effectif (3 hommes par mètre courant de la ligne de défense, et autant en réserve générale); 6° ne présenter en arrière aucun obstacle ou défilé qui arrêterait l'écoulement en cas de retraite.

L'obstacle le plus formidable à opposer à l'assaillant est un glacis ras, couvert de projectiles. Il est dangereux et le plus souvent funeste d'occuper des avant-lignes. Les retours offensifs ne doivent être exécutés de front par le défenseur que quand l'assaillant se trouve dans des angles morts. On distribuera les troupes le long de la ligne à défendre de façon à doubler ou tripler le nombre des défenseurs là où la position est le plus accessible.

III. *Position d'avant-garde.* — a) Pendant une marche, occuper de préférence la tête d'un défilé et s'éclairer au loin.

b) Après la marche, occuper un cours d'eau ou une crête qui se trouve au moins à double portée de canon en avant des cantonnements

c) Au début d'un combat, si l'avant-garde est assaillie par des forces supérieures, se déployer sur un front restreint; s'encadrer s'il est possible entre deux points d'appui; sinon couvrir ses flancs par des échelons. En face d'un ennemi en position, saisir des points d'appui; tâter les flancs de l'ennemi à l'aide de la cavalerie; chasser les postes avancés d'infanterie; n'attaquer la position principale

320. Transmission des renseignements : Se servir de tout moyens (poste, télégraphe, vélocipédistes,

---

qu'après en avoir reçu l'ordre, et attendre la fin du déploiement de l'artillerie.

IV. *Positions pour les avant-postes.* — Les pousser au delà des couverts (bois, etc.), qui entourent le bivouac ou cantonnement et masqueraient l'approche de l'ennemi.

La position doit comprendre : 1° zone d'exploration de la cavalerie ; 2° zone des petits postes et grand'gardes ; 3° ligne principale de résistance de la réserve des avant-postes ; cette ligne (située sur une crête, ou derrière un cours d'eau, une coupure du sol, etc.) sera éloignée de 5 à 6 kilomètres au moins des bivouacs de première ligne.

a) *Offensive.* — L'avant-garde et ses avant-postes s'établiront en avant des défilés à franchir par la colonne.

b) *Retraite.* — Si les avant-postes ont pour mission de couvrir la retraite de la colonne à travers des défilés, leur position sera choisie comme ci-dessus. Sinon ils borderont une coupure du sol ; au delà de cette coupure sera la ligne d'observation des postes avancés. Dans une retraite, tenir les avant-postes plus loin du gros des forces que dans une marche en avant.

c) *Marche de flanc.* — Couvrir les flancs à grande distance ; occuper des coupures parallèles aux flancs ; détruire les passages.

d) *Position d'attente défensive.* — Le but est surtout de prévenir ; donc avoir des vigies sur les points culminants et des patrouilles dans les chemins, bas-fonds, bois.

V. *Emplacement de bivouac.* — Est subordonné aux exigences tactiques, à la forme du terrain, à la dimension des espaces libres. Le choisir en arrière de la position de combat ; offrant des débouchés faciles dans toutes les directions, dérobé à la vue de l'ennemi par une crête, pli de terrain, bois ; à 5 ou 6 kilomètres en arrière du gros des avant-postes, à proximité des villages ; fermes ; ou, à leur défaut, des bois pourvus de bonnes communications ; de l'eau. Il est dangereux de s'installer dans des prairies, ou trop près des routes ; d'occuper des bivouacs récemment évacués, ou près de marais, eaux stagnantes, cimetières, villages contaminés, etc. Le sol doit être sec, résistant, légèrement incliné, dépourvu de pierrailles. Superficie des bivouacs (page 60).

VI. *Position d'arrière-garde.* — Confier la reconnaissance à un officier expérimenté qui part d'avance. Elle doit posséder une grande valeur défensive et de solides points d'appui aux ailes ; l'attaque de front devra en être difficile et un mouvement tournant impraticable. L'arrière-garde n'a pas besoin d'un terrain favorable à l'offensive ; de forts obstacles en avant du front seront bien à leur place. La distance minima entre deux positions successives pendant la retraite devra être au moins égale à la portée maxima des bouches à feu et elles doivent être telles que l'aile qui court le risque d'être débordée change alternativement.

Le rapport (23) indiquera : 1° Étendue de la position, orientation

etc.) Ménager le plus possible hommes et chevaux (a).

321. Rapport (23).

CAS PARTICULIERS

322. Reconnaissance d'un ennemi en marche (page 172).

323. Reconnaissance par détachements mixtes (page 172).

324. Reconnaissance de l'ennemi au repos (page 172).

325. Reconnaissance de l'ennemi en position de combat (page 172).

326. Reconnaissance des positions (d'attente, de combat, d'avant-garde, d'avant-poste, de bivouac, d'arrière-garde, rapport) (page 173).

IX. — Guerre de sièges.

SERVICES DES TROUPES DANS LES SIÈGES

327. *Du service de tranchée :* Avec les opérations du siège, commence pour les troupes le service de tranchée.

Généraux de jour : Il est commandé chaque jour et

générale et direction par rapport à la ligne de retraite ; 2° points d'appui pour les flancs, emplacements à affecter aux postes de couverture ; 3° nature du terrain sur le front et les ailes, zones battues par les feux, couverts et angles morts dont pourrait profiter l'assaillant et moyens de les annuler ; 4° protection de la ligne de retraite, nature des derrières de la position ; 5° routes et bas-fonds à éclairer, vigies à placer sur les points culminants ; 6° travaux de fortification à faire, masques à créer, couverts à raser, obstacles à supprimer, chemins à ouvrir ; 7° emplacements pour les parcs à munitions, emplacements pour les ambulances (d'après le *Manuel des reconnaissances* du général PIERRON).

(a) Tout renseignement envoyé par une patrouille comprendra : (23).

dans chaque secteur d'attaque un officier général ou supérieur de jour, auquel sont adjoints, suivant un tour établi, un officier de l'état-major du commandant de secteur, et un officier de l'état-major des commandants de l'artillerie et du génie du secteur, secondé par les colonels et lieutenants-colonels également relevés chaque jour. Des officiers sont mis à leur disposition pour la transmission des ordres et les détails d'exécution.

Major des approches : Un officier supérieur remplit en permanence, dans chaque secteur, les fonctions de major des approches ; il lui adjoint un ou plusieurs capitaines ou lieutenants. Le major des approches est chargé de tous les détails relatifs au rassemblement des gardes et travailleurs. Il répartit, dirige les gardes sur les divers points ; il forme les détachements de travailleurs, etc. Il a dans ses attributions la police, propreté et entretien des communications, cheminements, dépôts de munitions et d'outils. Il fait placer les indications relatives aux directions à suivre ; dirige l'installation et surveille le service des ambulances et des abris de pansement. Il est tenu, par les officiers de la garde des approches, au courant de la consommation en munitions d'infanterie, et fait délivrer les munitions de remplacement nécessaires.

Gardes et travailleurs : La garde des approches et les travailleurs sont fournis par l'infanterie, qui exécute chacun de ces deux services par fraction constituée et d'après un tour établi. La garde se monte par vingt-quatre heures. Le travail est de douze heures. La garde et les travailleurs sont commandés la veille et ne fournissent pas d'autre service.

DÉFENSE DES PLACES

328. *Service de l'infanterie dans les places assiégées :* Le gouverneur détermine la répartition de la garnison entre les services suivants :

1° Troupes des secteurs extérieurs ;

2° Garnison des forts;

3° Garnison du corps de place;

4° Réserves générales.

Le commandant d'un secteur règle le service dans toute l'étendue de son secteur.

Les services en armes, ainsi que les travaux en armes, sont exécutés par fractions constituées, d'après un tour établi.

Les fractions qui ne sont pas occupées à ces services ou travaux fournissent le piquet qui se tient prêt à marcher, sont employées aux corvées générales et aux travaux les moins dangereux.

Dans les secteurs elles constituent la réserve spéciale du secteur.

La durée du service en armes est habituellement de vingt-quatre heures. La durée des autres services ou travaux est en général de douze heures.

Responsabilité du commandement : L'officier qui commande une place de guerre ou un fort isolé ne doit jamais perdre de vue qu'il défend un des boulevards de la patrie. Il doit rester sourd aux bruits répandus par la malveillance et aux nouvelles que l'ennemi lui ferait parvenir, résister à toutes les insinuations et ne laisser ébranler par les événements ni son courage, ni celui de la garnison qu'il commande. Les lois militaires condamnent à la peine de mort avec dégradation militaire tout commandant d'une place de guerre reconnu coupable d'avoir rendu sa place à l'ennemi avant d'avoir épuisé tous les moyens de défense dont il disposait et sans avoir fait tout ce que prescrivaient le devoir et l'honneur. Les mêmes devoirs et les mêmes responsabilités incombent aux commandants des forts détachés, sous la réserve de la subordination absolue au gouverneur de la place. Lorsque le gouverneur d'une place ou le commandant d'un fort est arrivé au terme de la résistance, il détruit les drapeaux. S'il est obligé de se rendre, il ne doit jamais comprendre dans une convention avec l'ennemi les forts détachés ou autres ouvrages fermés qui seraient encore susceptibles de prolonger leur résistance. Lors de la reddition, il ne sépare jamais son sort de celui de ses officiers et de ses troupes. Il s'occupe surtout du soin d'améliorer les conditions faites aux soldats et de stipuler pour les blessés et les malades toutes les clauses d'exception et de faveur qu'il peut obtenir.

IIIᵉ PARTIE

RENSEIGNEMENTS GÉNÉRAUX

CHAPITRE Iᵉʳ

ADMINISTRATION ET COMPTABILITÉ

1. - Comptabilité des corps de troupe en campagne.

329. Règles générales. Bureau spécial : Les commandants des compagnies mobilisées tiennent, à partir du premier jour de la mobilisation, le carnet de comptabilité de campagne. Avant le départ, ils remettent à la portion centrale tous les documents de comptabilité du temps de paix. Se conformer, pour l'établissement, la tenue et l'arrêté du carnet, à l'instruction qui y est annexée. Ils emportent les livrets matricules et le carnet de comptabilité de campagne (renouvelés tous les trois mois, fournis par les soins du corps et payés sur le fonds commun). Chaque corps de troupe doit être constamment pourvu d'un nombre de carnets double de celui correspondant aux fractions à mobiliser pour le service de guerre (renouvellement assuré par le conseil central). Dès la mobilisation, il est formé au dépôt un *bureau spécial* pour l'établissement des comptes des compagnies mobilisées; il est chargé de la reddition de leurs comptes au titre de l'intérieur. Le trésorier est le chef du bureau spécial de comptabilité (personnel à lui adjoindre fixé par le chef de corps ou le commandant du dépôt). Il n'est pas créé de bureau spécial dans les corps dont le nombre de compagnies mobilisées est au-dessous de trois. Dans ce cas, le chef de corps désigne les commandants d'unités restés sur le territoire qui doivent remplacer le bureau spécial de comptabilité. La comptabilité des fractions mobilisées appartenant à des compagnies ou sections formant corps est réglée par la portion restée sur le territoire. Le chef de bureau spécial de la comptabilité est substitué aux commandants de compagnies sur le pied de guerre pour l'établissement des feuilles de journées et autres documents de comptabilité. Le bureau spécial de comptabilité est dissous aussitôt après la reddition des comptes de la période de guerre. Les mutations sont inscrites sommairement sur les contrôles des unités mobilisées. L'officier payeur tient un registre d'effectif et des distributions pour les unités mobilisées, au moyen des situations administratives fournies journellement par les commandants de ces unités. Ce registre présente l'effectif journalier pour l'ensemble des unités, les gains et les pertes modifiant l'effectif de la veille, ainsi que les vivres et les denrées perçues.

330. **Carnet de comptabilité :** Au jour de la mobilisation, chaque compagnie reçoit un carnet (un deuxième exemplaire par unité mobilisée est emporté par l'officier-payeur, pour les besoins qui pourraient se produire avant l'arrivée des carnets que la portion centrale envoie trimestriellement). Ce carnet est destiné à recevoir l'inscription sommaire des diverses opérations de comptabilité. Les sous-officiers comptables doivent les conserver sur eux dans toutes les circonstances. Les carnets (certifiés par les commandants de compagnies) sont adressés, dans les cinq premiers jours qui suivent le trimestre expiré, à l'officier remplissant les fonctions de major à l'armée. Ce dernier les fait collationner par l'officier-payeur et l'officier chargé des détails de l'habillement, et les fait parvenir ensuite au conseil d'administration central. Le major fait expédier aux compagnies mobilisées les carnets destinés à remplacer ceux du trimestre courant.

Dès que les unités mobilisées, rappelées à l'intérieur,

sont rendues à leur destination, elles tiennent elles-mêmes un registre de comptabilité trimestrielle nouveau pour la période de paix.

331. Livret matricule : Les mutations intéressant le service de la solde n'étant plus portées sur les livrets matricules, il importe d'inscrire avec le plus grand soin sur ces livrets, au tableau *Services et positions diverses,* les mutations affectant la position militaire des officiers et des hommes de troupe.

332. Situations administratives destinées à la portion centrale : Les portions mobilisées adressent chaque jour à la portion centrale les situations administratives.

333. Etat d'effectif destiné au sous-intendant militaire : L'officier faisant fonctions de major (et, dans les corps n'ayant pas de conseil (*a*), l'officier commandant) adresse chaque jour à ce fonctionnaire un état d'effectif.

334. Dispositions spéciales : Les unités qui se mobilisent dans des conditions particulières de rapidité tiennent, en temps de paix, sur une feuille volante, un contrôle des hommes de l'armée active et des réservistes constituant l'unité mobilisable, de telle sorte qu'au moment du départ il n'y ait plus qu'à l'annexer au carnet de comptabilité.

(*a*) Composition du conseil éventuel : 1° chef de corps ; 2° major ; 3° officier-payeur ; 4° officier d'habillement ; 5° un commandant de compagnie. Le conseil peut, en cas de nécessité, être ramené à 3 ou 4 membres. (Décret du 10 juin 1889.)

II. — Solde et délégations.

335. SOLDE DES OFFICIERS ET ASSIMILÉS.

SOLDE ET INDEMNITÉS.	COLONEL.	LIEUTENANT-COLONEL.	CHEF DE BATAILLON.	MÉDECIN-MAJOR de 1re classe.	CAPITAINE ET MÉDECIN-MAJOR de 2e classe. Après 12 ans de grade.	Après 8 ans de grade.	Après 3 ans de grade.	Avant 3 ans de grade.	LIEUTENANT après 2 ans de grade d'officier.	LIEUTENANT avant 9 ans de grade d'officier. 1re moitié.	2e moitié.	SOUS-LIEUTENANT ou médecin aide-major de 2e classe.	MÉDECIN STAGIAIRE.	OBSERVATIONS.
	fr. c.	fr. c.	fr. c.	fr. c.	fr. c.	fr. c.	fr. c.	fr. c.	fr. c.	fr. c.	fr. c.	fr. c.	fr. c.	
SOLDE NETTE.														
De présence (par jour)............	22 60	18 30	15 30	15 30	13 90	12 50	11 10	9 70	8 30	7 50	7 »	6 50	6 »	
D'absence (par jour).............	11 30	9 15	7 65	7 65	6 95	6 25	5 55	4 85	4 15	3 75	3 50	3 25	3 »	
Indemnité en marche.............	5 »	5 »	5 »	5 »	3 »	3 »	3 »	3 »	3 »	3 »	3 »	3 »	3 »	
INDEMNITÉS DE MONTURE.														
Officiers subalternes possédant un ou plusieurs chevaux à titre gratuit { par mois....	»	»	»	»	15 »								»	
{ par jour....	»	»	»	»	0 50								»	
Officiers supérieurs possédant un cheval à titre onéreux { par mois...	30 »				»	»	»	»	»	»	»	»	»	
{ par jour....	1 »				»	»	»	»	»	»	»	»	»	
Officiers supérieurs possédant deux chevaux et plus à titre onéreux { par mois....	45 »				»	»	»	»	»	»	»	»	»	
{ par jour....	1 50				»	»	»	»	»	»	»	»	»	
INDEMNITÉ POUR FRAIS DE SERVICE.														
Colonel ou lieutenant-colonel chef de corps.	6 »	6 »	»	»	»	»	»	»	»	»	»	»	»	
Officier supérieur commandant un bataillon formant corps..............	»	2 50	2 50	»	»	»	»	»	»	»	»	»	»	
INDEMNITÉ D'ENTRÉE EN CAMPAGNE.														
Officiers montés................	1.200	1.000	900	1.000	700				500				»	
Officiers non montés.............	»	»	»	»	600				400				»	
INDEMNITÉ POUR PERTE D'EFFETS.														
Aux militaires faits prisonniers........	800	700	600	600	400				300				»	
Aux militaires non { montés........	680	600	545	545	350				325				»	
prisonniers..... { non montés........	»	»	400	400	300				275				»	

INDEMNITÉ POUR FRAIS DE BUREAU.

GRADES.		Régiment d'infanterie.	Bataillon de chasseurs.	Régiment de zouaves, tirailleurs algériens.
		fr. c.	fr. c.	fr. c.
Officier payeur, { Allocations générales. { par mois..		60 00	43 50	72 00
{ par jour .		2 00	1 45	2 40
{ Par compagnie ...... { par mois.		5 10	5 10	6 00
{ par jour ..		0 17	0 17	0 20
Officier commandant la portion principale d'un régiment sans exercer le commandement supérieur du corps.......... { par mois..		25 50	»	25 50
{ par jour ..		0 85	»	0 85
Officier administrant un détachement d'au moins deux compagnies .... { par mois..		4 50	4 50	4 50
{ par jour ..		0 15	0 15	0 15

336. SOLDE DE LA TROUPE.

GRADES.		SOLDE journalière	INDEMNITÉS.	
			En marche.	Fête nationale.
		fr. c.	fr. c.	fr. c.
Chef armurier de 1re classe..............		3 77	0 85	1 50
— de 2e classe..............		2 12		
Adjudant et sous-chef de mu-	rengagé.....	2 90		
sique......................	non rengagé.	2 65		
Tambour-major, sergent-ma-	rengagé.....	1 80		
jor, clairon ou chef de fan-				
fare	non rengagé.	1 55		
Sergent-major	rengagé.....	1 50	0 25	0 70
	non rengagé.	1 25		
Sergent et sergent-fourrier..	rengagé.....	1 20		
	non rengagé.	0 95		
Caporal fourrier		0 75		
Caporal, caporal tambour ou clairon, caporal sapeur, musicien, après 10 ans.....		0 45		
Tambour et clairon, sapeur, soldat musicien............		0 30	0 10	0 30
Soldat............				
Prisonniers de guerre (sous-officiers et soldats)............		0 28		

337. Hautes payes : 1° Sous-officiers rengagés ou commissionnés :

Hautes payes mensuelles.	1re ....fr.	9 00
	2e (après 5 ans de rengagement)...	15 00
	3e (après 10 ans de rengagement)...	21 00

2° Caporaux et soldats rengagés ou commissionnés :

Haute paye journalière	Caporaux	1re.............................	0 16
		2e (après 5 ans de rengagement)....	0 24
	Soldats	1re.............................	0 12
		2e (après 5 ans de rengagement)....	0 16

Haute paye journalière. (Loi du 9 juillet 1901)
- Après 3 ans de services accomplis.
  - Caporaux 0 25
  - Soldats 0 20
- Après 6 ans de services accomplis.
  - Caporaux 0 30
  - Soldats 0 25

Indemnités aux adjudants et assimilés.

338. Entrée en campagne ....fr. 100

Perte d'effets............................ 150

1re mise d'équipement...................... 300

DÉLÉGATIONS

339. Les officiers ont la faculté de déléguer en faveur de leurs femmes, ascendants ou descendants, jusqu'à concurrence de la moitié de leur solde; ils peuvent souscrire au profit d'un autre membre de leur famille ou d'un tiers des délégations dont le montant ne doit jamais excéder le quart de cette solde. Les sous-officiers rengagés ou commissionnés sont également autorisés à déléguer au profit de leurs femmes, ascendants ou descendants, le montant de leur gratification annuelle, de l'indemnité de logement et de la haute paye. Les officiers et sous-officiers qui veulent souscrire des délégations peuvent en faire, dès le temps de paix, s'ils le jugent utile, la déclaration au conseil d'administration.

III. — Alimentation.

DISPOSITIONS ET OBSERVATIONS PRÉLIMINAIRES

340. Des rations en temps de guerre, suppléments, substitutions : La ration de vivres se distingue en *ration forte* et *ration normale* de campagne : la première allouée dans la période active d'une campagne; la seconde réservée aux stationnements de quelque durée ou à toute période de la guerre n'imposant pas aux troupes des fatigues exceptionnelles. Des *suppléments extraordinaires* peuvent être alloués accidentellement à raison des fatigues exceptionnelles par le général commandant en chef, les généraux commandant les corps d'armée, tout officier général commandant une troupe opérant isolément. Quand on vit sur le pays, le droit de prescrire des *substitutions* ou l'*indemnité représentative* est dévolu à tout officier chef de corps ou de détachement. L'indemnité en remplacement de vivres est accordée (*a*) lorsque les ressources locales sont abondantes; elle sera surtout allouée aux isolés (plantons, vélocipédistes, télégraphistes, ordonnances) et aux petits détachements (postes de correspondance, cavaliers d'escorte).

341. Approvisionnements de première ligne : Composition (15); au cours des opérations, le chargement normal des trains régimentaires comporte deux jours de pain au lieu d'un jour de pain de guerre, qui est habituellement emporté des garnisons. Sur la base de concentration, les trains régimentaires reçoivent ou complètent leur chargement normal de deux jours de pain, après déchargement du pain de guerre.

ALIMENTATION PENDANT LES MOUVEMENTS DE CONCENTRATION

342. *Troupes transportées par chemin de fer :* Sont nourries, pendant le trajet, d'après les règles spéciales déterminées au numéro 343. A leur arrivée, elles doivent avoir au complet les vivres et l'avoine de débarquement (15). — *Troupes faisant mouvement par voie de terre :* Doivent également posséder à leur arrivée sur la base de concentration, outre les vivres du sac et

---

(*a*) Dans l'intérêt de la santé des hommes et de la discipline, préférer à ces allocations en argent la nourriture chez l'habitant, par bon de demi-journée de nourriture ou par réquisition. (Décision ministérielle 17 mars 1893).

des trains régimentaires, les vivres de débarquement. Ces vivres de débarquement sont portés par des voitures requises dans les garnisons et licenciées dans la gare de concentration. Les vivres régimentaires sont portés sur les voitures du train régimentaire chargé au départ des garnisons d'un jour de pain et d'un jour de biscuit ou de deux jours de pain.

ALIMENTATION PENDANT LES TRANSPORTS STRATÉGIQUES

343. L'alimentation des hommes pendant les transports de concentration est assurée :

1° Au moyen de vivres fournis par l'administration militaire dans les lieux de mobilisation pour toute la durée du trajet à raison de :

375 grammes de pain
125 gr. de conserves de viande } par période de 12 h.
5 gr. de sel ou inférieure à 12 h.

2° Au moyen de repas fournis par l'ordinaire à raison d'un repas par période de 24 h. — Ces repas se composent de viande froide et de charcuterie, de fromage ou d'autres denrées analogues, achetées la veille du départ pour toute la durée du trajet.

3° Au moyen de café chaud distribué dans les stations-haltes-repas, à raison de 25 litres par période de 12 heures. Ces hommes, peuvent à leur passage dans les stations-haltes-repas remplir leurs petits bidons d'eau additionnée d'eau-de-vie.

Ces vivres sont désignés sous la rubrique : « Vivres de chemins de fer. »

Ils sont consommés aux heures habituelles des repas. Les conserves avariées sont remplacées à la station-halte-repas la plus proche.

Les vivres du sac et de débarquement ne doivent, en aucun cas, être consommés pendant le trajet en chemin de fer.

En cas de besoins urgents ou imprévus, des distributions de café chaud, de conserves de viande et de sel, pourront être faites aux troupes à charge de remboursement.

Alimentation des chevaux : Les troupes de toutes armes touchent au départ, pour leurs chevaux, du foin et de l'avoine en quantité proportionnée à la durée du trajet en chemin de fer à raison de 5 kil. de foin et de 2 kil. d'avoine par animal et par jour.

Il ne doit pas être touché à l'avoine de bissac délivrée au départ.

« Toutes ces perceptions ont lieu au titre des transports stratégiques. »

Les gradés assurent le bon ordre pendant les repas et pendant les distributions, sous l'autorité du commissaire militaire de la gare.

Le commandant de la troupe assure, sous sa responsabilité, la restitution à l'officier d'administration de la station-halte-repas des récipients dans lesquels les denrées lui ont été délivrées.

ALIMENTATION SUR LA BASE DE CONCENTRATION

341. La viande fraîche, la paille, le foin, le combustible et les liquides sont exclusivement obtenus au moyen d'achats et de réquisitions opérés sur place, généralement par les soins des officiers d'approvisionnement. L'intendance fournit : pain, avoine, petits vivres.

ALIMENTATION PENDANT LA PÉRIODE DES OPÉRATIONS ACTIVES

345. Dispositions générales : *Devoirs de tout commandant de troupe.* Les ordres du commandement peuvent rencontrer des difficultés d'exécution. Dans ce cas, prescrire, de sa propre initiative, les dispositions nécessaires pour assurer l'alimentation de ses hommes et de ses chevaux.

346. **Personnel :** Le *sous-intendant* d'une division a la direction et la surveillance immédiate du service d'alimentation ; coordonne l'action des officiers d'approvisionnement et veille par tous les moyens, au ravitaillement des trains régimentaires. = *Officier d'approvisionnement* (1). Il tient un registre d'entrées et sorties sur lequel la balance est faite chaque jour et qui est vérifié tous les dix jours par le major. En fin de trimestre, ce registre, arrêté et vérifié, est déposé chez l'officier-payeur avec les pièces justificatives.

Indemnité journalière de l'officier d'approvisionnement.		
Régiment d'infanterie à 3 bataillons et bataillon opérant isolément dans les Alpes.		3.00
Groupe de 2 bataillons		2.50
Bataillon de chasseurs à pied	}	2.00
Bataillon d'infanterie opérant isolément	}	2.00
Compagnie opérant isolément		1.00

347. **Vivres des différentes catégories, trains régimentaires, convois :** *Vivres du jour.* Distribués chaque soir, savoir :

a) Le pain ou pain de guerre, les petits vivres, l'avoine pour toute la journée du lendemain, et les liquides pour les troupes bivouaquées.

b) La viande, la paille, le foin, le combustible, pour la soirée et la matinée du lendemain ;

c) La paille de couchage pour le jour même.

La partie de la ration non consommée avant le départ est portée : le pain ou le biscuit, la demi-ration de viande froide, les petits vivres, dans l'étui-musette ; l'avoine des chevaux, dans l'étui porte-avoine ou dans les voitures qu'ils traînent. La viande fraîche abattue la veille au soir, dans la nuit ou dans la matinée du départ, selon la température, est portée sur les voitures à viande.

Vivres du sac ou de réserve (15) : Portés dans le sac ou le paquetage. L'avoine de réserve portée sur les voitures marchant avec les combattants. Ne peuvent être consommés que sur un ordre du commandement. Leur existence est confiée à la responsabilité de chaque chef de corps ou de détachement. Pour les renouveler, mettre de temps en temps et progressivement les petits vivres en consommation; les remplacer immédiatement.

Trains régimentaires, vivres régimentaires (15, 31, 34) : Les vivres portés par les trains régimentaires servent à assurer chaque jour les distributions aux hommes et aux chevaux. Les vivres trouvés sur place, ou amenés par chemin de fer, ou provenant des convois administratifs, etc., servent à assurer les ravitaillements des trains régimentaires. Le train régimentaire se fractionne en deux sections, chacune d'un jour de vivres.

348. Distributions : Pour les isolés détachés avec un officier, les bons sont faits au nom des corps auxquels ils appartiennent et signés par l'officier. Les bons de vivres, fourrages, chauffage peuvent être collectifs et établis par tables, soit pour les groupes d'officiers, soit pour les groupes d'hommes; au verso sont énoncés les noms, grades et qualités des militaires, ainsi que le nombre de rations attribuées à chacun d'eux.

Les distributions sont faites immédiatement après l'arrivée des troupes pour les denrées réunies sur place et pour la viande fraîche, et dès l'arrivée du train régimentaire pour les denrées à prélever sur ce train. L'officier d'approvisionnement procède à la distribution aux compagnies, sous la présidence du capitaine de jour (114).

Lorsque les distributions sont faites directement par les magasins administratifs, le comptable des subsistances procède par livraison collective; la répartition entre les sous-unités est assurée par les soins du corps; l'officier de jour intervient pour la réception des denrées.

DES DIVERS PROCÉDÉS D'ALIMENTATION

349. Principes généraux : Les mesures prises doivent toujours tendre à ne jamais entraver la liberté des opérations, à éviter les fatigues aux troupes et aux équipages, à ménager le plus possible les vivres transportés à la suite des colonnes (s'efforcer de vivre le plus possible sur le pays).

350. Nourriture directe par l'habitant ou par les communes : Le droit de prescrire ce mode de subsistance est réservé aux généraux commandants de corps d'armée (peut être délégué aux chefs de corps ou de détachement isolés). La nourriture chez l'habitant peut aussi être ordonnée directement par les commandants des cantonnements, si le temps leur manque pour provoquer et recevoir en temps utile les ordres de l'autorité. Enfin ce procédé d'alimentation doit être normalement employé pour les petits détachements (isolés, postes de correspondance, estafettes, vélocipédistes, plantons, etc.), et dans les cantonnements de la zone des étapes (137). Dans un pays qui n'a pas été occupé, on peut imposer la nourriture de 4 à 6 hommes par feu ou, en cas de nécessité, par habitant. La nourriture est demandée par demi-journée ou par journée. La composition des repas et le prix de remboursement sont fixés par l'autorité militaire ; les municipalités sont chargées d'en donner avis aux populations. En général, officiers et soldats doivent se contenter de la table de leur hôte, du moment qu'il leur est offert une nourriture équivalente à la ration réglementaire. La nourriture par l'habitant est demandée par demi-journée ou journée, par réquisition ou par conventions amiables. Dans ce dernier cas, la fourniture est constatée par des certificats du modèle ci-après, tenant lieu de reçus. Lorsqu'il s'agit d'isolés, les certificats établis par leur corps leur sont remis au moment de leur départ.

DÉPARTEMENT

d

COMMUNE

d

ᵉ RÉGIMENT

d

ᵉ BATAILLON

ᵉ compagnie.

(1) Indiquer le grade
(2) Biffer l'un ou
l'autre des deux mots,
selon le cas.

CERTIFICAT

Le (1)   , soussigné, certifie que l'effectif indiqué ci-après a été nourri pendant la demi-journée (matin *ou* soir) (2).

SAVOIR :

	Hommes.	Chevaux.
Par M. ...	»	»
Par M. ...	»	»
Par M. ...	»	»
TOTAUX....	»	»

Représentant   demi-journées de nourriture d'hommes et demi-journées de nourriture de chevaux.

À   , le   19 .

Le Commandant de la compagnie,

351. Exploitation directe des ressources loca-les : *Dispositions générales.* A surtout pour objet le ravitaillement des trains régimentaires. Les zones d'exploitation correspondent aux zones de cantonnement. Une localité rurale (non encore traversée) peut nourrir, pendant deux jours, une troupe de passage trois ou quatre fois plus nombreuse que la population. Dans les communes industrielles, l'alimentation sera plus difficile. Le service de l'intendance exploite directement les localités occupées par plusieurs corps (avec le concours des officiers d'approvisionnement). L'exploitation des ressources locales comporte deux modes : les achats et les réquisitions.

Achats. Toutes les fois qu'on le peut, on achète (paiement immédiat). Lorsque les différentes unités d'un corps sont réparties dans des cantonnements trop éloignés les uns des autres pour que l'officier d'approvisionnement puisse effectuer tous les achats, le chef de corps peut en charger les commandants de compagnie. Ceux-ci paient au moyen des avances reçues de leur corps, ou prélevées, si possible, sur le boni.

Les achats sont traités de préférence avec les municipalités. En pays ennemi, on doit toujours contraindre les municipalités à centraliser les fournitures. On ne doit s'adresser directement aux particuliers qu'en cas d'absolue nécessité. Si les prix demandés sont inadmissibles, on procède par voie de réquisition.

Réquisitions : Les réquisitions sont effectuées dans les formes prescrites (386). Souvent les autorités locales demandent la transformation de ces réquisitions en achats à l'amiable afin de bénéficier du paiement immédiat.

MODES DIVERS DE RAVITAILLEMENT

352. *Dispositions générales :* Les trains régimentaires sont ravitaillés dans la plus large mesure par l'exploitation locale ; si ce procédé est impossible, on a recours aux magasins de l'arrière. Lorsque ces deux solutions sont inapplicables, le ravitaillement se fait au moyen des vivres du convoi administratif.

Ravitaillement des trains régimentaires par les convois administratifs : S'effectue le soir, pendant la nuit ou dans la matinée du lendemain aux « centres de ravitaillement » fixés par le général commandant le corps d'armée.

Ravitaillement en viande fraîche : La viande à charger sur les voitures est achetée ou requise sur place par les officiers d'approvisionnement. Lorsqu'on trouve des bestiaux sur place dans la zone de cantonnement des corps, ce sont ceux-ci qui abattent, ce qui permet de n'abattre qu'au moment où la viande doit être chargée. Si les petites unités ne peuvent se procurer la viande aux boucheries locales, elles la reçoivent abattue, soit de l'administration, soit de l'officier d'approvisionnement du corps de troupe le plus important cantonnant dans la même localité. Si les ressources locales sont insuffisantes, la viande est fournie par le troupeau de ravitaillement. Ce troupeau marchant à la suite des trains régimentaires, la livraison des bestiaux sur pied aux officiers d'approvisionnement se fera en cours de route, ou au moment de la dislocation des trains se rendant dans leurs cantonnements respectifs, ou encore au centre de ravitaillement des trains régimentaires. Lorsque l'administration doit abattre, l'ordre journalier l'indique. Dans ce cas, les centres d'abat, où les officiers d'approvisionnement se rendent avec les voitures spéciales pour prendre livraison de la viande abattue, doivent se confondre, autant que possible, avec les centres de ravitaillement des trains régimentaires. (Les issues non vénales enfouies à la diligence du corps qui a fait l'abat. Issues vénales remises au comptable des subsistances, ou, en cas d'impossibilité, à la mairie.)

FONCTIONNEMENT DE L'ALIMENTATION DANS LES DIVERSES PÉRIODES DE LA GUERRE

353. Marches en avant : Les procédés ci-dessus trouvent leur application principalement dans la période des marches en avant.

354. Combat : Les jours de combat, les hommes et les chevaux sont obligés de consommer leurs vivres de réserve. Dès que la période des engagements devient imminente, s'assurer que ces vivres sont au complet. Si l'on couche sur les positions, faire avancer une section des trains régimentaires jusqu'aux bivouacs afin d'assurer les distributions de vivres de réserve.

355. Poursuite : Le mode de subsistance à préférer devra être celui de la nourriture par l'habitant, afin d'assurer à la troupe une plus grande liberté d'action et un repos indispensable.

356. Marches rétrogrades : Ce sera surtout par des dépôts de vivres échelonnés le long des lignes de marche qu'on pourra assurer l'alimentation. Ces dépôts de vivres sont établis par le service des étapes.

357. Périodes de stationnement; cessation de l'intervention des corps : Centraliser le service dans toute la zone des cantonnements entre les mains de l'administration militaire. La mission des officiers d'approvisionnement se limite alors à la répartition, entre les sous-unités, des distributions collectives.

ORDINAIRES

358. Le capitaine donne chaque jour au sergent-major la somme nécessaire pour les achats du lendemain. A son tour, ce sous-officier remet au caporal d'ordinaire le détail et le montant des achats à effectuer de gré à gré. Le paiement a lieu au jour le jour en présence des hommes de corvée. Les fournisseurs donnent quittance, séance tenante, dans la colonne d'émargement du livret (pas de timbre de quittance) (125).

Composition des rations de vivres. Substitutions et suppléments.

359. RATIONS.

DENRÉES.	RATION forte de CAMPAGNE.	RATION normale de CAMPAGNE.
	kilogr.	kilogr.
Pain { pain ordinaire...........................	0.750	0.750
ou pain biscuité...........................	0.700	0.700
ou pain de guerre ou biscuit (1)	0.600	0.600
Vivres viande. { viande fraîche................	0.500	0.400
ou porc salé................	0.300	0.240
ou conserves de viande......	0.250	0.200
Vivres de campagne. { petits vivres { légumes secs ou riz..	0.100	0.060
sel.....................	0.020	0.020
sucre...................	0.031	0.021
café { torréfié........	0.024	0.016
ou en tablettes.	0.0225	0.015
ou café vert...	0.0285	0.019
lard......................	0.030	0.030
potage condensé chaque fois qu'on distribue des conserves de viande.............	(2)	(2)
à tout homme bivouaqué ou à titre except^n { vin...........	0 lit. 25	0 lit. 25
ou bière.....	0 lit. 50	0 lit. 50
ou eau-de-vie.	0 litre 0625	0 litre 0625

NOTA. — Pendant les opérations, il sera assez rare que les ordinaires puissent se procurer le pain de soupe que l'administration ne pourra pas davantage assurer; la composition de la ration forte, en ce qui regarde les autres vivres, a été calculée dans cette prévision.

(1) 3 galettes en moyenne pour le biscuit et 12 pour le pain de guerre.

(2) Le taux de la ration varie suivant la nature du potage.

Tabac. { Par jour, à chaque sous-officier ou soldat ayant l'habitude de fumer, 15 gr. de tabac remboursable au prix de 1 fr. 50 le kilogr.; à chaque officier, 20 gr. de tabac dit caporal.

360. Substitutions : On peut remplacer la ration de viande de bœuf par :

	RATION FORTE (0 k. 500).	RATION NORMALE (0 k. 400).
	grammes.	grammes.
Veau, mouton, porc	500	400
Boudin	375	300
Saucisses ou saucisson fumé, caviar, hareng fumé	200	150
Cervelas, viande fumée	250	200
Lard	300	240
Fromage sec	250	200
Lait	3 litres.	2 lit. 1/2.

On peut remplacer la ration de légumes secs ou de riz par :

	RATION FORTE (0 k. 100).	RATION NORMALE (60 gr.)
	grammes.	grammes.
Pommes de terre	750	450
Navets, carottes, choux	1.000	600
Choucroute	600	360
Châtaignes	150	90
Conserves de légumes	120	70
Farine de froment	100	60
Fromage sec	70	40

La ration réglementaire de café peut être remplacée par 5 gr. de thé. On peut remplacer 250 gr. de pain ou 200 gr. de pain de guerre par :

Farine de froment, de maïs, de riz, de légumes	0 k. 180.
Pâtes d'Italie, semoules	0 k. 180.
Pommes de terre	1 k. 300.

361. Nombre de rations de vivres allouées d'après le grade :

Généraux de division, de brigade ou assimilés..... 4 rations.
Officiers supérieurs ou assimilés................. 3 rations.
Capitaines ou assimilés .... 2 rations.
Lieutenants, sous-lieutenants ou assimilés........ 1 r. 1/2.
Hommes de troupe, quel que soit le grade........ 1 ration.

COMPOSITION DES RATIONS DE FOURRAGES ; SUBSTITUTIONS

362. Tarif des rations :

	Foin.	Paille.	Avoine.
Officiers d'infanterie, officiers du corps de santé, transports auxiliaires.......................	2 k.50	2 k. »	5 k. »
Mulets de toute provenance et quelle que soit l'arme à laquelle ils sont affectés................	2 k.50	2 k. »	4 k.50
Ration de chemin de fer (452)....	5 k. »	»	2 k. »

Animaux de boucherie des troupeaux. Il faut compter 10 kilogrammes de foin par jour pour la nourriture d'un bœuf et 1 kilogramme pour la nourriture d'un mouton.

363. Substitutions :

Foin.

Sainfoin.. Poids pour poids.
Luzerne (première coupe et regain).......... Id.
Paille.. Double du poids.
Avoine ou orge.................................... Moitié du poids.
Carottes et panais .... Trois fois le poids.

Paille de froment.

Paille { de seigle } { d'avoine } { d'orge } .... Poids pour poids.
Foin et fourrages artificiels.................. Moitié du poids.
Avoine ou orge.................................... Quart du poids.
Carottes et panais................................ Deux fois le poids.

Avoine (ou orge).

Foin et fourrages artificiels.................. Double du poids.
Paille (froment, seigle, avoine ou orge)....... Quatre fois le poids.

Orge (dans la proportion autorisée)............. Poids pour poids.
Son....................................... Moitié en sus.
Farine d'orge.............................. 8/10 du poids.
Maïs concassé .... 2/5 en sus.
Carottes et panais .... Six fois le poids.

Fourrages verts. — 40 kilogrammes de fourrages verts à l'écurie représentent 12 kilogrammes de foin.

COMPOSITION DES RATIONS DE CHAUFFAGE

364. 1° **Cuisson des aliments et préparation du café.**

Ration individuelle d'ordinaire aux troupes en station logées ou cantonnées chez l'habitant.	Bois....... 1 k. 00 (1). / ou charbon. 0 k. 50
Ration individuelle d'ordinaire aux troupes campées, baraquées ou bivouaquées.	Bois....... 1 k. 20 (1). / ou charbon. 0 k. 60
Ration individuelle d'ordinaire pour la préparation du café.	Bois....... 0 k. 05 / ou charbon. 0 k. 03

365. 2° **Ration de bivouac :** Bois 1 k. 2, ou charbon 0 k. 6.

Nombre de rations allouées :

	Pour aliments.	Pour café.
Officiers supérieurs et assimilés...................	6	»
Capitaines et assimilés.........................	4	»
Lieutenants ou sous-lieutenants.................	3	»
Sous-officiers.................................	2	1
Hommes de troupe.............................	1	1

PAILLE DE COUCHAGE

366. Pour troupes campées sous la tente ou baraquées : renouvelée tous les quinze jours en station; ration de 5 kilogrammes par homme, en paille longue, et de 7 kilogrammes en paille courte. Lorsque la

______

(1) Plus un fagot de 500 grammes par 20 rations.

troupe est bivouaquée, la paille de couchage n'est allouée qu'en demi-ration, soit 2 kil. 500; elle est remplacée, à moins de demande contraire du commandement, par une ration supplémentaire de chauffage (0 kil. 800 de bois en été, et 1 kil. 200 en hiver). Les troupes de passage cantonnées chez l'habitant peuvent recevoir, à titre exceptionnel et sur l'ordre du commandant de corps d'armée, une ration ou demi-ration de paille de couchage (soit 5 kil. ou 2 kil. 500). Les troupes cantonnées sur un même point pendant plus de trois jours ont droit à la paille de couchage (5 kilogrammes par homme).

Paille de litière de bottillon (452).

IV. — Services de l'habillement et du harnachement.

367. Les effets de toute nature du service de l'habillement et du harnachement sont fournis, remplacés, entretenus au compte de l'État qui prend à sa charge les frais des ferrures et de traitement des animaux.

APPROVISIONNEMENTS

368. Modes de ravitaillement : 1° *Habillement.* — Il est pourvu au remplacement des effets d'habillement en campagne : par des livraisons des stations-magasins (et éventuellement des dépôts);

Par des achats faits par des portions détachées, et, éventuellement, par des réquisitions ou des prises sur l'ennemi ;

Par des confections organisées dans les localités occupées.

En général, les stations-magasins pourvoient les corps des effets de la 1re portion ; les dépôts en effets de la 2e portion.

2° *Harnachement.* — Effets de la 1re portion par les approvisionnements du dépôt de remonte mobile;

Effets de la 2ᵉ portion par des expéditions des dépôts, par des réquisitions ou des prises sur l'ennemi ; par des confections.

Dans les périodes de stationnement prolongé ou d'occupation, il peut être formé à proximité des troupes des magasins temporaires d'habillement et de harnachement.

369. Demande des effets et objets de la 1ʳᵉ portion : 1° *Habillement*. — Aux époques périodiques fixées par les commandants de corps d'armée et à toute époque, s'il y a urgence, les corps adressent à l'intendant du corps d'armée leur demande d'effets à fournir par les stations-magasins.

Ces demandes sont transmises par le commandement au directeur des étapes et les envois de la station-magasin sont faits et acheminés à destination dans les conditions prévues par l'instruction sur le service des étapes.

Dans certains cas, les expéditions peuvent être faites directement de la station-magasin à destination des corps.

2° *Harnachement*. — Aux époques fixées par le commandement, et plus fréquemment s'il y a urgence, les corps adressent leurs demandes aux généraux commandant les corps d'armée qui y font donner satisfaction par le dépôt de remonte mobile.

370. Demande des effets dont les dépôts approvisionnent leurs portions actives : Aux époques périodiques que fixent les commandants de corps d'armée ou accidentellement, s'il y a nécessité, les portions actives adressent leurs demandes d'effets avec indication de l'époque à laquelle il convient que ces effets parviennent à la gare régulatrice.

Ces demandes sont centralisées et transmises par les commandants de corps d'armée aux commandants des régions territoriales de l'intérieur.

Les dépôts font leurs envois au fur et à mesure des besoins prévus et adressent des bulletins détaillés des expéditions.

Après réception de ces bulletins, les corps actifs font

parvenir au général commandant le corps d'armée la demande d'envoi de ceux des colis dont il a un besoin immédiat.

Sur l'avis transmis par le commandant de corps d'armée, le directeur des étapes fait expédier des gares régulatrices des colis demandés.

371. Achats directs : Lorsque les circonstances sont favorables, les portions actives peuvent acheter sur les lieux des effets des deux portions se rapprochant suffisamment des types réglementaires et susceptibles d'un utile service de guerre (surtout des effets de linge ou objets accessoires). Les conseils d'administration éventuels peuvent déléguer aux capitaines le soin de ces achats qui sont faits, sans autorisation préalable, dans la limite du prix maximum notifié aux corps. Au delà ils sont autorisés, s'il y a urgence, par le sous-intendant. Les achats sont payés comptant. Les corps sont remboursés de leurs avances dans les conditions ordinaires.

Si les fonds des corps ne permettent pas l'avance, le livrancier remet les factures au sous-intendant militaire qui désintéresse le créancier.

372. Réquisitions : Les réquisitions de matières et objets d'habillement sont soumises aux règles générales. Le général en chef fixe la destination à donner aux prises sur l'ennemi. A défaut d'ordre de cette nature et en cas d'urgence, les généraux peuvent affecter ces effets aux magasins, convois ou troupes sous leurs ordres.

373. Ateliers de confections organisés dans les localités occupées : Plus particulièrement du ressort des services administratifs. Néanmoins, les corps de troupe peuvent être appelés à user de cette ressource. Les généraux fixent le salaire et le mode de paiement des ouvriers requis. Le corps achète ou requiert les matières premières si elles ne sont pas fournies par un magasin administratif, ainsi que les fournitures accessoires.

374. Emploi des effets du convoi régimentaire
*(14) : Constituent une réserve pour des besoins urgents
et qui, lorsqu'elle est entamée, doit être recomplétée
sans retard. Quand des besoins urgents se produisent
pour des corps non dotés d'une réserve d'effets, le général commandant la division peut prescrire à un corps
doté de ladite réserve de délivrer les effets nécessaires.*

EXÉCUTION DU SERVICE

375. Remplacement d'effets : Les effets de toute
nature sont remplacés lorsque leur état l'exige. Leur
mise hors de service est proposée par le conseil d'administration et soumise à l'approbation du sous-intendant.
S'il y a désaccord entre ce dernier et le conseil, le
général de brigade prononce. Dans les deux cas, la mise
hors de service est justifiée par le procès-verbal que
rapporte le sous-intendant.

376. Ateliers de réparations : Les réparations de
toute nature, les retouches, etc., sont exécutées, comme
pour les corps à l'intérieur, de clerc à maître et aux
frais de l'Etat. En général, les réparations sont exécutées dans l'intérieur des compagnies. Néanmoins, le
chef de corps a toute latitude pour la réunion des
ouvriers en ateliers. Les conseils d'administration éventuels font la répartition entre les unités des outils et
matières dont ils ont dû se pourvoir dès le temps de
paix ; ils achètent sur place les matières premières et
outils de complément.

**377. Effets emportés par les hommes ou les
animaux faisant mutation :** En campagne, tout homme
qui change de corps ou de compagnie, ou qui rejoint le
dépôt ou une portion détachée de l'intérieur, emporte
tous ses effets. Le commandant de compagnie établit le
bulletin de passage. Les hommes entrant à l'ambulane
ou à l'hôpital emportent de même leurs effets quand les
circonstances ne s'y opposent pas. Tout animal qui
change d'unité dans les corps est pourvu de ses effets de

harnachement. En ce qui concerne les animaux qui changent de corps, l'autorité qui prescrit la mutation indique les effets de harnachement à emporter.

378. Emploi des effets réintégrés : Les effets d'habillement *réintégrés dans les corps et encore utilisables à l'intérieur* sont expédiés par les portions en campagne à leurs dépôts toutes les fois que les circonstances le permettent. S'il y a empêchement, le commandement assigne la destination à donner. Les effets de harnachement devenus disponibles sont renvoyés au dépôt de remonte mobile ou aux magasins de l'arrière. Les effets de ces deux services inutilisables reçoivent, quand il se peut, les mêmes destinations qu'à l'intérieur ; à défaut, ils sont abandonnés ou détruits.

379. Mise hors de service ou perte d'effets : Lorsque des effets ou armes sont mis hors de service par suite de circonstances de guerre, le commandant de l'unité en fait mention sur son carnet de comptabilité de campagne. Il procède de même pour la perte des effets en service autres que ceux des première et deuxième portions. La constatation est faite par un procès-verbal que rapporte le sous-intendant militaire. Si le procès-verbal ne peut être rapporté immédiatement, le corps établit des bulletins sommaires relatant les faits. Ces bulletins sont envoyés au sous-intendant qui les annexe au procès-verbal dès que celui-ci a été rapporté. Le sous-intendant délivre au corps un extrait de procès-verbal qui relate distinctement les résultats par compagnie ; les inscriptions au carnet de comptabilité de campagne sont complétées par la mention de la date du procès-verbal et du fonctionnaire qui l'a rapporté. Il n'est pas établi de procès-verbaux pour les pertes d'effets des première et deuxième portions en service.

380. Ferrure : Les frais de ferrure, tonte et infirmerie sont dans tous les cas à la charge de l'État.

381. Ecritures : *Registres à tenir :* L'officier délégué à l'habillement tient seulement le registre des entrées et sorties du matériel (approvisionnement de l'État), ainsi que les extraits des contrôles généraux. Chaque commandant d'unité tient le carnet de comptabilité en campagne, et fait sur les livres des hommes les inscriptions réglementaires comme en temps de paix. = *Registre des entrées et sorties du matériel (approvisionnement de l'État)* : Est tenu comme à l'intérieur, mais le détail des entrées et sorties, résultat des distributions et des réintégrations, est porté au fur et à mesure. = *Carnet de comptabilité de campagne :* La première inscription à faire aux entrées comprend le matériel emporté par la compagnie lors de sa mise sur le pied de guerre. Néanmoins, aucune entrée initiale ne doit être portée pour les effets en service des première et deuxième portions. Au paragraphe de l'armement, le capitaine mentionne le numéro des armes emportées par les hommes entrés aux ambulances ou hôpitaux, ainsi que le numéro des armes non retrouvées à la suite d'une action. Les carnets sont collationnés en fin de trimestre par l'officier d'habillement en ce qui le concerne.

V. — Service de l'armement.

382. Versements d'armes : Les armes qui, par suite des pertes, sont en excédent de l'effectif, les armes qui ne peuvent être réparées par l'armurier, les armes ramassées sur le champ de bataille, trouvées sur les déserteurs, etc., sont, sur l'ordre du général commandant la brigade, versées à l'artillerie de la division ou au parc du corps d'armée. Les versements d'armes d'un corps à un autre ne peuvent avoir lieu que sur l'ordre du général commandant la division si les deux corps font partie de la même division, ou du général commandant le corps d'armée dans le cas contraire. En campagne, les versements d'armes à l'artillerie ou à un autre corps ne donnent lieu à aucune imputation pour les dégradations constatées.

383. Conservation des armes dans les corps : *Mutations, détachements, hommes entrant aux ambu-*

lances : Les détachements ou isolés faisant mutation emportent toujours leurs armes, à moins que la mutation n'entraîne un changement dans l'espèce d'armement. Les hommes entrant aux ambulances ou hôpitaux emportent leurs armes quand les circonstances le permettent (ils n'emportent jamais les munitions); elles sont rendues aux hommes quand ils sortent de l'ambulance ou de l'hôpital. Les armes des hommes décédés ou envoyés en congé de convalescence sont versées au magasin d'artillerie le plus voisin, par les soins du comptable de la formation sanitaire qui informe du versement les corps intéressés. — *Armes perdues ou hors d'état d'être réparées :* Les procès-verbaux de perte ou de détérioration sont approuvés par le commandant du corps d'armée, qui autorise, en même temps, le remplacement des armes perdues ou de celles hors d'état d'être réparées. Toute perte d'arme par cas de force majeure est constatée par un procès-verbal. Les armes perdues par les hommes ou emportées par les déserteurs sont portées sur leur décompte. Les armes hors d'état d'être réparées, ainsi que celles qui ne peuvent être remises en état de servir à l'aide des ressources fournies par la caisse du chef armurier, sont, aussitôt que possible, versées à l'artillerie. — *Revues de l'armement par les officiers et par le chef armurier :* Les officiers des compagnies doivent passer fréquemment la visite des armes; ces visites sont surtout nécessaires après de longues marches et à la suite d'un combat. En général, elles ont lieu sans séparer le canon de la monture. Le chef armurier, ou, à son défaut, un ouvrier armurier assiste, autant que possible, à ces visites d'armes. — *Imputations des réparations :* Toutes les réparations sont au compte de l'État et elles sont exécutées d'après les bulletins nominatifs délivrés par le commandant de compagnie et envoyés aussitôt que possible au bureau spécial de comptabilité. Le régime de clère à maître est applicable à tous les corps mobilisés, y compris leur dépôt et leurs fractions détachées à l'intérieur ou hors du territoire.

384. Munitions : *Visite des munitions entre les mains des hommes :* Les officiers de compagnie doivent, par des visites fréquentes, s'assurer que les hommes ont toutes les quantités réglementaires de cartouches et que ces munitions sont en bon état de service. Si des cartouches paraissent avariées, il en est fait mention dans la situation adressée à l'artillerie. L'artillerie les fait remplacer aussitôt que possible. = *Réapprovisionnement des corps en munitions* (183).

Les prescriptions relatives à la visite de l'armement des corps par les officiers d'artillerie cessent d'être en vigueur en temps de guerre.

VI. — **Réquisitions.**

385. Droit de réquisition : Le général en chef a seul le droit d'ordonner des contributions en argent. Pour les contributions en nature, le droit de réquisition est exercé par les généraux et peut être délégué à tout officier commandant un détachement, une compagnie ou tout officier d'approvisionnement. Tout commandant de troupe ou de détachement opérant isolément peut, même sans être porteur d'un carnet de réquisition, requérir les prestations nécessaires aux besoins journaliers de sa troupe; il en rend compte par la voie hiérarchique au commandant du corps d'armée.

Sont exigibles par voie de réquisition, tous les objets ou services nécessaires aux besoins de l'armée : logement, vivres, chauffage, moyens de transport, matériaux, ouvriers, guides, conducteurs, traitement des malades, etc.

Ne sont pas considérés comme disponibles :

1° Les vivres nécessaires pour l'alimentation de la famille pendant trois jours;

2° Dans les établissements agricoles, industriels ou autres, les grains ou autres denrées alimentaires ne dépassant pas la consommation de huit jours;

3° Chez un cultivateur, les fourrages ne dépassant pas la consommation de quinze jours.

386. Exécution des réquisitions : Sont toujours faites par écrit, établies en double expédition, dont l'une reste entre les mains du maire et l'autre est adressée au général commandant le corps d'armée. Il est donné reçu des prestations fournies. Ordres de réquisition et reçus sont détachés de carnets à souches. Les ordres de réquisition sont adressés aux municipalités, ou, à leur défaut, aux notabilités locales. En cas de refus des autorités locales, l'autorité militaire a recours à la force (a). Prendre note et rendre compte des quantités obtenues. En cas de réquisition de chevaux et de voitures pour un déplacement de plus de cinq jours, estimation contradictoire faite par l'officier requérant et le maire. Quand il y a pertes ou dommages, le chef du détachement où étaient employés les chevaux et les voitures délivre au conducteur un certificat de constatation. Même formalité en cas de réquisitions d'outils ou de matériaux pour plus de huit jours. Si on restitue ensuite les objets, procès-verbal de restitution, ainsi que des détériorations; mention en est faite sur le reçu auquel le procès verbal est annexé.

Les chefs de détachement doivent pourvoir à la nourriture des guides et conducteurs requis.

Les individus requis reçoivent, à l'expiration de leur mission, un certificat qui en constate l'exécution, et délivré : pour les guides, par les commandants de détachements; pour les messagers, par les destinataires; pour les conducteurs, par les chefs de convois; pour les ouvriers, par les chefs de service compétents.

Si une personne requise d'un service personnel abandonne son poste, l'officier qui constate cet abandon prévient le procureur de la République du domicile du délinquant.

Lorsqu'il y a lieu de requérir le traitement de malades ou blessés, les maires fournissent des locaux spé-

---

(a) En temps de guerre, les habitants cachent leurs bestiaux dans les bois, dans les îles, et leurs denrées dans les meules de paille aux environs des villages. (Général Pirmnox.)

ciaux pour les malades ou les blessés, et, à défaut de locaux spéciaux, les répartissent chez les habitants; s'il s'agit de maladies contagieuses, ils doivent pourvoir aux soins à donner, dans des bâtiments où les malades puissent être séparés de la population. En cas d'extrême urgence, et seulement sur des points éloignés du centre de la commune, l'autorité militaire peut requérir directement des habitants le soin des malades ou blessés; cette réquisition ne peut jamais s'appliquer à des malades atteints de maladies contagieuses.

En pays ennemi, les réquisitions sont exercées autant que possible en suivant les formes prescrites pour le territoire national.

VII. — Service de la remonte.

387. En temps de guerre, sont remontés à titre gratuit : 1° les officiers subalternes actifs ; 2° pour les chevaux de complément les officiers généraux et supérieurs actifs ; 3° tous les officiers de réserve et de territoriale.

La réforme de ces chevaux est prononcée par l'officier général sous les ordres duquel est placé le détenteur. En cas d'accident dans le service ou à l'occasion du service, le faire constater par un procès-verbal du vétérinaire, accompagné du rapport motivé du chef de corps.

Remplacement, au combat, des chevaux des voitures de compagnie (188).

VIII. — État civil aux armées.

ACTES PUBLICS DE L'ÉTAT CIVIL

388. Dispositions générales : *Officiers de l'état civil militaire ; leur compétence.* — Les fonctions d'officiers de l'état civil sont remplies : 1° dans chaque corps, par le trésorier; 2° dans chaque compagnie ou bataillon détaché, par l'officier commandant. En France, la compétence de ces officiers s'étend aux personnes non militaires qui se trouvent dans les forts et places fortes assiégés. Les actes concernant les prisonniers de guerre français à l'étranger sont établis dans les formes usitées dans le pays. Les officiers de l'état civil militaires peuvent instrumenter : 1° dès que la mobilisation est décrétée ou l'état de siège déclaré, alors même qu'il serait encore possible de s'adresser aux officiers de l'état civil ordinaires; 2° hors du territoire français, en tout temps, même après la signature de la paix; 3° dans les colonies, toutes les fois que l'autorité civile est dans l'impossibilité d'instrumenter. — *Tenue des registres :* L'officier de l'état civil tient un registre coté et paraphé par le chef de corps. Les registres des portions détachées sont cotés et paraphés avant le départ. Les actes de l'état civil énoncent le lieu, l'année, le jour et l'heure où ils sont reçus; les prénoms, noms, âge, profession et domicile de tous ceux qui y sont dénommés, sont inscrits sur le registre, de suite, sans aucun blanc. Ratures et renvois sont approuvés et signés comme l'acte. Il n'est rien écrit par abréviations, aucune date n'est mise en chiffres. Les actes sont reçus en présence de deux témoins du sexe masculin, âgés de 21 ans au moins, parents ou autres, français ou non. Donner lecture de l'acte aux comparants et aux témoins; faire mention de l'accomplissement de cette formalité. L'acte est signé par l'officier de l'état civil, par les comparants et les témoins, ou mention est faite de la cause qui empêche comparants et témoins de signer.

Si les témoins ne peuvent se rendre dans les délais auprès de l'officier compétent, l'acte est reçu par l'officier de l'état civil le plus rapproché. Si aucun officier de l'état civil n'est à portée, procès-verbal de la déclaration des témoins est dressé par un fonctionnaire de l'intendance et, à défaut, par l'officier le plus élevé en grade présent sur les lieux. Une expédition de l'acte ou du procès-verbal est envoyée à l'officier de l'état civil compétent, qui transcrit cette pièce sur son registre et l'y annexe.

Envoi au ministre : Pour chaque acte et dans le plus bref délai, une expédition est envoyée au ministre directement par l'officier de l'état civil s'il est chef de corps ou de détachement et, dans le cas contraire, par l'intermédiaire du conseil d'administration. Chaque mois, un extrait du registre, collationné et séparé par acte, est envoyé, accompagné d'un bordereau, dans les mêmes conditions. L'acte de décès et l'extrait sont imprimés sur la même feuille. A la fin de la campagne, les registres sont arrêtés et envoyés au ministre.

389. **Naissances :** Déclaration dans les trois jours.

390. **Mariages :** Les publications faites à huit jours d'intervalle au dernier domicile des deux époux sont mises à l'ordre du jour du corps vingt-cinq jours avant la célébration.

391. **Décès :** Le genre de mort n'est relaté que si la mort a été occasionnée par des blessures reçues devant l'ennemi ou en service commandé, etc. Pour tout militaire mort dans une explosion, un incendie, etc., et dont le corps ne peut être retrouvé, cette circonstance est constatée par un procès-verbal transcrit sur le registre de l'état civil; une expédition envoyée au ministre. A la suite de chaque action, l'officier de l'état civil est informé du nom des militaires manquants. Il fait appeler pour chaque individu, les deux témoins qui attestent les causes de l'absence. Il constate, par des actes séparés, la mort ou la disparition des hommes absents. Si l'acte de décès ne peut être établi (insuffisance de témoins déclarations non concordantes, etc.), dresser un procès-verbal relatant la ou les déclarations reçues, l'inscrire au registre de l'état civil, envoyer une expédition au ministre. Si le décès n'est affirmé par aucun témoin, établir un acte de disparition relatant les circonstances et, s'il y a lieu, les présomptions de décès. Cet acte, non inscrit au registre, est adressé en original au ministre.

392. **Inventaire :** Le décès de tout militaire doit

être suivi de l'inventaire des papiers, objets et valeurs laissés par le défunt (fait par un officier ou, à défaut, par un sous-officier assisté de deux témoins).

393. Scellés : Au décès d'un officier, d'un officier supérieur ou assimilé, d'un chef de corps ou de service et de tout officier ou fonctionnaire qui a rempli une mission spéciale et qui est supposé détenteur de pièces ou documents intéressant le département de la guerre, les scellés peuvent être apposés par les fonctionnaires de l'intendance, sur la réquisition de l'autorité militaire. Un officier délégué par le général commandant la division assiste à la levée des scellés.

ACTES PRIVÉS

394. Ces actes sont enregistrés sans détail, sur un mémorial coté et paraphé comme le registre de l'état civil.

395. Certificats de vie : Délivrés, dans les corps, par le conseil d'administration; aux isolés, par l'intendance. Signés par l'autorité qui les délivre et par le requérant.

396. Testaments : Peuvent être reçus soit par un officier en présence de deux témoins, soit, dans un détachement, par l'officier commandant ce détachement, assisté de deux témoins, à défaut d'officier supérieur. Le testament de l'officier commandant un détachement peut être reçu par l'officier qui vient après lui dans l'ordre du service. Les témoins doivent être mâles, majeurs, français; ils ne peuvent être ni les légataires, ni les parents et alliés du testateur, jusqu'au quatrième degré, ni les commis ou délégués de la personne par laquelle l'acte est reçu. Il est donné au testateur, en présence de deux témoins, lecture de son testament; mention en est faite dans l'acte. Les testaments sont signés par le testateur, par ceux qui les ont reçus et par les témoins. L'un des témoins au moins doit signer et mention est faite de la cause qui empêche l'autre de signer. Les testaments (deux originaux ou un original et une expédition) sont adressés par courriers différents au ministre de la guerre. — Le testament olographe ne sera pas valable s'il n'est écrit en entier, daté et signé de la main du testateur.

397. Tutelle temporaire : Si un militaire, hors du territoire français, laisse en mourant un ou plusieurs enfants sans que leur mère soit présente, le conseil d'administration nomme parmi les officiers du corps un tuteur temporaire.

398. Procurations : Les actes de procuration, de consentement à mariage ou à engagement militaire peuvent être dressés par l'intendance ou, à défaut, dans les détachements isolés, par l'officier commandant. L'acte établi dans les corps est légalisé par l'intendance.

Sur le territoire français, à moins d'impossibilité (service, maladie, etc.) qui serait mentionnée dans l'acte, l'intéressé devra toujours s'adresser à un notaire.

IX. — Mesures d'ordre.

399. Pertes : Après chaque affaire, dresser des états concernant les militaires tués, blessés, prisonniers ou disparus. Tués ou blessés : matricules, nom et prénoms, indications de la plaque d'identité, grade, lieu, date du décès, renseignements particuliers, (préciser autant que possible les blessures et leur degré de gravité). Tombés au pouvoir de l'ennemi : matricule, nom et prénoms, grade, lieu et date de la capture, blessures, circonstances particulières, observations. Disparus : matricule, nom et prénoms, grade, date et lieu de naissance, date de la disparition, circonstances connues, observations. Ultérieurement, s'il y a lieu, états rectificatifs et complémentaires.

400. Remplacements : Les demandes d'hommes et d'animaux de remplacement sont formées par les commandants des fractions actives dès que les pertes atteignent une proportion que fixe le commandement.

401. Mise en subsistance : Les généraux peuven[t] seuls autoriser la mise en subsistance, dans les corps sous leurs ordres, d'hommes étrangers à ces corps.

CHAPITRE II

RÉCOMPENSES, DISCIPLINE

I. — Avancement et décorations.

402. En campagne, le temps de service exigé pour passer d'un grade à un autre peut être réduit de moitié, savoir : 3 mois de service comme soldat pour passer caporal; 3 mois de service comme caporal pour passer sous-officier; 1 an de service comme sous-officier pour passer sous-lieutenant; 1 an de service comme sous-lieutenant pour passer lieutenant; 1 an de service comme lieutenant pour passer capitaine; 2 ans de service comme capitaine pour passer chef de bataillon; 1 an 1/2 de service comme chef de bataillon pour passer lieutenant-colonel; 1 an de service comme lieutenant-colonel pour passer colonel. Aucune condition de temps de service n'est exigée dans les cas ci-après : 1° Action d'éclat; 2° lorsqu'il est impossible de pourvoir autrement aux vacances en présence de l'ennemi (a). (Pas de tableau d'avancement en campagne.)

En ce qui concerne les grades d'officiers, les propositions sont faites, savoir : Pour l'avancement au grade de sous-lieutenant, lieutenant et capitaine, par le chef de corps; pour l'avancement au grade de chef de bataillon, par le général de brigade.

Dans les corps en présence de l'ennemi, l'avancement est donné : à l'ancienneté, la moitié des grades de lieutenant et de capitaine; au choix du chef de l'État.

(a) Les officiers de réserve peuvent obtenir de l'avancement dans les mêmes conditions que les officiers de l'armée active. Ces grades ne créent aucun droit pour être maintenu dans l'armée active. (Règlement du 23 mars 1894.)

la totalité des grades de chef de bataillon. Il n'est pourvu au remplacement des caporaux et des sous-officiers tombés au pouvoir de l'ennemi que d'après l'ordre du commandant en chef et lorsque les besoins du service l'exigent.

Les officiers prisonniers de guerre ne sont remplacés que d'après l'ordre du ministre de la guerre. Les officiers rentrant de captivité, qui ne trouvent plus vacant l'emploi qu'ils occupaient, sont mis en non-activité. Un militaire qui, avant d'être fait prisonnier de guerre, aurait fait une action d'éclat mise à l'ordre de l'armée, peut être promu au choix quoique au pouvoir de l'ennemi. En temps de guerre, les actions d'éclat dûment justifiées et mises à l'ordre de l'armée, ainsi que les blessures graves, peuvent dispenser des conditions exigées pour l'admission ou l'avancement dans la Légion d'honneur. Il en est de même pour la médaille militaire. Un chef de bataillon commandant un bataillon détaché en dehors du corps d'armée fait dans son bataillon les nominations que fait un colonel dans son régiment.

II. — **Punitions.**

403. Nature des punitions : Peuvent être infligées : 1° aux hommes de troupe.

PAR QUI LES PUNITIONS SONT INFLIGÉES.	SOUS-OFFICIERS.				CAPORAUX.			SOLDATS.			
	Privation de sortie après l'appel.	Consigne au quartier.	Consigne à la chambre.	Prison.	Consigne.	Salle de police.	Prison.	Consigne.	Salle de police.	Prison.	Cellule.
Colonel	30	30	30	15	30	30	15	30	30	15	8
Officier supérieur, capitaine dans sa compagnie	30	15	13	8	30	15	8	30	15	8	»
Capitaine	15	8	8	»	15	8	»	15	8	»	»
Lieutenant, sous-lieutenant, adjudant de semaine, adjudant dans sa compagnie	8	8	4	»	8	4	»	8	4	»	»
Adjudant, sergent-major dans sa compagnie	4	4	»	»	8	»	»	8	»	»	»
Sergents aux caporaux fourriers	4	2	»	»	4	»	»	4	»	»	»
Sergent-major	4	»	»	»	4	»	»	4	»	»	»
Sergent et caporal fourrier	»	»	»	»	»	»	»	»	»	»	»
Caporal	»	»	»	»	»	»	»	2	»	»	»

Médecins... Mêmes droits que l'officier du grade correspondant s'il s'agit de militaires à l'infirmerie ou à la salle de visite, et des infirmiers. Dans les autres cas, le lieutenant-colonel prononce.

Chef de musique... Droits d'un capitaine sur le sous-chef, les musiciens et les élèves.

Sous-chef de musique... Droits d'un adjudant dans sa compagnie sur les musiciens et les élèves.

Pour les autres militaires, le chef de bataillon de semaine prononce.

Outre les punitions indiquées dans le tableau ci-dessus, les sous-officiers peuvent être punis de la réprimande du capitaine, qui a lieu en présence d'un ou plusieurs sous-officiers du même grade de la compagnie. Pour les fautes plus graves, ils sont punis de la réprimande du colonel; cette réprimande a lieu en présence de plusieurs sous-officiers du même grade, ou en présence de tous les sous-officiers du régiment; elle est mise à l'ordre.

2º Aux officiers.

PAR QUI LES PUNITIONS SONT INFLIGÉES.	NOMBRE DE JOURS.		
	ARRÊTS simples.	ARRÊTS de rigueur.	ARRÊTS de forte-resse.
Colonel dans son régiment..........	30	30	15
Officier supérieur, et capitaine dans sa compagnie..................	15	»	»
Capitaines	8	S'adresser au lieutenant - colonel pour les punitions à demander contre des médecins.	
Lieutenants	4	»	»
Médecins.................	S'adressent au lieutenant-colonel.		

Tout capitaine, lieutenant ou sous-lieutenant commandant un détachement a le droit d'infliger les mêmes punitions qu'un officier supérieur. Tout officier supérieur commandant un détachement a les mêmes droits à cet égard que le colonel dans son régiment. Tout supérieur qui inflige une punition à un militaire d'un autre corps en rend compte sur-le-champ au commandant d'armes.

La rétrogradation des sous-officiers est prononcée par le général de brigade. La cassation est prononcée :

pour les caporaux ou brigadiers et pour les caporaux ou brigadiers fourriers, par le général de brigade; pour les sous-officiers autres que les adjudants, par le général de division; pour les adjudants, par le général commandant le corps d'armée. La révocation ou la mise à la retraite d'office des caporaux ou brigadiers et soldats commissionnés, la rétrogradation et la cassation des sous-officiers rengagés et de ceux qui sont nommés par le ministre, la rétrogradation et la cassation des chefs armuriers par mesure de discipline, sont prononcées par le général commandant le corps d'armée, sur l'avis conforme du conseil d'enquête. La cassation des caporaux, la rétrogradation et la cassation des sous-officiers décorés de la Légion d'honneur ou de la médaille militaire, sont prononcées par le ministre, sur l'avis du même conseil.

101. **Composition des conseils d'enquête pour les sous-officiers** : Régiment : le colonel, 3 officiers supérieurs, 4 capitaines, 2 sous-officiers; bataillon formant corps : 1 officier supérieur, 3 capitaines, 1 sous-officier; compagnie formant corps : 1 officier supérieur, 2 capitaines, 1 lieutenant, 1 sous-officier. Le commandant et l'adjudant-major du bataillon et le commandant de la compagnie à laquelle appartient le sous-officier figurent toujours parmi les membres du conseil. La procédure est celle prescrite pour les conseils d'enquête des officiers. En cas de partage des voix, celle du président est prépondérante.

105. **Exécution des punitions** (121, 130).

106. **Conseils de discipline pour les caporaux et soldats** : Un chef de bataillon, les deux plus anciens capitaines de compagnie et les deux plus anciens lieutenants, tous pris hors du bataillon auquel appartient l'intéressé. Dans un détachement commandé par un officier supérieur, le conseil est formé comme ci-dessus s'il est possible; dans le cas contraire, il est composé du plus ancien capitaine et de quatre lieutenants ou sous-lieutenants, pris autant que possible en dehors de la compagnie de l'intéressé. Dans un bataillon formant corps, le conseil est composé comme dans le dernier cas ci-dessus.

III. — Justice militaire.

Tout militaire ou employé qui a connaissance d'un crime ou délit, doit en donner de suite connaissance à la gendarmerie et répondre catégoriquement aux questions à lui adressées.

PROCÉDURE

407. **Conseils de guerre :** Les officiers de police judiciaire constatent les crimes ou délits, en recherchent les auteurs et les livrent à l'autorité militaire. Les commandants d'armes, les majors de garnison, les chefs de corps, de détachements, peuvent faire eux-mêmes ou faire faire par la police judiciaire les actes nécessaires pour la constatation des crimes ou délits. Les chefs de corps peuvent déléguer ces pouvoirs à un officier sous leurs ordres. Les officiers de police judiciaire peuvent établir des procès-verbaux de constatation, de déposition et d'interrogatoire. En cas de flagrant délit, ils font arrêter le coupable et dressent procès-verbal à ce sujet. Hors ce cas, un militaire ne peut être arrêté que sur l'ordre de ses chefs. Les officiers de police judiciaire aux armées sont autorisés à pénétrer seuls dans les lieux habités, lorsqu'il ne se trouve sur les lieux aucune autorité civile chargée de les assister. Le chef de corps ou de détachement rédige une plainte qu'il envoie à l'autorité chargée de donner l'ordre d'informer, avec un rapport du capitaine, un relevé de punitions, un état signalétique et la déposition écrite des témoins. En cas de désertion, on y joint un état des effets emportés et un rapport sur les circonstances qui ont accompagné la désertion.

Devant les conseils de guerre, le défenseur est, soit un militaire, soit un avocat ou un avoué, soit, si le président le permet, un parent ou un ami de l'accusé. Il peut communiquer avec l'accusé et prendre connaissance de l'affaire, ainsi que de tous les documents et renseignements recueillis.

EXÉCUTION DES JUGEMENTS

108. Dégradation militaire : A lieu à la parade. La formule de la dégradation (*N. N., vous êtes indigne de porter les armes ; au nom du peuple français, nous vous dégradons*) est prononcée par le commandant des troupes réunies, après lecture faite du jugement ; les insignes et accessoires de l'uniforme sont enlevés au condamné par le plus ancien sous-officier du détachement. Le condamné à la peine des travaux publics est conduit à la parade revêtu de l'habillement des détenus. Il y entend la lecture de son jugement.

109. Condamnation à mort : Les condamnés à mort sont fusillés devant les troupes en armes. Le piquet d'exécution est pris dans le corps du condamné ou dans un des corps présents sur les lieux s'il n'appartient pas à l'un d'eux. Il est commandé par un adjudant ; composé de 4 sergents, 4 caporaux et 4 soldats, pris à tour de rôle, en commençant par les plus anciens. Les armes sont chargées avant l'arrivée du condamné. Un 5e soldat et un 5e sergent sont commandés dans les mêmes conditions : le premier, pour bander les yeux du condamné et le faire mettre à genoux, et le second pour lui donner le coup de grâce. Un des juges du conseil doit être présent à l'exécution ; il est assisté par le greffier qui en dresse procès-verbal. A partir du moment où l'exécution a été ordonnée, toute communication avec un condamné à mort est interdite, sauf pour ses proches parents, son défenseur et l'aumônier.

Le condamné est amené sur le terrain par un détachement de 50 hommes ; les troupes portent les armes, les tambours ou les clairons battent ou sonnent aux champs. Le condamné est placé au lieu de l'exécution ; pendant la lecture de l'extrait du jugement par le greffier, on lui bande les yeux et on le fait mettre à genoux. Le piquet formé sur deux rangs s'approche à 6 mètres du condamné ; l'adjudant, placé à 4 pas sur la droite et à 2 pas en avant du piquet, lève son épée. Les 12 hommes mettent en joue, visant le milieu de la poitrine ; l'adjudant, restant l'épée haute, laisse au piquet le temps d'assurer son tir, puis il commande *feu,* commandement instantanément suivi d'exécution. Le 5e sous-officier donne ensuite le coup de grâce. Les exécutions multiples sont simultanées (les condamnés placés sur la même ligne et séparés par un intervalle de 10 mètres). Un seul adjudant commande le feu à tous les piquets. Les troupes défilent devant le mort. Le commandant d'armes (commandant de cantonnement) prend les mesures nécessaires pour l'inhumation.

CHAPITRE III

FORMATIONS, RANG, HONNEURS

I. — Renseignements sur les formations diverses.

410. Intervalles et distances entre les divers éléments : Dans les formations de rassemblement et de manœuvre, les compagnies, dans le bataillon, sont à 10 pas d'intervalle et de distance, mais le chef de bataillon a toute latitude pour faire varier les distances et intervalles.

411. Espaces occupés par les divers éléments (sans les sapeurs, tambours ou clairons, musiciens, etc.) (*a*) :

(*a*) Espaces occupés par divers éléments :

Cavalerie.	1 escadron	en bataille front	48 ;	profondeur,	16
		en colonne	12 ;	—	43
	1 régiment	en bataille front	228 ;	—	15
		en masse	84 ;	—	46
		en colonne de peloton	12 ;	—	226
Artillerie.	1 batterie	en bataille	50 ;	—	41
		en colonne doublée	7,50 ;	—	72,50
	groupe de 3 batteries	en bataille	206 ;	—	41
		en masse de colonnes doublées	50 ;		72,50

Dans une compagnie déployée, le nombre F des files, y compris les créneaux des chefs de section, égale la moitié de l'effectif en hommes de troupe, diminué de 12 (1 adjudant, 1 sergent-major, 1 sergent-fourrier, 1 caporal-fourrier, 1 infirmier, 4 tambours ou clairons, 2 conducteurs, 1 ordonnance du capitaine monté). Une file occupe 0^m,70 en front, 1^m,90 en profondeur; une voiture à 4 chevaux, 2 mètres en front, 11 mètres en profondeur.

Bataillon	Front.	Profondeur.
déployé..................	4 F $\times$ 0,70 $+$ 22^m,50	
en colonne double.....	1/2 F $\times$ 0,70 $+$ 7^m,50	40^m.
en ligne de colonnes de compagnie. } à 10 pas.	F $\times$ 0,70 $+$ 22^m,50	15^m,50.
en colonne de bataillon.	1/4 F $\times$ 0,70.........	70^m $+$ 22^m,50.

FORMATIONS DANS L'ORDRE CONSTITUTIF

112. Les formations du bataillon sont indiquées dans les croquis ci-après :

Ligne de colonnes.

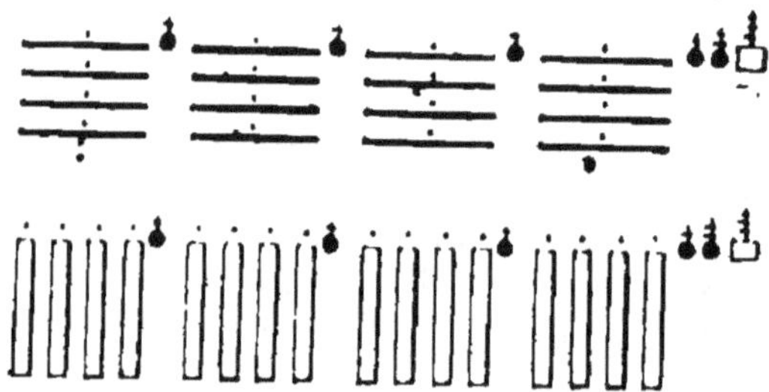

Colonne de bataillon.

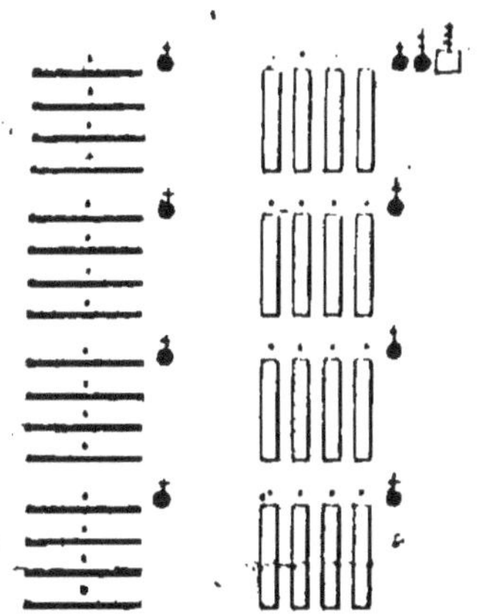

Colonne double.

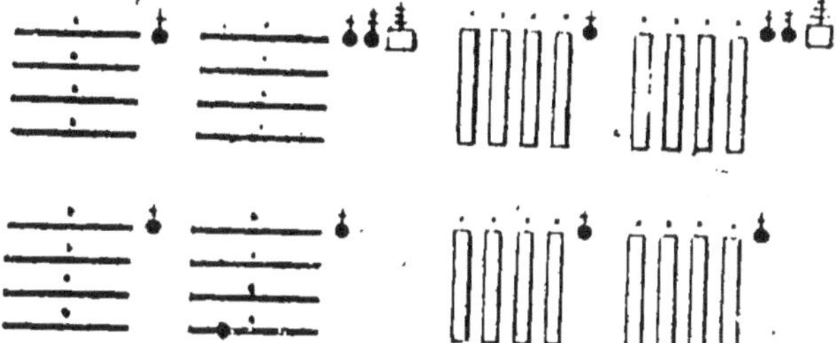

FORMATIONS DE MARCHE

113. Ces formations sont indiquées au numéro 32.

FORMATIONS DE COMBAT

114. Compagnie (200). Bataillon (216). Régiment (281), de la brigade (278) et de la division (259).

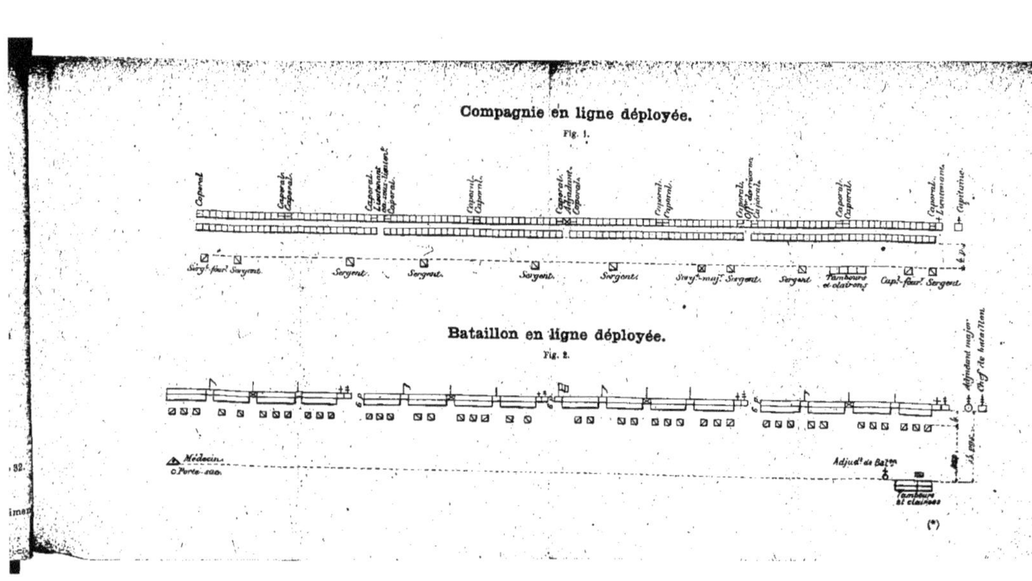

Compagnie en ligne déployée.
Fig. 1.
Caporal.
Caporal. Caporal.
Caporal. Lieutenant ou sous-lieutenant. Caporal.
Caporal. Caporal.
Caporal. Adjudant. Caporal.
Caporal. Caporal.
Caporal. Off.r d'armes. Caporal.
Caporal. Caporal.
Caporal. Lieutenant.
Capitaine.
Serg.t four.l Sergent.
Sergent.
Sergent.
Sergent.
Sergent.
Serg.t maj.r Sergent.
Sergent.
Tambours et clairons.
Cap.l four.l Sergent.
Bataillon en ligne déployée.
Fig. 2.
Adjudant major.
Chef de bataillon.
Médecin.
Porte-sac.
Adjud.t de Bat.on
Tambours et clairons
(*)

Régiment en ligne déployée.

Fig. 3.

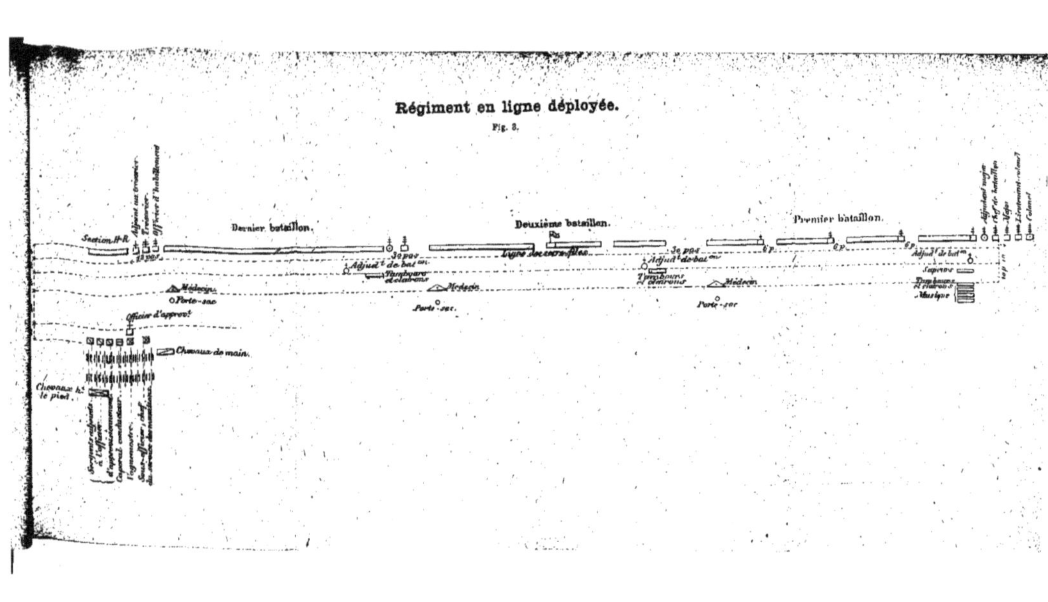

Régiment en ligne de colonnes de compagnie.

Fig. 4.

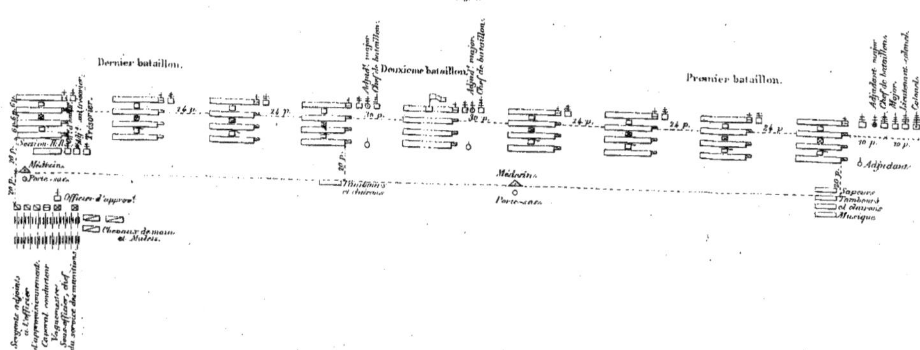

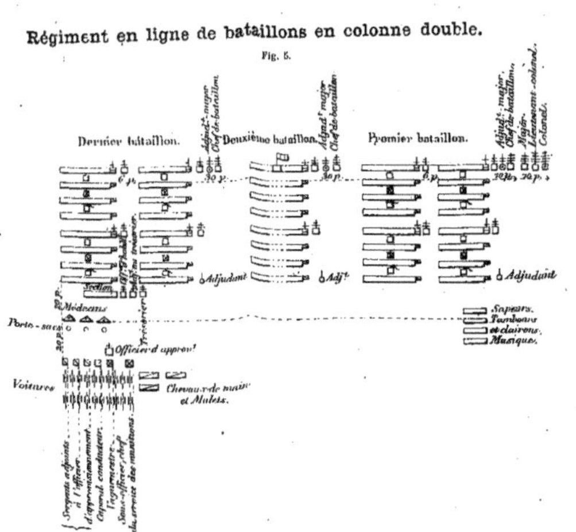

Régiment en ligne de bataillons en colonne double.

Fig. 5.

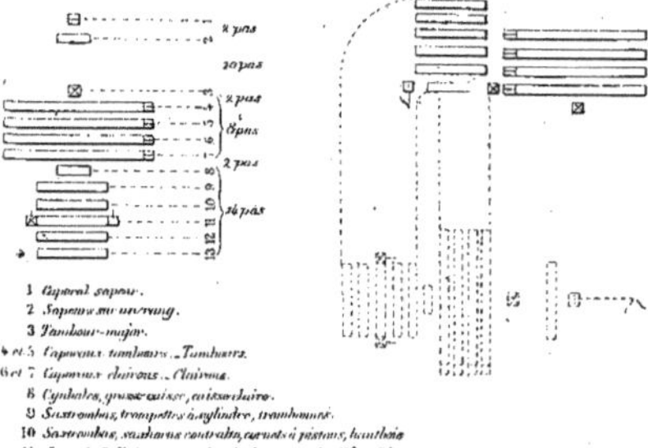

Formation et défilé de la musique.

Fig. 6.

Tête de colonne d'une division d'infanterie pour le défilé.

Fig. 7.

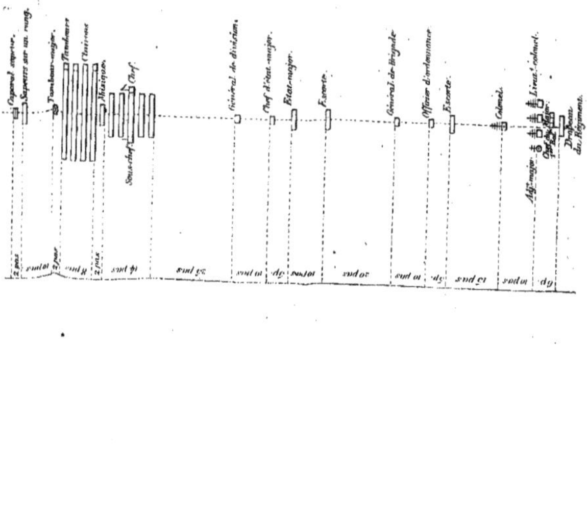

Défilé en colonne de bataillon.

Fig. 8.

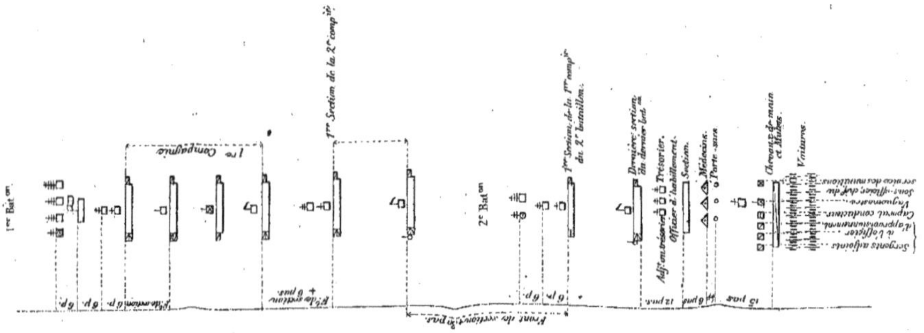

Défilé en colonne par compagnie.

Fig. 9.

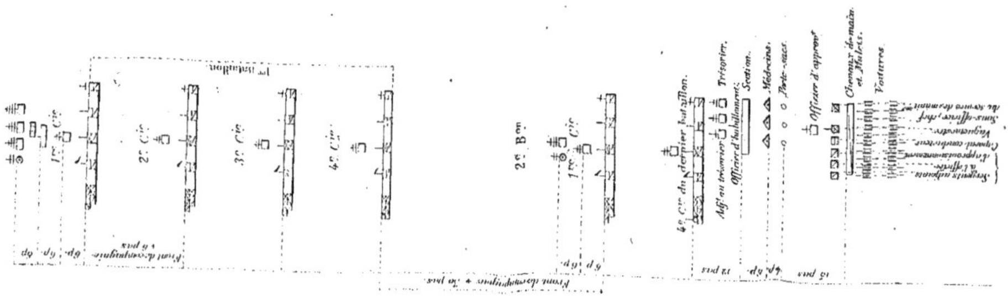

Défilé en colonne double.

Fig. 10.

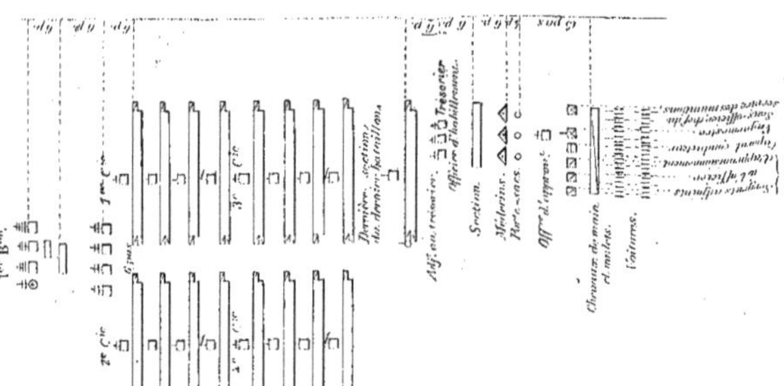

FORMAT

115. O
les formu
tiles presc
compte d

Revues
nités son
Trois fo
1° En ligne
Fro
2° En ligne
Fro
3° En lign
de dista
Fro

Défilés
1° En co
Front, 1
Profond
2° En co
Front, F
Profond
3° En co
Front, 1
Profond
Distance
oujours c
Entre le
Entre le
Entre le

FORMATIONS POUR LES REVUES ET DÉFILÉS

415. On admet que l'effectif est fixé à l'avance. Dans les formules qui suivent, F représente le nombre de files prescrit par compagnie, augmenté de 4 pour tenir compte des créneaux des chefs de section.

Revues : Les distances et les intervalles entre les unités sont indiqués sur les figures.

Trois formations peuvent être adoptées :

1° En ligne déployée. (Profondeur 50 mètres) :

$$\text{Front} \dots \begin{cases} \text{de bataillon} \dots & 4\,F \times 0^m,70 + 13^m,50 \\ \text{de régiment} \dots & 12\,F \times 0^m,70 + 85^m,50 \end{cases}$$

2° En ligne de colonne de compagnie à 24 pas. (Profondeur 37 m.) .

$$\text{Front} \dots \begin{cases} \text{de bataillon} \dots & F \times 0^m,70 + 65 \\ \text{de régiment} \dots & 3\,F \times 0^m,70 + 233 \end{cases}$$

3° En ligne de colonnes doubles (6 pas d'intervalle et de distance entre les compagnies). (Profondeur 78 m. 50,)

$$\text{Front} \dots \begin{cases} \text{de bataillon} \dots & 1/2\,F \times 0^m,70 + 4^m,50 \\ \text{de régiment} \dots & 3\,F \times 0^m,70 + 85^m,50 \end{cases}$$

Défilés : Trois formations.

1° En colonne de bataillon :

Front, $1/4\,F \times 0^m,70$.

Profondeur du bataillon, $15/4\,F \times 0^m,70 + 27^m$.

2° En colonne par compagnie à distance entière :

Front, $F \times 0^m,70$.

Profondeur du bataillon, $3\,F \times 0^m,70 + 27^m$.

3° En colonne double :

Front, $1/2\,F \times 0^m,70 + 4^m,50$.

Profondeur du bataillon, 40^m.

Distance entre les bataillons d'un même régiment, toujours celle obtenue par la rupture en colonne.

Entre les régiments d'une brigade : 60 pas.

Entre les brigades d'une division : 80 pas.

Entre les divisions : 100 pas.

II. — Renseignements numériques sur les marches.

ÉLÉMENTS DES COLONNES; LEUR LONGUEUR

416. Chaque rang d'infanterie marchant par quatre occupe.. 1ᵐ,60

Longueur d'une voiture (y compris 1 mètre de distance entre les voitures).
- à 1 cheval.......................... 8 ,
- à 2 chevaux........................ 9 ,
- à 4 chevaux........................ 12 ,
- à 6 chevaux........................ 15 ,

Longueur des colonnes.
(Distance comprise.)

		LONGUEURS LE BATAILLON ÉTANT		
		à 930 fusils.	à 800 fusils.	à 600 fusils.
Infanterie.		mètres.	mètres.	mètres.
Ligne ou chasseurs à pied.	Section isolée	25	25	20
	Compagnie isolée (une voiture)	110	110	90
	Compagnie dans le bataillon. .	100	100	75
	Bataillon (7 voitures).........	488	488	380
Infanterie de ligne.	État-major du régiment........	35	35	35
	Régiment complet à trois bataillons (21 voitures).......	1.500	1.500	1.200

Trains régimentaires d'infanterie.		LONGUEURS mètres.
Chasseurs à pied.	Train d'un bataillon (7 voitures...........	75
Infanterie.	Train d'un bataillon (6 voitures)...........	65
	Train d'un régiment (18 voitures)...........	220
Cavalerie.		
Un escadron en colonne par 4.......................		120
Quatre escadrons avec état-major de régiment		600
Artillerie.		
Une batterie montée.......................		350
Un groupe monté.........................		1.050
Une batterie à cheval.....................		400

VITESSE DE MARCHE

117. Infanterie : Habituellement de 80 mètres à la minute, soit 4 kilomètres en 50 minutes de marche effective, ou 4 kilomètres à l'heure, en tenant compte de la halte horaire de 10 minutes. C'est une moyenne au-dessous de laquelle il convient de ne pas descendre dans les marches de 22 à 25 kilomètres sur des routes passables. Si l'étape est longue ou la route mauvaise, il vaut mieux interrompre la marche par plusieurs repos d'une heure que de laisser ralentir la vitesse. Toutefois, pour les longues colonnes, il sera prudent de ne compter que sur une vitesse de 3.600 mètres à l'heure (72 mètres par minute de marche effective), lorsque les conditions de température et de viabilité ne seront pas entièrement satisfaisantes. Une petite colonne peut, au contraire, franchir une étape de longueur ordinaire à la vitesse de 5 kilomètres à l'heure (100 mètres par minute) sur une bonne route.

Cavalerie : A la minute : au pas 100 mètres, au trot 240 mètres ; au galop 340 mètres ; au galop allongé 440 mètres.

Artillerie : A la minute : au pas 100 mètres ; au trot 220 mètres.

418. TEMPS NÉCESSAIRE POUR PARCOURIR UNE DISTANCE

DISTANCES.	TEMPS À LA VITESSE PAR MINUTE DE			
	80 mètres,		72 mètres,	100 mètres,
	haltes horaires non comprises.	haltes horaires comprises.	haltes horaires comprises.	haltes horaires comprises.
mètres.	h. m. s.	h. m. s.	h. m. s.	h. m. s.
5	4	5	5	4
10	8	9	10	7
20	15	18	20	14
25	19	23	25	18
50	38	45	50	36
100	1 15	1 30	1 40	1 12
200	2 30	3 »	3 20	2 24
300	3 45	4 30	5 »	3 36
400	5 »	6 »	6 40	4 48
500	6 15	7 30	8 20	6 »
600	7 30	9 »	10 »	7 12
700	8 45	10 30	11 40	8 24
800	10 »	12 »	13 20	9 36
900	11 15	13 30	15 »	10 48
1.000	12 30	15 »	16 40	12 »

419. DISTANCE FRANCHIE EN UN TEMPS DONNÉ

TEMPS.	DISTANCES FRANCHIES A LA VITESSE PAR MINUTE DE			
	80 mètres, haltes horaires non comprises.	80 mètres, haltes horaires comprises.	72 mètres, haltes horaires comprises.	100 mètres, haltes horaires comprises.
h. m. s.	mètres.	mètres.	mètres.	mètres.
30........	40	33	30	42
1........	80	67	60	83
2........	160	133	120	167
3........	240	200	180	250
4........	320	267	240	333
5........	400	333	300	417
6........	480	400	360	500
7........	560	467	420	583
8........	640	533	480	667
9........	720	600	540	750
10........	800	667	600	833
15........	1.200	1.000	900	1.250
20........	1.600	1.333	1.200	1.667
30........	2.400	2.000	1.800	2.500
40........	3.200	2.667	2.400	3.333
45........	3.600	3.000	2.700	3.750
50........	4.000	3.334	3.000	4.167
1........	**4.800**	**4.000**	**3.600**	**5.000**

420. TEMPS NÉCESSAIRE POUR RASSEMBLER

Un bataillon : 6 minutes. Un régiment : 19 minutes.

421. DURÉE D'ÉCOULEMENT DES UNITÉS

Infanterie. { Un bataillon : 5 minutes : — 1 régiment : 15 minutes; — 1 brigade : 30 minutes; — 1 division 2 h. 30.

Cavalerie.. { 1 escadron............. au pas 1' ; au trot. 0' 30"
{ 1 régiment .... 6' ; — 3'

Artillerie.. { 1 batterie montée..... — 4'20"; — 2' 50'
{ 1 groupe de 3 batteries. - 13'15"; — 7'
{ 1 batterie à cheval.... — 5'30"; — 2' 30"

Nouv. Memento. 8.

III. — **Rang, honneurs, défilés.**

RANG DES TROUPES ENTRE ELLES

422. **Troupes à pied** : *Invalides. Gendarmerie. Sapeurs-pompiers. Artillerie à pied et sans son matériel. Génie sans son matériel. — Infanterie :* Chasseurs à pied ; douaniers, chasseurs forestiers (les compagnies ou sections actives à la suite des compagnies ou sections de forteresse) ; zouaves, infanterie de ligne, infanterie légère d'Afrique, officiers des compagnies de discipline, tirailleurs algériens, régiments étrangers. — *Train des équipages militaires sans son matériel. Services particuliers.* Les troupes de l'armée territoriale prennent la gauche des troupes de leur arme de l'active.

HONNEURS A RENDRE PAR LES TROUPES AUX REVUES ET PRISES D'ARMES

423. Les médecins saluent dans les mêmes conditions que les officiers de troupe qui leur sont assimilés (en portant la main à la coiffure).

Président de la République. — Aux champs ; les musiques jouent l'air national ; tous les officiers saluent ; les drapeaux saluent.

Ministres de la guerre et de la marine, maréchaux et amiraux, généraux de division commandant en chef une ou plusieurs armées, gouverneurs militaires de Paris et de Lyon, généraux de division commandant un corps d'armée, vice-amiraux pourvus d'une commission d'amiral ou commandant en chef à la mer ou préfets maritimes, généraux de division commandant la région territoriale, après la mobilisation. — Aux champs ; l'air national ; les officiers généraux, les commandants des corps de troupe, et les officiers supérieurs saluent du sabre ; les drapeaux saluent.

Généraux de division commandant les divisions acti-

ves, *généraux de division et vice-amiraux.* — Leurs troupes sonnent le rappel; l'air national; les officiers généraux, les commandants des corps de troupe, quel que soit leur grade, et les officiers supérieurs saluent; les drapeaux saluent.

Généraux de brigade commandant les brigades actives, généraux de brigade et contre-amiraux.— Clairons prêts à sonner; air national; les commandants des corps de troupe, quel que soit leur grade, saluent du sabre.

Commandants d'armes qui ne sont pas officiers généraux. — Le commandant des troupes, seul, salue du sabre.

Honneurs à rendre par les postes. (V. n° 122, note *a*.)

HONNEURS A RENDRE AU DRAPEAU

121. Lorsque le drapeau doit sortir, la compagnie commandée marche, précédée des sapeurs, tambours, clairons du bataillon, et de la musique; le porte-drapeau se tient en serre-file à hauteur du centre de la compagnie. Le détachement marche sans bruit de caisse ni de musique; arrivé au logement du colonel, il est arrêté face à la porte d'entrée, les tambours, les clairons et la musique à la droite. Mettre la baïonnette au canon. Le porte-drapeau, accompagné du lieutenant et de deux sous-officiers, va prendre le drapeau. Lorsque le porte-drapeau sort avec le drapeau, il s'arrête devant la porte; le capitaine salue du sabre, les tambours et les clairons battent et sonnent au drapeau; le porte-drapeau va se placer entre les sections intérieures, un sous-officier à sa droite et l'autre à sa gauche; le lieutenant reprend sa place. Le capitaine remet le détachement en marche, en colonne de compagnie, les tambours et les clairons battent et sonnent. La compagnie est formée par quatre lorsque la largeur de la route ne permet pas de marcher en colonne: le drapeau et sa garde se placent alors entre la 2e et la 3e section. A 20 pas du régiment, le détachement est arrêté, les tambours et les clairons cessent de battre et de sonner : le colonel fait mettre la baïonnette au canon, battre et sonner au drapeau, et se place à 6 pas en avant de la file du drapeau. Le porte-drapeau, toujours accompagné des deux sous-officiers, se porte à 10 pas en avant du colonel et lui fait face. Le colonel salue le drapeau. Le porte-drapeau prend ensuite sa place, les deux sous-officiers rejoignent leur compagnie et le détachement reprend sa place en passant derrière le régiment. Le drapeau est reconduit avec les mêmes honneurs.

PRESCRIPTIONS POUR LES REVUES ET DÉFILÉS DE TROUPES DE TOUTES ARMES

125. Le commandant des troupes se porte seul à la rencontre de la personne à laquelle on rend les honneurs, la salue de l'épée lorsqu'il arrive à 10 pas d'elle, se range à sa gauche et se maintient à portée de recevoir ses ordres. La distance est, pour toutes les armes, de 45 mètres (60 pas) entre les régiments. Les officiers convoqués pour une revue sans avoir de commandement dans les troupes qui défilent ou sans être appelés à faire partie des états-majors ne défilent pas. Pendant la revue, ils se placent sur le terrain à la droite des troupes, et, pendant le défilé, ils se groupent derrière la personne à qui les honneurs sont dus. Ils ne mettent pas l'arme à la main, et quand ils doivent saluer, ils le font en portant la main droite à la coiffure. (Art. 280 du décret du 4 octobre 1891.)

CHAPITRE IV

RENSEIGNEMENTS DIVERS

1. — **Droit international.**

126. *Hostilités :* Les lois de la guerre proscrivent les moyens de nuire barbares ou perfides (il est permis de se servir avant le combat des uniformes, sonneries ou drapeaux ennemis).

Sièges et bombardements : Les belligérants ont le droit de réduire par la force les villes (fortes ou non) qui ne se soumettraient pas de plein gré.

Espions : Aucun officier n'est autorisé à ordonner l'exécution sommaire des individus accusés ou pris en flagrant délit d'espionnage. L'espion ne peut être poursuivi et puni que s'il a été pris sur le fait.

Le traître ne doit pas être puni sans jugement préalable.

Le parlementaire et ses assistants sont inviolables. Sont généralement accompagnés d'une escorte, plus 1 trompette, et 1 brigadier porteur d'un drapeau blanc qui le précède à 25 pas ; s'arrêter à petite portée des sentinelles ennemies, faire sonner trois appels, remettre ostensiblement le sabre au fourreau, s'avancer suivi du porte-fanion et du trompette.

Blessés : Tout blessé recueilli et soigné dans une maison y servira de sauvegarde ; l'habitant qui aura recueilli chez lui des blessés sera dispensé du logement des troupes.

Morts : Ne jamais inhumer les ennemis décédés sans conserver leur livret ; à défaut, on recueille des renseignements sur leur identité.

II. — Hygiène des hommes.

HYGIÈNE

127. Au cantonnement : Éviter l'entassement ; aération permanente. Éviter les maisons infectées ; entretenir une propreté rigoureuse. Enfouir les détritus et issues. Veiller à la propreté personnelle des hommes ; bains. Le coucher tôt. Ne jamais coucher sur la terre ; se couvrir la tête avec la calotte de coton.

Au camp et au bivouac : Tentes tenues dans le plus grand état de propreté. Le sol ne doit pas être creusé, mais décapé seulement ; ne jamais se coucher sur des plantes aromatiques, joncs ou plantes vertes. Feuillées réglementaires. Défense d'uriner auprès des tentes. Le bivouac exige très grandes précautions : se garantir du froid et de l'humidité ; la nuit se tenir les pieds près du feu.

Pendant les marches, précautions générales : Tenir la main à ce que les hommes se reposent entre les marches ; ne pas les mettre en route à jeun. Avant de gravir un escarpement, laisser les hommes se reposer ; long repos en haut de la montée ou sur le versant opposé ; s'abriter du vent.

Marches par le froid : Déjeuner chaud avant le départ, se graisser les pieds, la nuque, la figure. Eviter de se désaltérer avec la neige. Quiconque s'endort sous l'influence du froid ne se réveille plus (68).

Marches par la chaleur : Eviter les marches forcées ; partir de bonne heure. Colonne étendue ; pauses fréquentes dans des endroits frais et abrités. Garnir les bidons d'eau vinaigrée ; boire modérément, même frais, n'est pas dangereux si on continue à marcher (67).

Accidents pendant les marches et soins à prendre : Au départ, graisser les pieds ; le soir, les laver à l'eau froide. — *Excoriations du pied :* Saupoudrer de tanin ou poudre d'amidon, recouvrir de coton. — *Transpiration excessive des pieds :* Carbonate de magnésie en poudre. — *Ampoule :* La piquer par le côté avec une épingle, recouvrir de pommade composée de 30 grammes d'axonge et 30 grammes de tanin. — *Intertrigo :* Bains, soins de propreté, poudre d'amidon.

Hygiène des pays chauds : Eviter un régime trop substantiel au début. L'acclimatement accompli, revenir graduellement à un régime plus fortifiant ; éviter les boissons alcooliques.

Maladies régnantes ; précautions à prendre. —

Fièvres : Employer le sulfate de quinine, dès que l'accès est terminé, et le plus longtemps possible avant l'accès à venir. En automne, on peut atteindre la dose de 1 gramme; au printemps 0^{gr},5 par jour; en cas d'accès pernicieux, 2 ou 4 grammes de sulfate de quinine en pilules, lavements ou frictions. Camper sur les hauteurs, éviter de dormir en plein air et de marcher de nuit; régime substantiel; bain froid quotidien; chemises de flanelle; vêtements chauds de laine. — *Diarrhée, dysenterie* : Ceinture de flanelle appliquée sur la peau. Éviter de boire des eaux saumâtres ou stagnantes. Se coucher; la diète au besoin; tenir le ventre et les pieds chauds. Une infusion de thé, camomille, tilleul ou café; pour faire avorter la maladie, prendre une purgation; si la diarrhée continue, sous-nitrate de bismuth dans un peu d'eau. — *Ophtalmie* : L'ophtalmie algérienne est contagieuse. En été, s'abriter les yeux avec des visières suffisamment grandes; lunettes bleues en forme de coquilles pour le sirocco. Se couvrir les yeux la nuit. — *Insolation* : Couvre-nuque blanc, burnous en laine blanche par-dessus les vêtements. — *Scorpions rouges, noirs ou jaunes* (se cachent sous les pierres) : Frictions à l'ammoniaque ou à l'acide phénique; boire un verre d'eau avec 8 à 10 gouttes d'ammoniaque.

PREMIERS SOINS A DONNER AUX BLESSÉS

128. Empoisonnements : Si l'absorption ne remonte pas à une heure et demie ou deux heures, faire vomir (avec eau tiède ou eau salée; chatouiller la gorge avec le doigt ou une barbe de plume; 2 grammes de poudre d'ipéca ou 10 centigrammes d'émétique dans un demi-verre d'eau tiède).

Ivresse : Abriter l'ivrogne du froid, provoquer les vomissements; café ou thé avec 10 gouttes d'ammoniaque.

Evanouissements ou syncopes : Desserrer les vêtements. Etendre l'homme dans un endroit frais; ne pas l'asseoir. Arroser le visage avec de l'eau froide, tamponner les tempes avec du vinaigre ou de l'eau salée. Faire respirer du vinaigre, de l'alcali volatil.

Saignement de nez persistant : Comme pour l'évanouissement, mais en faisant prendre la position demi-assis à l'ombre.

Congélation des membres : Placer le malade dans un local froid, couvrir de neige la partie malade et les parties voisines; puis substituer à la neige, d'abord de l'eau mélangée de neige, puis de l'eau; employer ensuite l'eau tiède, puis essuyer avec des linges secs et envelopper d'autres linges; enduire ensuite la région gelée avec un corps doux, tel que l'huile douce. S'il se produit des ampoules, ne les vider, par quelques piqûres d'épingle, que lorsque la douleur est violente; la peau doit rester en place, et l'on couvre la partie malade avec un linge fin enduit d'huile douce.

Brûlures : Mettre la partie brûlée pendant deux ou trois heures dans de l'eau froide renouvelée, ou y appliquer de la graisse douce. Vider les ampoules.

Asphyxie par la chaleur : Dégager les vêtements; eau froide sur la tête; eau vinaigrée en lavements, ou en faire boire à petites gorgées. — **Asphyxie par le froid :** Placer le malade dans une chambre froide, couper les vêtements pour les retirer. Couvrir le corps d'une couche de neige, sauf la bouche et le nez. Quand cette première neige est fondue, en mettre de nouveau. Frotter le corps devenu souple avec du linge trempé dans de l'eau froide. Quand les signes de vie apparaissent, sécher le corps, le coucher dans un lit et dans une chambre non chauffée; faire boire quelques gorgées d'infusion de camomille tiède. = **Asphyxie par l'eau :** Enlever les vêtements du noyé; le coucher sur le côté droit, la tête plus élevée que les pieds; faire sortir l'eau qui se trouve dans la bouche et les narines. Appliquer des briques chaudes aux pieds; frictionner le corps avec de la flanelle chaude, puis avec un linge trempé dans de l'eau-de-vie camphrée ou dans du vinaigre; brosser la paume des mains et la plante des pieds avec une brosse rude.

Entorse : Repos absolu, plonger la partie lésée dans l'eau froide.

Hémorragie : Opérer une compression, au-dessous de la blessure si l'hémorragie est veineuse (sang noir, sortant de la plaie en bavant par un jet continu et non saccadé), et au-dessus de la plaie pour une hémorragie artérielle (sang rouge vif, projeté par des saccades régulières intermittentes).

Plaies par armes à feu : Respecter les plaies à la tête, au cou, à la poitrine, au ventre, et ne pas rechercher les projectiles qui les ont produites. S'il n'y a pas d'hémorragie sérieuse, boucher la blessure avec un tampon de charpie trempé dans l'eau froide ou l'eau-de-vie, et appliquer par-dessus une compresse. Ne donner à boire qu'aux blessés qui parlent; s'en abstenir à l'égard de ceux blessés à la tête, ou qui ont le poumon traversé, afin de ne pas provoquer une hémorragie.

Choléra : Se propage par l'eau : donc ne faire usage que d'eau bouillie; s'abstenir de légumes aqueux. Porter une ceinture de flanelle. Eviter les grandes fatigues. Isoler les cholériques; désinfecter les personnes et les objets.

Typhus : Provient de l'infection de l'air par les miasmes humains. Grande propreté de tous les locaux (latrines surtout). Bonne alimentation. Désinfecter les personnes et les objets. Brûler les vêtements des typhiques.

DÉSINFECTION

429. Air : Répandre sur le sol : poudre de charbon, chlorure de chaux, solution phéniquée. — **Vêtements :** Les faire passer dans des étuves (120 degrés). — **Hommes :** Grande propreté (bains, douches). — **Latrines :**

Y verser chaque jour : solution de lait de chaux, ou de sulfate de fer ou de cuivre, ou de crésyl ou y déverser de l'huile lourde de houille. — **Eau** (449).

III. — Hygiène des animaux.

HYGIÈNE

430. Alimentation des chevaux : La nourriture donnée au cheval immédiatement avant le travail est perdue ; réserver pour le soir la presque totalité de la ration. Ne donner le matin, avant le départ, qu'une poignée de fourrage ; réserver un quart de la ration d'avoine pour la donner dans la journée à une halte ou à l'arrivée au cantonnement. Faire boire le matin avant le départ, le soir avant de donner la ration. Il est bon de faire très légèrement rafraîchir les chevaux pendant les marches, à condition de les remettre immédiatement en mouvement.

Soins à donner aux chevaux en route : Une halte de quelque temps après le départ est nécessaire pour laisser uriner les chevaux ; resserrer sangles, rajuster harnachement et paquetage ; visiter les pieds. A l'étape éponger les yeux, naseaux ; desseller au plus tôt une heure après l'arrivée. Si le dos est humide de sueur, sécher par un bon bouchonnage. Ne jamais négliger les pansages : ils délassent les chevaux et préviennent les maladies de peau. Visiter la ferrure tous les jours. Fréquemment des bains de rivière.

PREMIERS SOINS A DONNER A UN CHEVAL MALADE OU BLESSÉ

431. Blessures par le harnachement. *Tumeur* Lotions d'eau fraîche acidulée, appliquer sur la tumeur, éponge ou gazon imbibé de vinaigre, que l'on recouvre de paille, serrer le tout avec un surfaix. — *Plaie :* Laver à l'eau fraîche, à l'eau blanche.

Coup de pied : Bains d'eau courante, douches.

Prise de longe : Couper le poil sur la blessure, bains et cataplasmes émollients. Quand l'engorgement a diminué, employer extrait de saturne.

Crevasses : Couper le poil, graisser avec du suif, savonner ; éviter boue ou eau vaseuse.

Cheval couronné : Bains d'eau courante :

Efforts de boulet, de tendons : Bains froids, douches.

Clou de rue : Déferrer, parer le pied à fond, bien amincir la sole autour de la blessure et mettre le fond de la lésion à découvert. Panser avec étoupes imbibées d'aloès. Ferrer avec un fer à plaque et mettre à l'eau.

Fatigue : Bains d'eau courante, barbotages.

Coliques : Le cheval s'agite, regarde ses flancs, gratte avec ses pieds de devant, se campe pour uriner, bat ses flancs avec sa queue, est mouillé, se couche et se roule. Bouchonner vigoureusement, couvrir, promener au pas, lavement d'eau de son, faire boire chaud.

CHAPITRE V

TRAVAUX DE CAMPAGNE

I. — Construction des retranchements.

TRANCHÉES-ABRIS

432. Profil : La crête intérieure du parapet doit être aussi rapprochée que possible du tireur ; hauteur de cette crête : $0^m,80$ pour tir à genou, $1^m,30$ pour tir debout. L'épaisseur du parapet au sommet, au minimum, de 0m,80 contre les balles et de 2 mètres contre les projectiles d'artillerie.

Trois types. — La tranchée ébauchée pour tireurs à genou; la tranchée normale pour tireurs debout; la tranchée renforcée.

Tranchée ébauchée : Si l'on dispose de très peu de temps (fig. 16).

Tranchée normale : La tranchée ébauchée peut être transformée en tranchée pour tireur debout par un approfondissement de 0m,20. On délarde le talus de revers afin de donner à la masse couvrante une hauteur se rapprochant de 1m,30 (fig. 17).

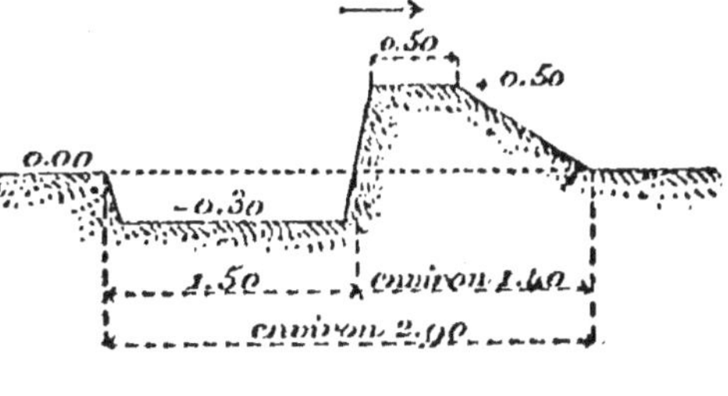

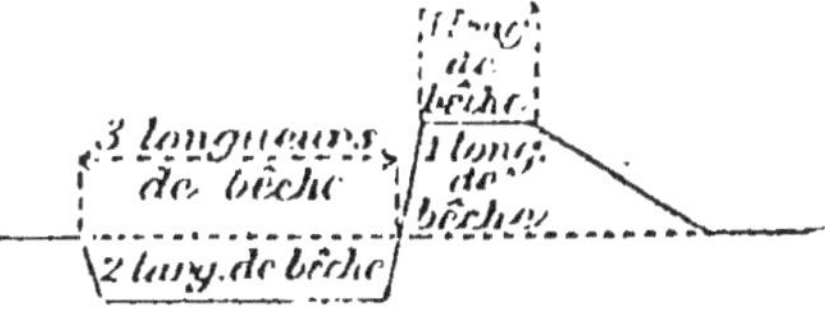

Fig. 16. Tranchée ébauchée.

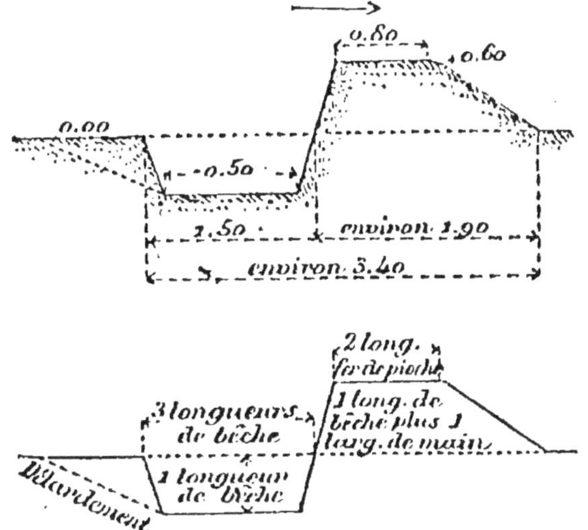

Fig. 17. — Tranchée normale.

Tranchée renforcée : S'obtient par l'élargissement

et l'approfondissement de la tranchée normale, en laissant près du parapet et du revers une banquette de

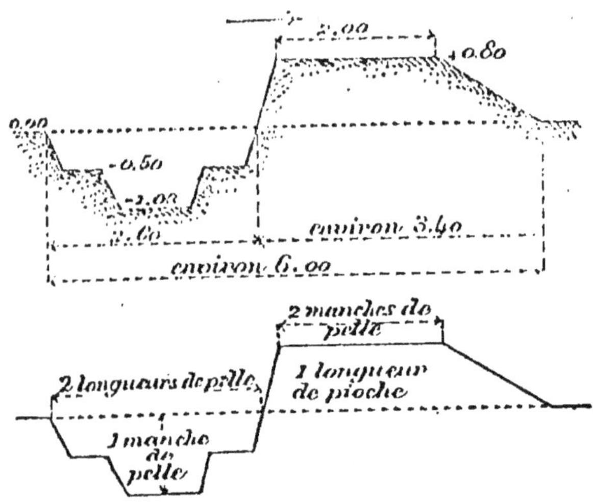

Fig. 18. — Tranchée renforcée.

0m,50 de largeur. Extrémités de l'excavation taillées en gradins (fig. 18).

133. Tracé sur le terrain : Choisi de manière à ménager aux défenseurs des vues aussi étendues que possible. Les tranchées doivent suivre les mouvements du terrain et peuvent être composées de portions droites et de portions courbes. En général, les portions de tranchées sont établies pour être occupées par une fraction constituée (0m,70 de crête par homme ou par file); séparées les unes des autres par des intervalles assez larges pour qu'il soit facile de déboucher. Leur direction est sensiblement normale à celle du tir, elles doivent échapper aux vues d'enfilade et d'écharpe. Dans le tracé d'une ligne de défense, réduire au minimum le travail de la troupe, en utilisant les couverts et obstacles existants. Le tracé des tranchées marque le bord du déblai du côté du parapet; il est indiqué par des piquets, des tas de pierres ou des jalonneurs. Longueurs mesurées au pas.

Mise en place des travailleurs : Les travailleurs reçoivent les outils de parc dans la proportion de deux pelles pour une pioche. Les hommes porteurs de bêches et de pioches portatives se joignent à eux et forment un groupe distinct. Tous sont mis en file par un, dans l'ordre de deux pelleteurs et un piocheur, pour les hommes pourvus d'outils de parc; de quatre pelleteurs et un piocheur, pour ceux munis d'outils portatifs. Arrivés sur l'emplacement de la tranchée, ils sont disposés le long du tracé à 0m,15 d'intervalle, qu'ils prennent en plaçant le poing gauche au-dessus de la hanche. Ils font face du côté de l'ennemi. Chaque groupe de trois hommes munis d'outils de parc constitue un atelier de 2m,10 de longueur; chaque groupe de cinq hommes pourvus d'outils portatifs constitue un atelier de 3m,50. Limiter les ateliers par des rainures à la pioche sur le sol. Lorsque les hommes sont armés, ils déposent leurs armes en arrière et près du bord de la tranchée, le fusil normalement au tracé, la crosse de leur côté. Si le temps dont on dispose le permet, on augmente la tâche de chaque atelier. A cet effet, les travailleurs sont placés le long du tracé, chacun d'eux étendant le bras gauche de façon que sa main gauche soit posée sur l'épaule droite de son voisin de gauche; alors des ateliers de trois hommes munis d'outils de parc occupent trois mètres de longueur, des ateliers de cinq hommes munis d'outils portatifs occupent cinq mètres de longueur (fig. 19).

Fig. 19. — Répartition des ateliers.

134. Règles à observer dans l'exécution des tranchées : Chercher à obtenir de suite un abri à l'aide de terres extraites de la fouille; celle-ci est commencée par le bord de la tranchée voisine du parapet, et les terres sont jetées contre ce bord. Au fur et à mesure que le parapet s'élève, des mottes de terre ou des gazons sont disposés pour former le talus intérieur, qui doit être aussi raide que possible. Les hommes doivent éviter d'éparpiller les terres en les jetant; ils les massent par couches horizontales successives de manière à obtenir finalement la hauteur et l'épaisseur fixées.

Procédés de mesure : Les dimensions à observer dans l'exécution des tranchées sont mesurées par les sous-officiers ou les travailleurs, en employant les moyens de mesure suivants :

Largeur...	de la main........................	0^m,10
	du fer de la bêche.................	0^m,15
Hauteur du fer de la bêche...........		0^m,20
Longueur du fer de la pioche portative		0^m,50
Longueur.	totale de la pioche portative......	0^m,45
	de la bêche.......................	0^m,52
	de la pioche de parc..............	0^m,80
	du manche de la pelle ronde.......	1^m,00
	totale de la pelle ronde..........	1^m,30

Manière de dissimuler les remblais : On répand sur les talus extérieurs et les plongées de l'herbe ou des menus branchages.

Temps nécessaire à l'exécution des tranchées.

	LONGUEUR OCCUPÉE par 5 hommes alignés par le procédé réglementaire.		LONGUEUR OCCUPÉE par 5 hommes alignés ayant le bras gauche étendu et la main sur l'épaule du voisin.	
	Outils portatifs.	Outils de parc.	Outils portatifs.	Outils de parc.
	1 atelier : 1 piocheur, 4 pelleteurs, Long. 3^m,50.	1 atelier : 1 piocheur, 2 pelleteurs, Long. 2^m,00.	1 atelier : 1 piocheur, 4 pelleteurs, Long. 5^m,00.	1 atelier : 1 piocheur, 2 pelleteurs, Long. 3^m,00.
Tranchée ébauchée.	45'	30'	60'	45'
— normale..	60'	45'	90'	60'
— renforcée.	»	2 heures.	»	2 h. 30'

OUVRAGES

135. *Ouvrages de compagnie* (fig. 22) : Longueur totale des crêtes déterminée par la condition que celles-ci soient occupées par trois sections, la quatrième section étant tenue en réserve dans l'ouvrage. Le travail est conduit comme pour la construction des tranchées. Un ouvrage de compagnie complètement

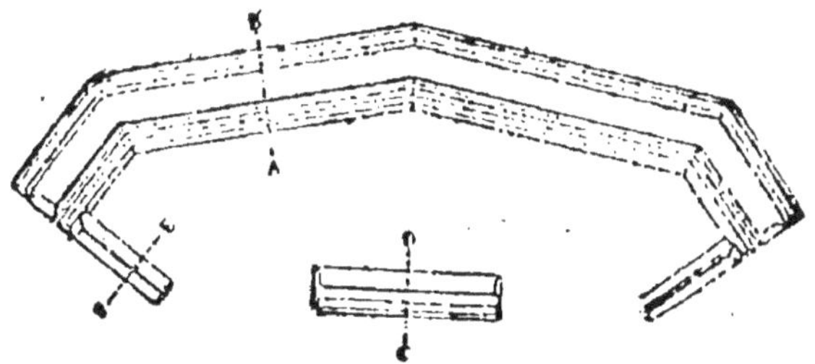

Fig. 22. — Ouvrage de compagnie.

AB. — Profil d'ouvrage représenté fig. 24.
CD. — Profil de tranchée renforcée fig. 18.
EF. — Profil de tranchée normale fig. 17.

ouvert à la gorge, ayant 100 mètres de développement de crêtes, avec une tranchée renforcée d'environ 20 mètres, exige, pour sa construction, 309 hommes, 206 pelles, 103 pioches, et au moins deux heures de travail

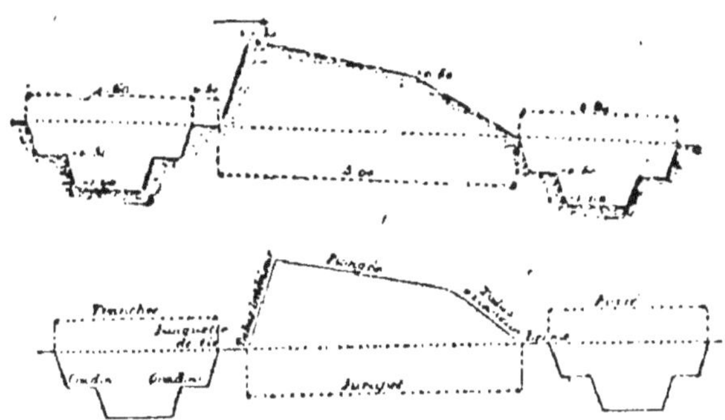

Fig. 24. — Profil des faces et des flancs d'un ouvrage de compagnie.

continu. Pour exécuter deux tranchées-abris de gorge de 35 mètres de longueur totale, il faut en sus : 50 hommes, 40 bêches et 10 pioches portatives. Deux compagnies et presque tous les outils de parc du régiment sont donc nécessaires pour mener ce travail à bonne fin.

Un *groupe d'ouvrages pour une compagnie* peut comprendre un ouvrage principal défendu par trois sections, et, à droite et à gauche, deux tranchées occupées chacune par une demi-section (fig. 26).

Fig. 26. — Groupe d'ouvrages pour une compagnie.

Un *groupe d'ouvrages de bataillon* peut comprendre deux ouvrages de compagnie avec tranchées annexes, et, en arrière, une tranchée renforcée pour la compagnie de réserve (fig. 27).

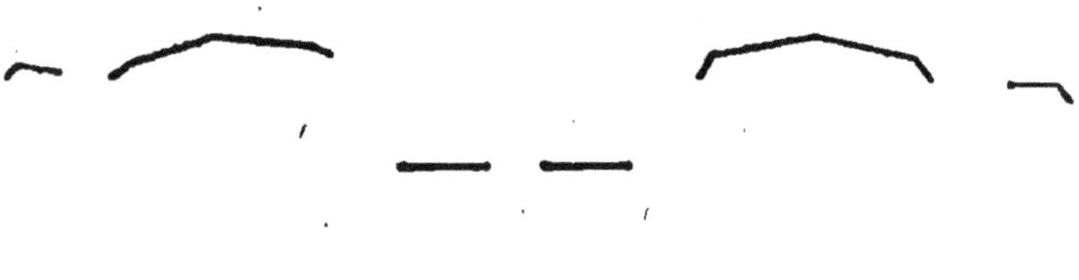

Fig. 27. — Groupe d'ouvrages pour un bataillon.

II. — Organisation défensive des couverts et obstacles.

136. Levées de terre :

Fig. 28.

Levées de terre : tailler au besoin une banquette (fig. 28);

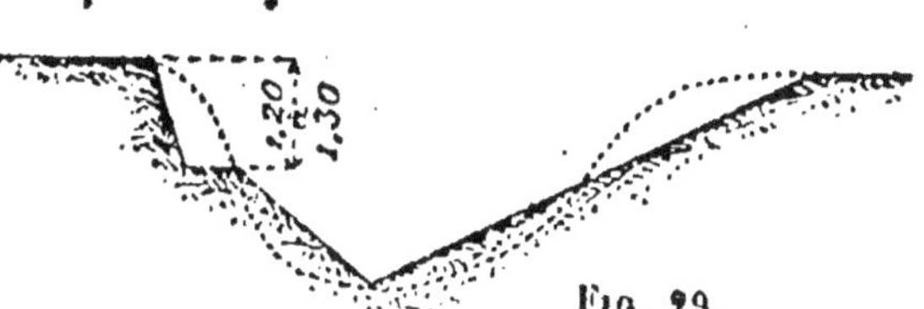

Fig. 29.

Berges, ressauts de terrain, chemin en déblai : tailler une banquette du côté de l'ennemi (fig. 29, 30, 31).

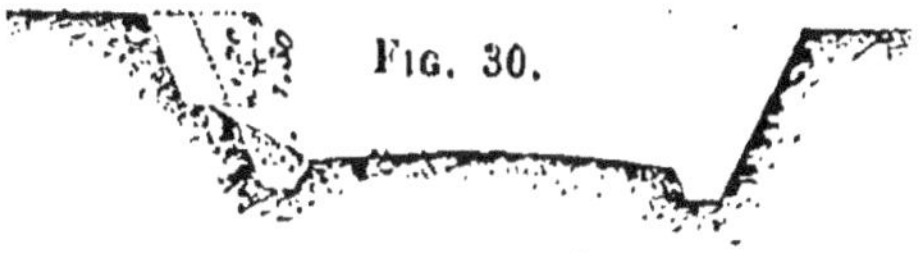

Fossés pleins d'eau (fig. 32).

Fig. 30.

437. Haies, clôtures en bois, murs :

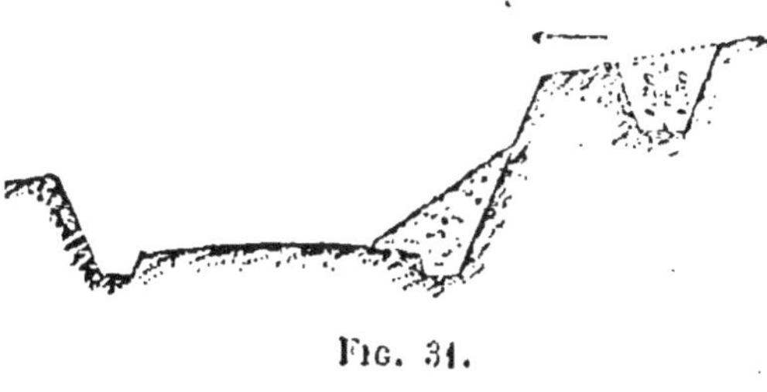

Fig. 31.

Haies, clôtures en bois (fig. 33).

Murs (fig. 34, 35, 36, 37) : faire des créneaux; suivant le cas, faire des terrassements ou creuser une tranchée.

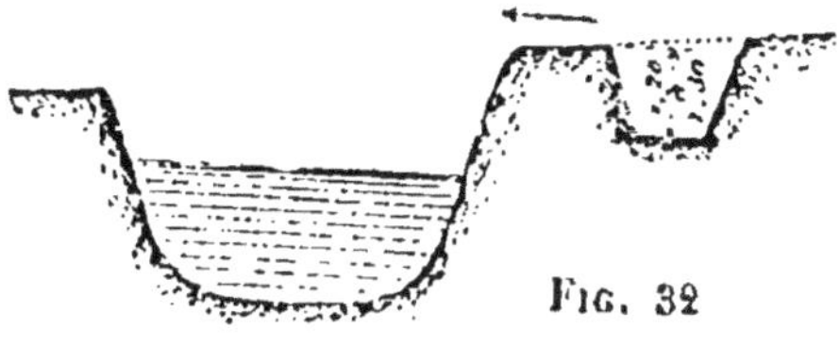

Grilles : Creuser une tranchée en arrière. Terrasser en avant (fig. 38).

Fig. 32

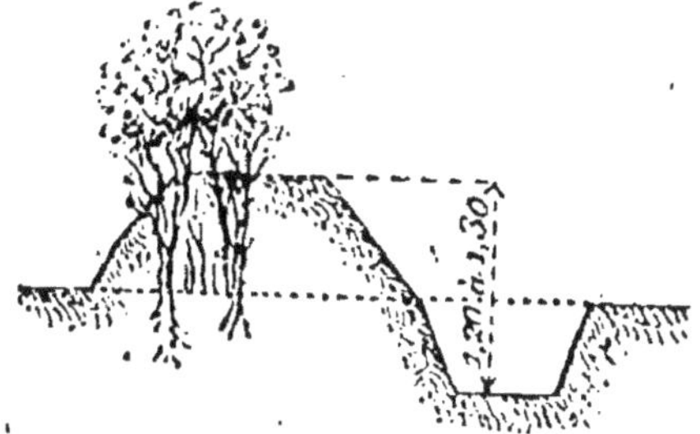

Fig. 33

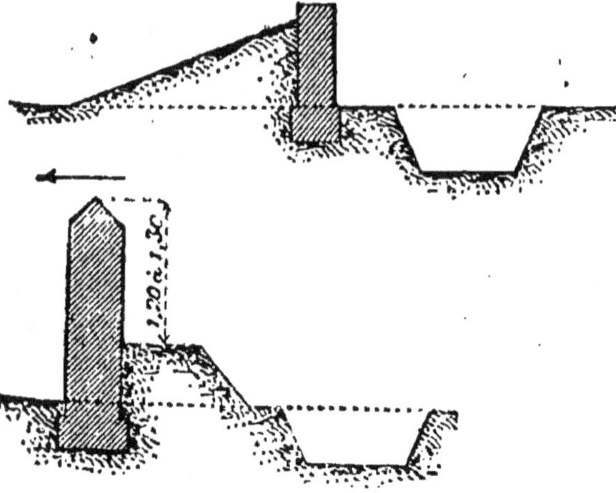

Fig. 34.

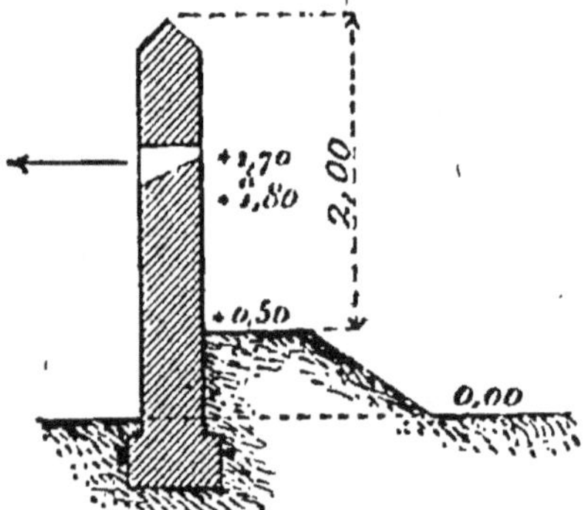

Fig. 35.

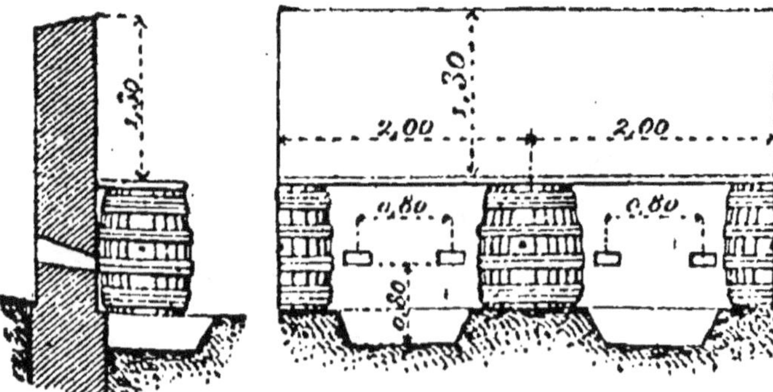

Fig. 36.

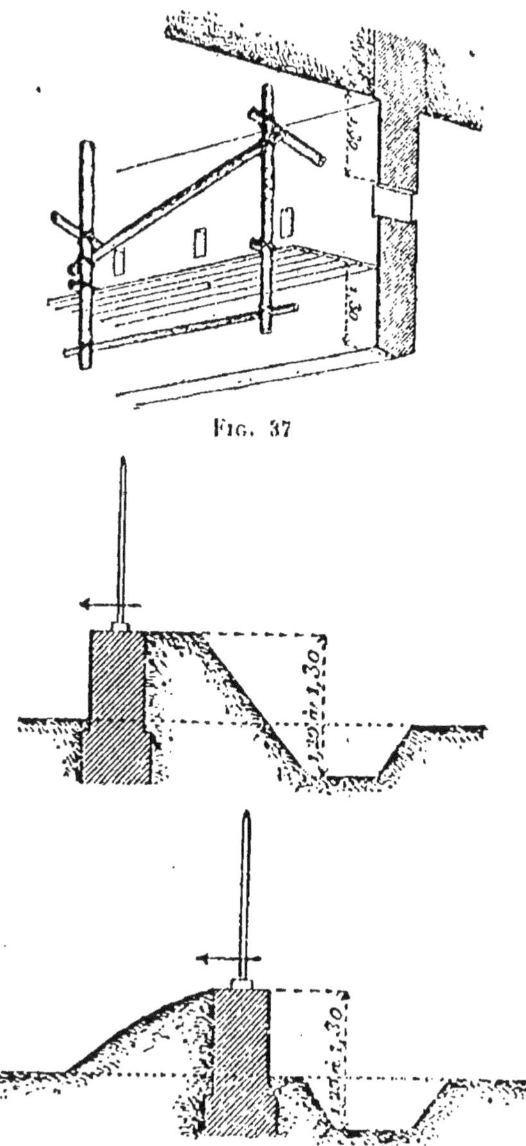

Fig. 37

Fig. 38.

438. Bois, abatis : Pour défendre un bois, conserver les arbres et arbustes en lisière ; en arrière, déboi-
ser, parallèlement à la lisière, une allée de 4 à 5 mètres

de largeur, en abattant le taillis et en conservant les gros arbres (fig. 39). Construire une tranchée-abri derrière le rideau d'arbres laissés en lisière. Si le bois est étendu, se borner à organiser défensivement le saillant. Pratiquer des abatis dans les intervalles existant entre les saillants. Entre les saillants et les abatis, ménager des débouchés (fig. 40).

Temps nécessaire à l'abatage des arbres.

NOMBRE de TRAVAILLEURS	OUTILLAGE.	TEMPS NÉCESSAIRE POUR ABATTRE UN ARBRE d'un diamètre de		
		50 c/m.	30 c/m.	15 c/m.
2 hommes.	2 haches.............	30′	15′	3′
2 hommes.	1 scie passe-partout..	12′	5′	2′
2 hommes.	1 scie articulée......	20′	10′	3′

En deux heures, une compagnie d'infanterie munie de tous les outils de bûcheron d'un régiment, de coins et de cordages, peut faire un abatis de 150 mètres de

Fig. 39.

longueur, constitué, dans une futaie, par trois rangées

Fig. 40.

d'arbres, dans un taillis par tous les arbres existant dans une bande de 10 à 15 mètres de profondeur.

III. — Communications.

139. Passage à gué : La profondeur d'un gué ne doit pas dépasser : $0^m,70$ pour des voitures dont le chargement craint l'humidité; 1 mètre ($0^m,80$ avec un courant rapide) pour l'infanterie; $1^m,25$ pour la cavalerie ou des voitures de chargement quelconque (53).

140. Passage sur la glace : Epaisseur nécessaire : $0^m,04$ ou 2 largeurs de doigt pour des hommes isolés marchant sur des files de madriers; $0^m,09$ ou 5 largeurs de doigt pour l'infanterie marchant par le flanc, les files et les rangs largement espacés; $0^m,15$ ou 8 largeurs de doigt suffisent pour toutes les voitures d'infanterie (a).

141. Passage en bateaux : Exiger l'ordre, le silence, et l'immobilité pendant le passage; pour les chevaux et voitures, employer des bateaux de grandes dimensions, sur lesquels on établit un plancher; les chevaux en travers du bateau, la tête tournée alternativement vers l'un ou l'autre bord, les conducteurs les tenant près du mors. Lorsque les chevaux ne peuvent être embarqués, les faire passer à la nage; leurs conducteurs, placés sur les bateaux, les tiennent par la longe, en leur relevant la tête. Si le courant est rapide, dériver beaucoup pour que les chevaux ne soient pas poussés sous les bateaux; les passer du côté d'aval.

142. Passage sur radeaux : Pour embarquer une troupe, lui faire occuper d'abord l'axe longitudinal; s'étendre ensuite symétriquement à droite et à gauche.

(a) Pour assurer la solidité de la glace : 1° Se ménager des rampes d'accès douces; 2° répandre sur la glace de la paille, du fumier ou du sable (les enlever après le passage); 3° rompre la glace sur les bords pour qu'elle porte bien sur l'eau ; 4° placer des madriers sur le parcours des voitures lourdes pour répartir le poids; pour augmenter l'épaisseur de la glace, croiser des lits de paille et les arroser (Général PIERRON.)

Débarquement en sens inverse. S'il y a des voitures, placer toujours les plus lourdes sur le milieu du radeau.

443. Passerelles pour hommes isolés : Quand l'obstacle a peu de largeur, jeter d'un bord à l'autre quelques madriers jointifs. Sur un cours d'eau rapide, abattre un arbre d'une hauteur supérieure à la largeur du lit; le jeter à l'eau en tournant vers l'amont le côté branchu

Fig. 46.

et en maintenant le pied par sa butée contre un pieu enfoncé en terre. Les branches vont s'appuyer contre la rive opposée (fig. 46). Quand la largeur du cours d'eau est supérieure à la hauteur des arbres, exécuter l'opération précédente sur les deux rives à la fois (fig. 47), de manière

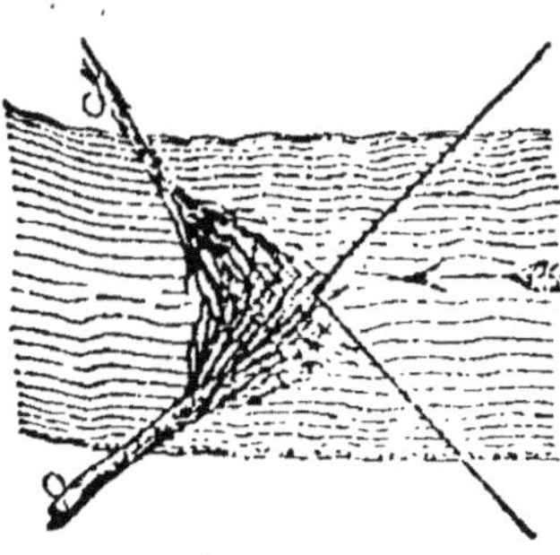

Fig. 47.

que les parties branchues s'enchevêtrent. Attacher des cordes au sommet de chaque arbre pour le diriger dans sa conversion; les amarrer à des piquets.

IV. — Destructions.

444. Mélinite. *Composition de l'approvisionnement :* Chaque régiment ou bataillon formant corps a 108 pétards chargés en mélinite et 48 détonateurs. — *Détonateurs :* La partie du tube contenant le fulminate est marquée extérieurement par une couche de peinture noire. Pour déterminer l'inflammation du fulminate de mercure, on se sert du cordeau Bickford (brûlant avec une vitesse de 1 mètre en 90"); sa longueur permet de s'éloigner de 500 mètres. On amorce le détonateur en faisant pénétrer dans le tube un des bouts de la fusée lente. Le feu est communiqué à la fusée lente par un allumeur (capsule en cuivre renfermant un peu de poudre tassée et une petite mèche qui fait saillie). On coiffe, avec cette capsule, le bout de la fusée lente à allumer. — *Distribution :* Le maniement de ces engins est confié aux sapeurs. Le cas échéant, ils sont remis à six sapeurs : trois reçoivent les boîtes à pétards, trois autres les boîtes à détonateurs et les nécessaires. — *Confection des charges :* Lorsque la charge se compose d'un seul pétard, appliquer la grande face du pétard contre l'objet à rompre. Lorsque la charge se compose de plusieurs pétards, les disposer de sorte qu'ils se touchent par une face (l'effet maximum d'une charge se produit lorsque le rapport de sa longueur à chacune de ses autres dimensions est de 5/1). Réunir les pétards par une ligature, si la disposition de la charge ne permet pas de faire un bourrage. — *Amorçage :* Pour amorcer un pétard, arracher le ruban de fil et, par suite, la coiffe en étain; découvrir le logement de l'amorce; prendre un détonateur et en enfoncer l'amorce dans le logement préparé dans le pétard. L'explosion d'une charge de plusieurs pétards est assurée par l'explosion d'un seul pétard. Dans une charge allongée, amorcer l'un des pétards extrêmes. S'il y a plusieurs files de pétards, amorcer le pétard extrême d'une file. Si la charge est concentrée, amorcer encore un des pétards extrêmes, de préférence le plus éloigné de l'obstacle à rompre. Si l'on doit faire exploser simultanément deux ou plusieurs charges concentrées, peu distantes les unes des autres, les relier par des files de pétards bout à bout. Un seul pétard amorcé, placé dans une charge extrême, suffit pour faire détoner le tout. — *Mise du feu :* Mettre le feu à l'allumeur, s'éloigner. En tenant dans la main gauche les allumeurs de plusieurs détonateurs, on peut mettre le feu à plusieurs charges.

445. *Brèches dans les murs.* — Dans un mur de 0m,50 d'épaisseur, disposer, dans une rigole au pied du mur, trois files de pétards (vingt pétards par mètre courant). Si l'épaisseur du mur dépasse 0m,70, il faut pratiquer au pied du mur, avec des charges de 5 pétards bout à bout, des logements pour la charge définitive.

Créneaux. — 4 pétards appliqués contre un mur moyen produisent un créneau. Après la mise du feu pour une brèche ou un créneau, s'éloigner de 50 mètres au moins dans le sens de la longueur du mur.

Abatage des arbres. — Entourer l'arbre ou la pièce de bois d'un chapelet de pétards (la plus grande quantité du côté où on veut faire tomber l'arbre). Le poids, en kilos, de la charge nécessaire pour un arbre est calculé en multipliant par 10 le carré du diamètre dont la longueur est exprimée en mètres : ($c = 10\,d^2$). (7, 9, 12, 16, 20 pétards sont donc nécessaires pour abattre des arbres dont le diamètre atteint 30, 35, 40, 45 ou 50 centimètres.) La charge nécessaire pour une pièce de bois équarrie est calculée en multipliant l'aire de la section droite de la pièce par un des coefficients 10 (bois tendre) ou 13 (bois dur). ($c = 10\,a\,b$ ou $13\,a\,b$.)

Destruction des palissades, grilles en fer, portes. — Palissades de 0ᵐ,10 à 0ᵐ,20 d'épaisseur : deux files de pétards bout à bout. — *Grille* : Deux pétards appliqués à chacun des scellements. La même charge sur chacun des gonds d'une *porte cochère en bois* renverse cette porte. Si la porte est simplement fermée, appliquer une charge de deux pétards contre la serrure. Si la porte est barricadée, appliquer une charge de deux pétards contre chacun des gonds et contre la serrure.

Mise hors de service des bouches à feu. — Faire détoner une charge de 4 à 5 pétards (selon le calibre) dans l'âme et vers la bouche (s'éloigner dans la direction de la bouche à 400 ou 500 mètres).

VOIES FERRÉES. RUPTURE DE RAIL

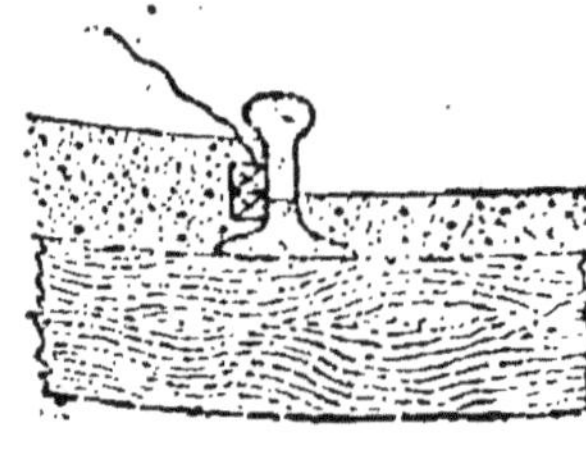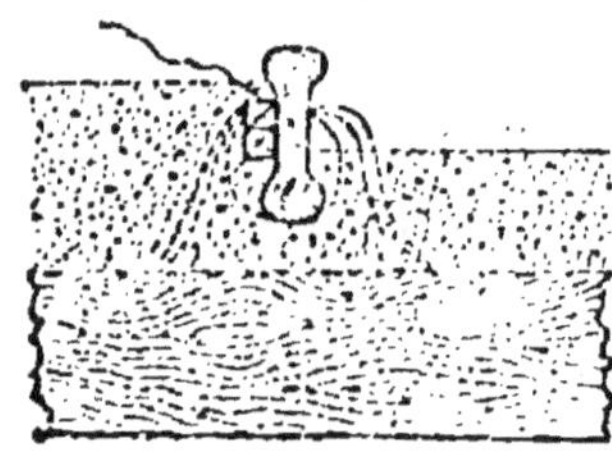

Fig. 50.

POUR UNE RUPTURE DOUBLE

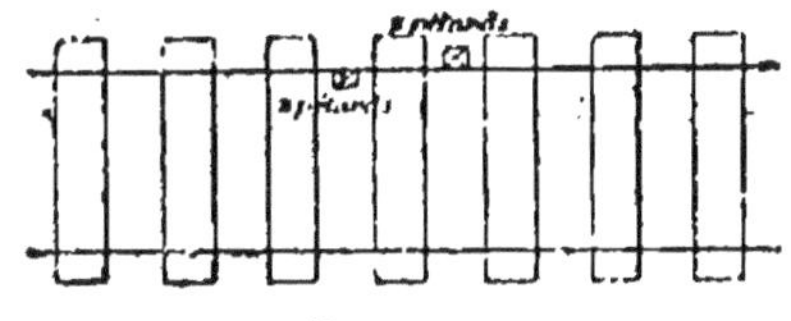

Fig. 51.

Points à choisir pour les ruptures. — Dans les courbes
(sur le rail extérieur); dans les parties en déblai (de

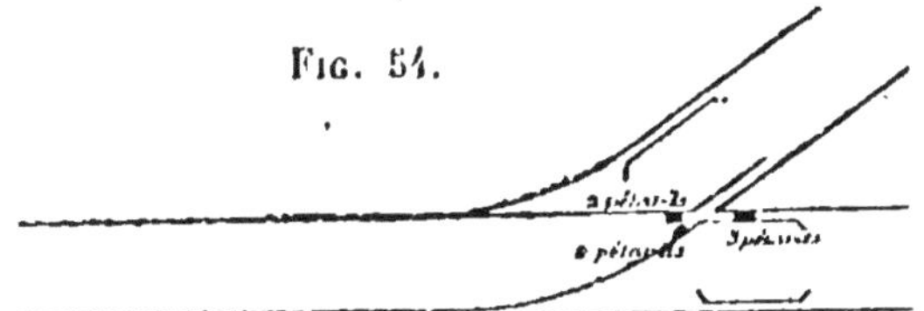

Fig. 54.

manière à produire un encombrement s'il arrive un
déraillement); dans une bifurcation, dans les croise-
ments de voies (fig. 54); sous les plaques tournantes;
aux aiguilles.

Destruction d'un réservoir d'eau : Un pétard appliqué
contre la tôle du réservoir. La tôle du réservoir est
percée par la balle du fusil M¹ᵉ 1886. Briser le robinet-
vanne.

Voies étrangères : Certaines de ces voies ferrées sont
plus difficiles à détruire que les voies françaises;
substituer aux groupes de 2 pétards des groupes de 3,
4 ou 5 pétards.

446. **Destruction des voies ferrées à l'aide
d'outils :** *Destruction de la voie (445).* — Intercepter les
communications télégraphiques. Enlever les rails. Déchausser les traverses, les entasser en pile et y mettre
le feu. Fausser les rails (en les plaçant sur des bû-
chers).

Gares. — Briser les aiguilles, les mécanismes des
postes à aiguilles, fausser ou casser les engrenages des
plaques tournantes; enlever ou casser les pièces importantes des prises d'eau. Locomotives : casser les

appareils alimentaires, démonter ou briser l'injecteur Giffard. Tender : démonter ou briser la vis du robinet-vanne qui sert à l'alimentation. Détruire les réservoirs d'eau et tous les appareils servant à l'alimentation des machines. Incendier le matériel roulant, les approvisionnements de charbon, de matières grasses, huiles, etc.

447. Destruction de lignes télégraphiques : Couper les poteaux en bois, déchausser et renverser les poteaux en fonte; couper ensuite et enlever les fils qui suivent généralement un des acotements de la route. Stations télégraphiques : enlever les appareils, briser les piles, saisir les registres et rouleaux d'inscriptions de dépêches. Pour interrompre momentanément le service d'une ligne télégraphique, on peut relier tous les fils ensemble au moyen d'un autre que l'on enfonce dans le sol.

448. Destruction des ponts en bois (a).

V. — Travaux de bivouac et divers.

449. *Abris de bivouac.*

1° CLAIE

Fig. 55.

(a) 1° Placer de la paille et des fagots contre les chevalets ou entre les chevrons et aussi sur le tablier; 2° percer à la tarière des trous dans le tablier de place en place, ou enlever quelques planches de distance en distance; 3° imbiber les fagots de pétrole si possible et mettre le feu. (Général PIERRON.)

Installation d'un abri léger pour un poste
de 40 à 60 hommes.

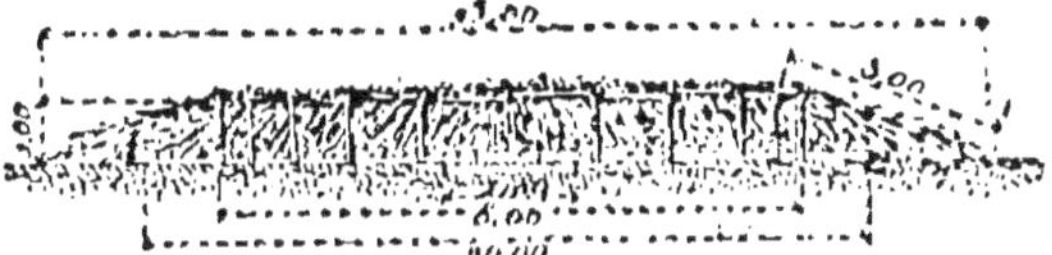

Coupe verticale.

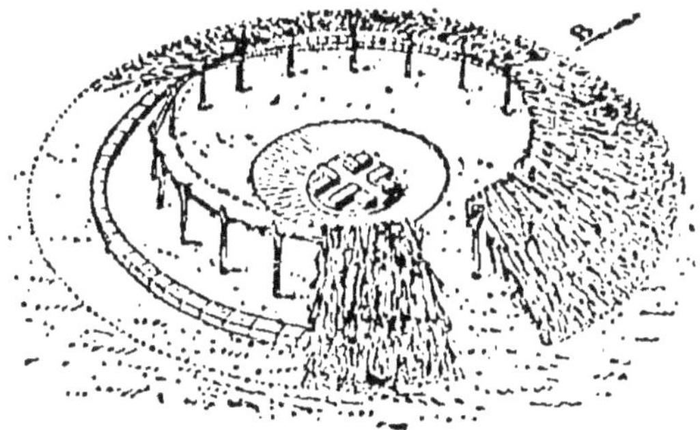

Vue perspective.
Fig. 56.

Fascines. — Fagot de bois de 2ᵐ,50 de longueur et 0ᵐ,20 de diamètre; lié de 0ᵐ,60 en 0ᵐ,60 avec des fils de fer; le premier lien est placé à 0ᵐ,35 de l'une des extrémités.

Gabions. — Panier cylindrique sans fond, de 0ᵐ,60 de diamètre extérieur, fait au moyen d'un clayonnage circulaire entrelacé autour de 7 piquets. Les piquets ont 1 mètre de hauteur et le clayonnage 0ᵐ,80.

Claies. — Une claie a la forme d'un rectangle de 2 mètres de longueur sur 0ᵐ,80 de haut; elle se compose d'un clayonnage, maintenu par 6 piquets de 1 mètre de longueur et 0ᵐ,03 de diamètre, plantés en ligne droite à 0ᵐ,33 d'intervalle, et enfoncés en terre de 0ᵐ,15.

Revêtements: Revêtement en gazon. — De deux sortes: 1° les panneresses ont 0ᵐ,30 de longueur, 0ᵐ,30 de largeur et de 0ᵐ,12 à 0ᵐ,15 d'épaisseur; 2° les boutisses ont 0ᵐ,40 de longueur sur 0ᵐ,30 de largeur et de 0ᵐ,12 à 0ᵐ,15 d'épaisseur.

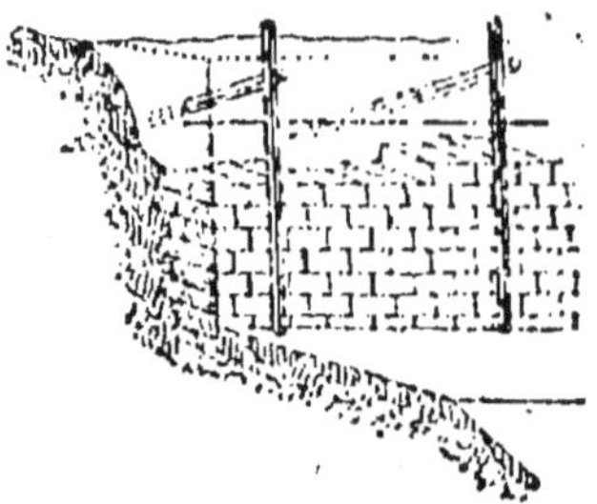

Fig. 57.

REVÊTEMENT EN FASCINES

Fig. 58.

REVÊTEMENT EN GABIONS ET REVÊTEMENT EN CLAIES

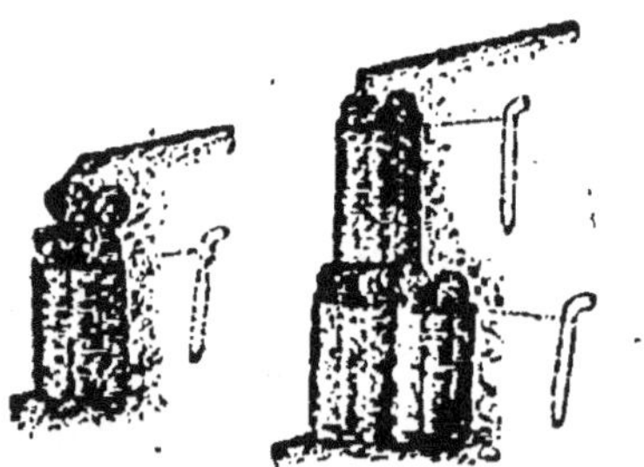

Fig. 59.

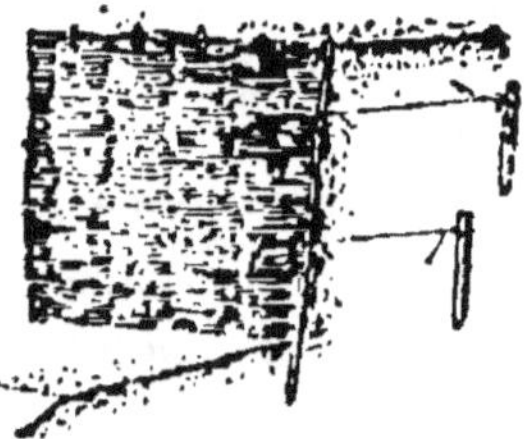

Coupe verticale.
suivant A B du plan

Fig. 60.

CHEVALET D'ARMES

FIG. 62. — Chevalet d'armes.

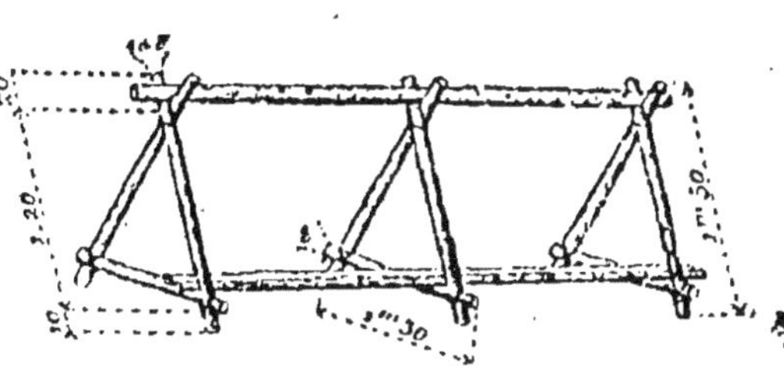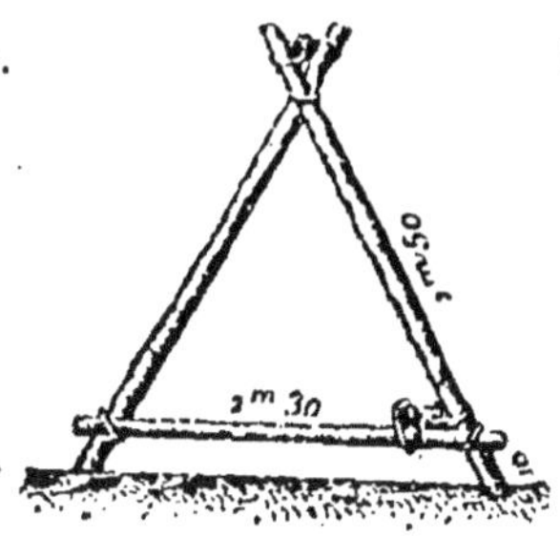

Vue perspective.   Coupe transversale.

FIG. 62.

CUISINES

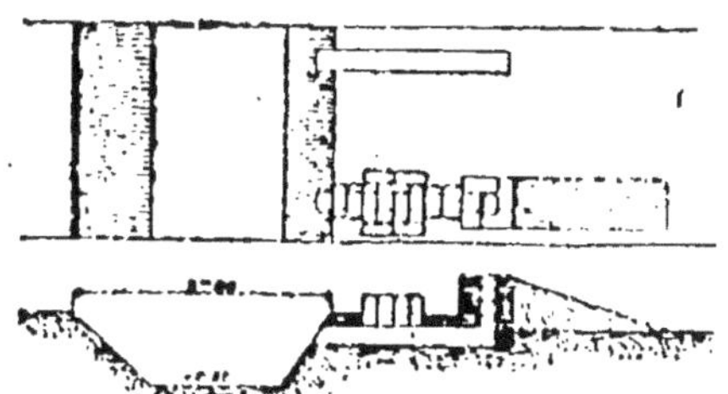

FIG. 63.

Feuillées. — Emplacements choisis de façon que le

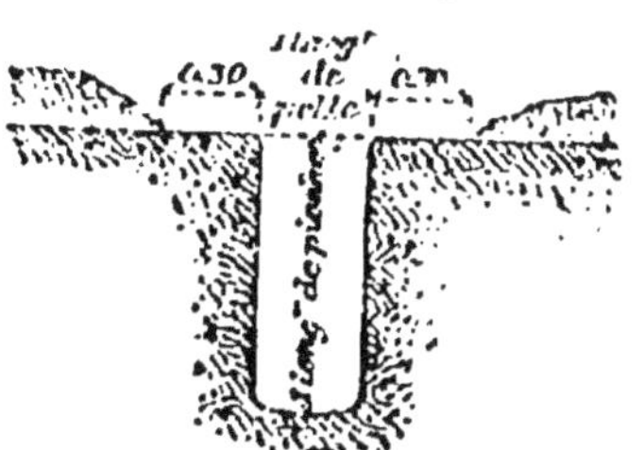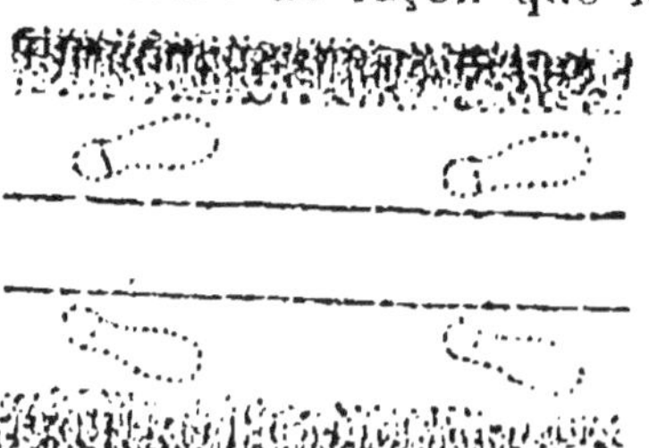

FIG. 64.

vent dominant n'en ramène pas les émanations vers le bivouac ; ils sont toujours éloignés des prises d'eau ; le matin et le soir avoir soin de faire jeter de la terre dans les feuillées.

Épuration des eaux. — Improviser des filtres au moyen de tonneaux. Ces tonneaux sont nettoyés, la surface interne légèrement carbonisée; on les remplit à moitié de graviers de plus en plus fins, recouverts d'une couche de sable (interposer entre les couches de gravier, un lit de charbon de bois en menus fragments) (fig. 66).

Fig. 66.

Barricades (a).

VI. — Passage des cours d'eau au moyen de ponts, ponceaux et passerelles.

150. Les éléménts constitutifs d'un pont sont : les *culées*, le *tablier*, et, s'il y a lieu, les *supports intermédiaires.*

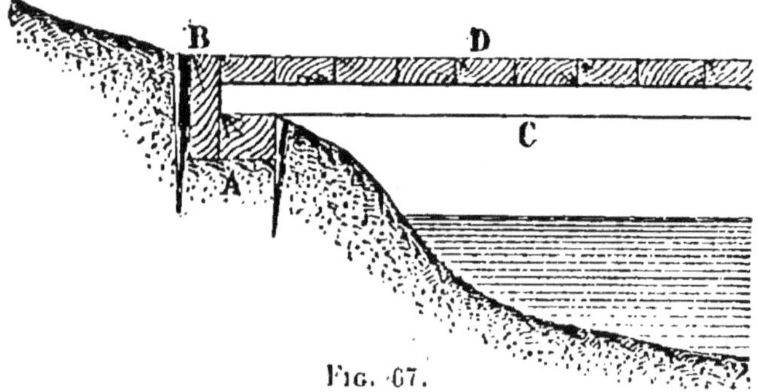

Fig. 67.

Une culée est établie sur chaque rive (un corps mort A et un heurtoir B maintenus par des piquets. Le tablier se compose : 1° de 4 ou 5 poutrelles C, reposant sur les culées ou sur les supports intermédiaires, espa-

<hr>

(a) *Barricader une issue avec une voiture :* On place la voiture en travers en ayant soin d'enlever les roues d'un même côté. *Barricader un pont en laissant un passage :* Prendre deux voitures; placer la première au milieu du pont de manière qu'elle touche le côté droit du pont et laisse un petit passage sur le côté gauche; placer la deuxième en arrière de manière qu'elle touche le côté gauche et laisse un petit passage sur le côté droit; puis enlever les roues des deux voitures d'un même côté. (Général PERRON.)

cées entre elles de 0^m,70 ou 0^m,80 d'axe en axe, et parallèles à la direction du pont; 2° de madriers jointifs D placés normalement aux poutrelles.

Construction des ponts, ponceaux et passerelles. *Opérations préliminaires.* — Le plus souvent une seule travée; largeur de tablier nécessaire, pour l'infanterie : trois mètres. Lorsque le pont comporte des supports intermédiaires, l'espacement de ces supports ou leur distance aux culées ne doit pas dépasser quatre mètres. On détermine d'abord le point de passage et le mode de construction du pont. Établir ensuite les culées. Pratiquer les rampes de raccordement.

Construction des ponceaux (petits ponts sans supports intermédiaires). Les culées étant établies, si la profondeur d'eau est faible, des hommes descendent dans le lit du cours d'eau, passent d'une rive à l'autre le bout d'une poutrelle et le fixent sur la culée d'arrivée. Lorsqu'on ne peut opérer de cette façon, employer, pour placer la première poutrelle, le procédé suivant : Fixer par un brêlage une seconde poutrelle dans le prolonge-

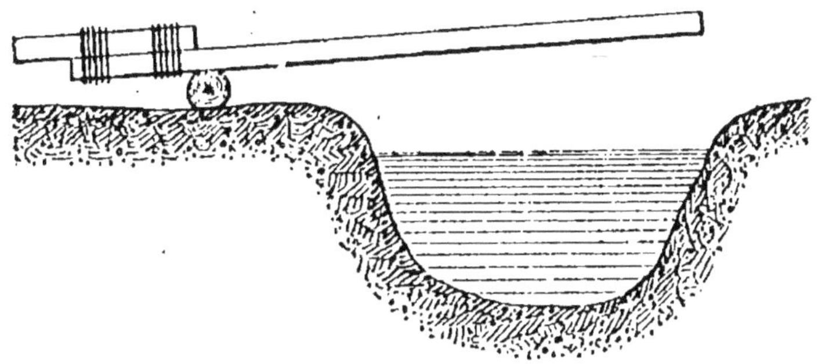

Fig. 68,

ment de la première; faire avancer le système sur un rouleau. Placer la deuxième poutrelle en la faisant glisser obliquement sur la première, etc.

Ponts de chevalets. — Lorsqu'un cours d'eau n'a qu'un faible courant, et que sa profondeur ne dépasse pas

2 mètres, employer le chevalet à 4 pieds comme support intermédiaire du tablier. Un chevalet se compose

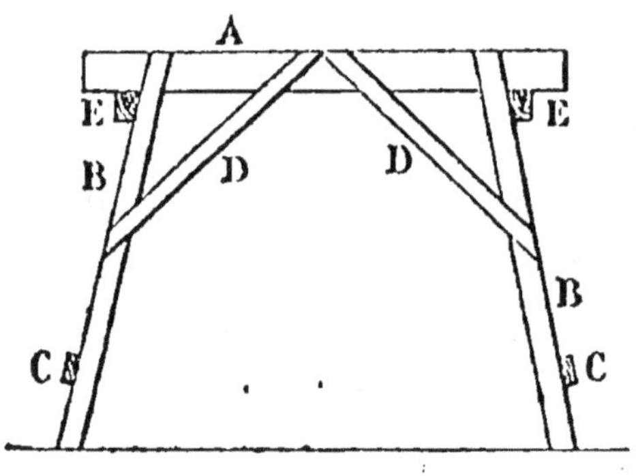

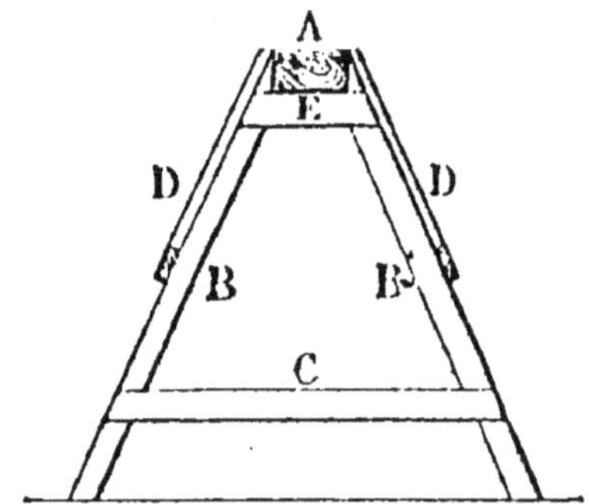

Fig. 69.

d'un chapeau A, de 4 pieds B, de deux traverses C, de 4 écharpes D et de 2 coussinets E. Les pieds sont inclinés à 4/1, dans le sens transversal, et à 10/1 dans le sens de la longueur du chevalet.

Ponts de tonneaux. — Lorsqu'une profondeur d'eau trop considérable s'oppose à l'emploi de chevalets, si la vitesse du courant n'atteint pas 2 mètres par seconde, on improvise avec des tonneaux un corps flottant destiné à soutenir le tablier. Le radeau de tonneaux servant de support flottant doit avoir au moins 6 mètres de longueur.

Passerelles en fortes perches. — Jeter par-dessus le cours d'eau cinq ou six fortes perches ; les recouvrir de dlanches, ou, à défaut, de rondins, de branchages et d'une couche de terre.

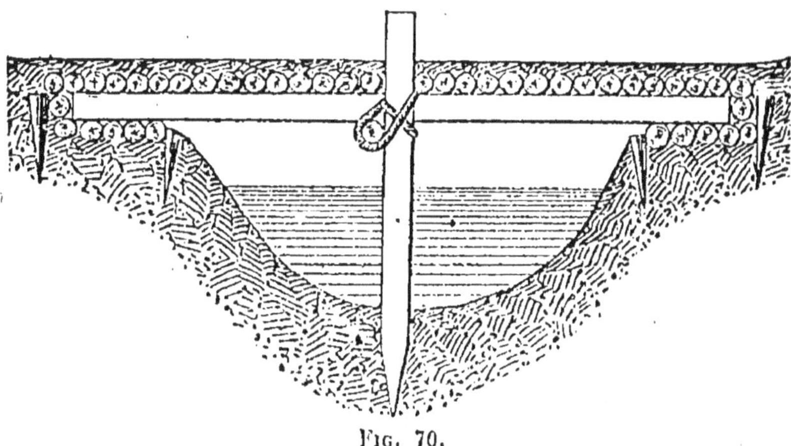

Fig. 70.

Etayer au besoin par des pieux le tablier ainsi formé.

CHAPITRE VI

TRANSPORTS EN CHEMINS DE FER

I. — Règles générales.

451. Places occupées : Quand la troupe occupe des wagons à voyageurs, les hommes équipés (avec ceinturon et cartouchières) n'occupent que 8 places sur 10. Des cartouches placées sur les wagons à marchandises indiquent le nombre de places pour hommes équipés et pour hommes non équipés.

Personnel : La troupe est chargée de l'embarquement et du débarquement des chevaux, voitures et matériel. La gare l'est du chargement et déchargement du matériel non transporté par les équipages militaires, de la *fermeture des portières* de la manœuvre du matériel roulant.

Haltes : 1° Haltes de 15' pouvant être réduites à 10; 2° Par vingt-quatre heures, deux haltes de une heure pouvant être réduites à 45'.

A l'arrivée : Le train doit être déchargé au complet. Des sous-officiers aident les agents à visiter le train.

Relation des agents avec les militaires transportés : Les agents n'ont à s'immiscer dans aucune question de discipline militaire, et le chef de la troupe ne doit pas intervenir dans la formation ou conduite du train. A chaque halte (de 10' ou plus), le chef de train se rend auprès du chef de détachement et l'informe de la durée de l'arrêt. En cas d'impossibilité de suivre l'itinéraire fixé, le chef de gare ou de train avise le chef de détachement et se concerte avec lui. A l'arrivée, remettre au chef de corps le billet collectif avec le bulletin de renseignements, s'il y a lieu.

Chef de détachement : Echange le bon de chemin de fer contre le billet collectif. En cours de route, consigner sur le bon de chemin de fer les modifications survenues aux effectifs; mêmes inscriptions (contresignées par le chef de gare) sur le billet collectif.

Si on prévoit que le train peut être attaqué, le chef de détachement, prévenu, prend la direction du train; les agents de l'exploitation doivent déférer à ses ordres.

Escorte d'un train de matériel : Cette dernière prescription est applicable (312).

II. — Exécution des transports.

452. Envoi à l'avance à la gare de départ d'un officier : Vingt-quatre heures avant le départ, envoi d'un officier à la gare de départ. Indiquer au commissaire militaire de gare l'effectif exact de la troupe à embarquer et recevoir communication :

1° Du point d'embarquement prévu ;

2° De l'heure à laquelle la reconnaissance du train pourra être faite ;

3° De l'heure à laquelle l'embarquement commencera ;

4° De l'heure à laquelle l'embarquement devra être terminé ;

5° Des consignes locales.

Reconnaître, en outre : abords des points d'embarquement ; emplacement où le corps pourra se former.

Ordres à donner par le chef de corps (d'après le rapport de l'officier envoyé la veille à la gare) :

1° Mesures à prendre pour assurer la subsistance de la troupe au moyen des repas froids, en tenant compte de la durée des transports et des vivres de chemin de fer ;

2° Tenue ;

3° Composition de la garde de police ;

4° Équipe d'embarquement ;

5° Transport à la gare des accessoires d'embarquement, de la paille de litière et des bottillons.

Paille : Litière, 2 kil. 500 par cheval ; — 2 bottillons de voiture par truc (paille fournie par les magasins militaires).

Chevaux : Toujours dessellés ; les chevaux d'attelage conservent leur harnais ; les selles et le foin sont rangés dans les wagons à chevaux ; 2 gardes d'écurie (ordonnances ou conducteurs) par wagon.

Nourriture des chevaux : Dernier repas deux heures avant l'embarquement. Ration d'un cheval (pour vingt-quatre heures) pendant la route : 5 kilos foin, 2 kilos avoine. Il est emporté de l'avoine et du foin dits de chemin de fer pour la durée du trajet.

Tenue : En principe, les officiers et la troupe en tenue de campagne. Gamelle individuelle pouvant être facilement enlevée du havresac. Quart et cuillère dans l'étui-musette. Les vivres de chemin de fer sont placés :

Repas froid dans gamelle individuelle; pain et conserves dans musette.

Les vins de débarquement transportés sur des voitures.

Reconnaissance du train : Séjour du départ, un officier chargé de la reconnaissance du train se rend à la gare accompagné d'un sous-officier (deux heures avant le départ), se présente au commissaire militaire ou au chef de gare. Rend compte au commandant de troupes des modifications apportées aux instructions reçues la veille. L'officier prend note de la contenance de chaque wagon et de chaque truc, les numérote dans l'ordre où ils sont placés à partir de la tête du train. Établit un état indiquant l'ordre des numéros, l'affectation de chaque wagon ou truc. Envoie cet état *immédiatement* au commandant de la troupe. S'assure :

1° Que, dans les wagons à marchandises aménagés pour 32 hommes équipés, les supports des bancs sont bien placés à 0ᵐ,50 des petits côtés des wagons;

2° Que, dans les wagons aménagés pour 36 hommes équipés, les supports des bancs voisins des petits côtés du wagon sont bien placés à 0ᵐ,50 desdits petits côtés du wagon, ainsi que les extrémités des bancs intermédiaires et de la planche servant de dossier; que les supports voisins du wagon sont bien placés à une distance telle des petits côtés du wagon qu'ils affleurent les extrémités des bancs appuyés aux grands côtés;

3° Que, dans les wagons aménagés pour 40 hommes équipés, les extrémités des bancs sont à 0ᵐ,50 de ces petits côtés;

4° Que les wagons aménagés destinés aux hommes et aux chevaux sont munis de lanternes, et que celles-ci sont accrochées au côté des wagons opposé à celui par lequel doit se faire l'embarquement;

5° S'assure de l'existence et de l'état des accessoires pour l'embarquement à fournir par les compagnies de chemin de fer.

Sous-officier adjoint : Numérote à la craie chacun

des wagons (série unique de numéros de la tête à la queue du train). Inscrit, en regard des numéros d'ordre, la contenance de chaque wagon. Ces inscriptions se font : 1° pour les wagons à voyageurs, sur le grand marche-pied, entre les portières ; 2° pour les wagons à marchandises aménagés, sur le grand côté à la place réservée à cet effet ; 3° pour les trucs, sur le grand côté. En cas de pluie, ces inscriptions se font, en plus, sur la face extérieure du longeron qui se trouve sous le plancher du wagon.

Garde de police (1 officier, 1 sergent, 1 caporal, 1 clairon, 15 hommes) : Prend sous son escorte les punis de cellule et se rend à la gare en même temps que la troupe ; place les sentinelles indiquées par le commissaire de gare. Doit être placée dans un wagon qui précède ou suit celui des officiers ; l'officier qui la commande monte dans le wagon des officiers.

Drapeau et caisse : Sous la garde du porte-drapeau et de l'officier-payeur, dans le wagon du commandant de la troupe ou dans celui des officiers.

Arrivée de la troupe à la gare : Heure fixée par le commissaire militaire de gare, en tenant compte de la durée maximum d'embarquement (1 h. 1/2) et temps nécessaire aux manœuvres de gare avant le départ.

Formation et fractionnement de la troupe : A l'emplacement choisi pour le fractionnement, le commandant fait diriger les chevaux et les voitures sur le point où doit s'effectuer leur embarquement (conduits par l'officier d'approvisionnement et le vaguemestre et accompagnés des équipes d'embarquement, des ordonnances des officiers montés et des conducteurs). Former ensuite la troupe en ligne déployée ; faire entrer dans le rang tous les serre-files, les hommes détachés (tambours, etc.) rejoignent leur compagnie. L'officier qui a reconnu le train divise la troupe en fractions correspondant à la contenance des wagons sans distinction de compagnie ; dénomme chaque fraction 1er, 2e, 3e, etc., wagon. Les sous-officiers et les caporaux répartis de manière à assurer la discipline. Dans chaque fraction, un sous-officier ou caporal, désigné comme chef de wagon, indique les chefs de compartiment. Sapeurs et musiciens conservent leur place dans l'ordre de bataille et doivent occuper les premières voitures. Les places des hommes employés à l'embarquement des chevaux et voitures sont réservées dans leur unité.

Embarquement : Le fractionnement terminé, le commandant met sa troupe en marche par le flanc sur quatre rangs, chaque fraction à deux pas de celle qui la précède. L'officier qui a reconnu le train indique la route à suivre (en ordre, silence ; commandements réglementaires ; ne jamais se servir de sifflet). Les officiers, le long de la colonne, assurent la régularité du mouvement par indications à voix basse aux chefs de fractions. Chaque fraction, arrêtée par son chef devant son wagon, y fait face sans dédoubler (serrer les files de manière à ne pas dépasser la longueur du wagon ; placer comme chefs de file des gradés ou hommes exercés). Au signal : *En avant*, donné par le clairon, les musiciens, sous la conduite de leur chef, vont déposer les gros instruments dans les fourgons de service. Les autres hommes enlèvent leur sac qu'ils posent devant eux et leur embarquement commence aussitôt. Les voitures et chevaux sont embarqués simultanément. Les officiers ne montent en wagon qu'après l'embarquement de leur troupe terminé. Le sous-officier adjoint écrit à la craie sur le wagon le numéro des compagnies. Toutes les inscriptions sont reproduites des deux côtés des voitures. Inspection rapide du commandant accompagné de l'officier de garde de police, du commissaire militaire et du chef de gare.

Mesures de police et de sécurité : La troupe étant embarquée, il est rigoureusement interdit : 1° de passer tête ou bras hors des portières pendant la marche ; 2° d'ouvrir les portières ; 3° de passer d'une voiture dans une autre; 4° de crier ou chanter; 5° de descendre de voiture aux stations avant les sonneries; 6° de fumer dans les wagons où il y aurait de la paille; 7° de jeter hors des wagons des objets quelconques.

Haltes et stations : Tous les officiers doivent être informés, avant le départ du train, des stations où la troupe pourra descendre de voiture ainsi que de la durée de ces haltes. A l'arrivée dans chaque gare de halte, le commandant de la troupe reçoit, du commissaire militaire, l'indication de la durée exacte de l'arrêt et des consignes locales. Dans les courts arrêts compris entre 5 et 10 minutes, l'officier commandant la garde de police, accompagné du sous-officier de cette garde, doit parcourir rapidement le train. Dans les haltes de 10 à 15 minutes, où tous les hommes peuvent descendre de wagon, les officiers se portent aussitôt à la hauteur des wagons où sont embarqués leurs hommes. La garde de police descend. Les hommes ne descendent de wagon qu'à la sonnerie : *halte*; à la sonnerie : *en avant*, les hommes remontent en wagon. L'entrée des buffets n'est autorisée que pour un homme par compartiment ou deux hommes par wagon aménagé. Les hommes sont conduits en ordre au buffet par un gradé de chaque compagnie.

Haltes-repas : Garde de police descend et place des factionnaires. A la sonnerie de la soupe l'officier désigné réunit les fourriers et les hommes de corvée nécessaires (2 par wagon) et reçoit les denrées de l'officier d'administration. Les fourriers font la répartition aux hommes dans les wagons. Les hommes peuvent ensuite descendre. Distribution d'eau et d'avoine aux chevaux; le commandant des troupes signe les reçus des denrées et fait restituer les récipients.

Arrivée à destination : A la station qui précède l'arrivée, les hommes sont avertis par les agents; ils doivent mettre leur tenue en ordre et se tenir prêts; les gardes d'écurie brident les chevaux. A l'arrivée à la gare de destination, le chef du détachement est informé par le commissaire militaire du temps qui lui est accordé pour son débarquement (maximum de une heure et demie), ainsi que de la place d'attente sur laquelle il pourra former sa troupe. Fait immédiatement reconnaître par l'adjudant-major la gare et ses issues, l'itinéraire à suivre pour gagner la place d'attente; il fait placer les sentinelles nécessaires. L'officier d'approvisionnement reconnaît les dispositions prises par la gare pour le débarquement des chevaux et des voitures.

Débarquement : A la sonnerie de la marche du régiment, les hommes sortent sans précipitation des wagons et se reforment sur le quai. Le débarquement s'exécute d'après les mêmes principes que l'embarquement et par les moyens inverses. Les musiciens vont reprendre leurs gros instruments.

Le commandant emmène immédiatement la troupe et la reforme par compagnie dès qu'elle est hors de la gare ou sur la place d'attente désignée. La troupe ne se met en marche pour rejoindre sa destination qu'avec ses chevaux et ses voitures. Les voitures et chevaux sont débarqués simultanément.

Alimentation pendant les transports stratégiques (343).

453. Convois de prisonniers : Appliquer les règles générales (315). L'effectif de l'escorte est normalement le 1/10 de celui des prisonniers. Voitures fermées à clef; un responsable par voiture ou compartiment. Aux arrêts, l'escorte descend la première et reprend sa place la première; portières ouvertes seulement sur l'ordre du commandant de l'escorte. Aux haltes-repas, faire conduire les prisonniers au réfectoire sous escorte. Aux débarquements, les prisonniers se reforment sur deux rangs et reconstituent des groupes de 20. (Règlement 21 mars 1893.)

CHAPITRE VII

TRANSPORTS MARITIMES

454. **Embarquement :** Les *états de filiation* nominatifs (personnel) et les *états signalétiques* (chevaux) fournis en temps de paix, sont, en cas de mobilisation, remplacés par des *états d'embarquement*, nominatifs pour les officiers, numériques pour la troupe et les chevaux.

Le chef de corps désigne un *officier préposé à l'embarquement* (de préférence adjudant-major assisté d'un sous-officier.) Porteur d'une situation d'effectif, il se met en relation avec le sous-intendant et le commandant du navire pour connaître : quai d'embarquement ; emplacements du navire ; itinéraire, heures d'embarquement ; emplacements pour les préparatifs d'embarquement ; nombre d'auxiliaires ; composition de la garde de police (habituellement un sous-officier, deux caporaux, un clairon, et les hommes nécessaires pour fournir factionnaires, plantons, gardes d'écurie, etc.).

Ordre du chef de corps : Tenue (sac paqueté, capote ou veste roulée, couverture en sautoir, petit équipement dans la musette), composition et départ de la garde de police avec les punis, les bagages (caisse), gardes d'écurie et auxiliaires d'embarquement ; visite de santé (hommes et animaux) ; mise en caisse des munitions ; graissage et étiquetage (au papier sur la crosse) des armes ; marquage des harnachements (en toile sur la courroie de gauche) ; nourriture le jour du départ ; revue de départ ; itinéraire.

L'officier préposé à l'embarquement conduit la garde de police, les punis et les bagages ; installe la garde de police et fait placer la caisse dans la cabine du chef de corps, une sentinelle à la porte.

Le matériel et les chevaux sont embarqués conformément aux ordres du commandant du bord. Deux sous-officiers, l'un à quai, l'autre à bord, surveillent l'embarquement du matériel. Les chevaux sont dessellés avant l'embarquement et, une fois embarqués, débridés ; les selles sont arrimées.

La *troupe* embarque ensuite. Les hommes sont formés par groupes de 10, chaque fraction est commandée par un caporal ou soldat de 1re classe et constitue un plat. Les hommes déposent, s'il y a lieu, les armes et les sacs au point indiqué par l'officier préposé à l'embarquement. Le drapeau dans la cabine du chef de corps.

155. Service à bord : Sur les navires de l'Etat, l'autorité appartient au commandant du navire ; les réclamations ne doivent lui parvenir que par l'intermédiaire du second.

Sur les navires de commerce, tout détachement est sous les ordres du militaire le plus élevé en grade de son arme, et l'officier (combattant) le plus élevé (guerre ou marine) est commandant des troupes. Celui-ci et les chefs de détachement reçoivent de l'autorité locale du port d'embarquement l'instruction du 28 mai 1895 et la circulaire (marine) du 31 juillet 1896.

156. Alimentation à bord :

A bord des bâtiments de l'Etat.
(Nourriture assurée par la marine.)

1re table : { 1re catégorie : officiers généraux.
{ 2e catégorie : officiers supérieurs.
2e table : Capitaines, lieutenants, chef de musique.
3e table : Sous-lieutenants.
4e table : Adjudants, sergents-majors.
5e table : Sergents et sergents fourriers.
Tous les autres vivent à la ration.

A bord des navires affrétés (a).

1re classe : { 1re catégorie : officiers généraux.
{ 2e catégorie : officiers supérieurs.

(a) A bord des bâtiments faisant le service entre la France, la

2ᵉ classe : | Officiers subalternes.
3ᵉ classe : | Sous-officiers.
4ᵉ classe : { Caporaux fourriers.
{ Caporaux et soldats.

Fourrages.

Officiers brevetés, train des équipages.
{ Foin...................... 3ᵏ00
{ Orge...................... 2,00
{ Farine d'orge 1,50
{ Son...................... 0,50
{ Eau...................... 15 lit.

Officiers d'infanterie, chevaux de trait.
{ Foin...................... 2ᵏ50
{ Orge...................... 1,75
{ Farine d'orge 1,50
{ Son...................... 0,50
{ Eau .... 15 lit.

457. **Bagages :** Les maxima alloués sont les suivants :

1º *Bâtiments de l'Etat.* (Note minist. du 6 mai 1887.)

Officiers.. .... 400 kilogr.
Autres........................... 200   —

2º *Navires affrétés.* (Note minist. du 27 juillet 1903.)

Officiers généraux et assimilés.......... 1.000 kilog.
Officiers supérieurs et assimilés........ 600   —
Officiers subalternes et assimilés........ 500   —
Adjudants, sergents-majors et assimilés. 300   —
Sergents et assimilés.................... 200   —
Caporaux et soldats et assimilés........ 100   —

458. **Débarquement :** Distribuer, s'il y a lieu, les

Corse, l'Algérie et la Tunisie, le classement des passagers se fait de la manière suivante :
1ʳᵉ classe : officiers et assimilés.
2ᵉ classe : élèves des écoles.
3ᵉ classe : sous-officiers et gendarmes.
4ᵉ classe : caporaux, soldats et enfants de troupe.

sacs, armes, munitions; porter les cantines sur le pont; y former les compagnies. *L'officier préposé au débarquement* va reconnaître l'emplacement pour former la troupe; débarquement par compagnie (le capitaine débarquant le dernier). Au point de rassemblement, revue des capitaines. Le commandant de corps ou détachement quitte le navire le dernier, après le drapeau ou l'étendard.

Débarquement des chevaux (1° officiers; 2° selle; 3° trait). Les gardes d'écurie à bord brident les chevaux que les ordonnances reçoivent à quai. Le vétérinaire passe une visite de chaque cheval. Promenade des chevaux au pas de 3/4 d'heure.

L'officier préposé au débarquement (qui a été secondé par le vaguemestre) fait avec ce dernier une ronde et quitte ensuite le bord avec la garde de police. Compte rendu au chef de corps.

ANNEXE I

Routes à l'intérieur.

Préparation : Mutations nécessitées par le mouvement. Répartition des médecins par colonne. Désignation des vaguemestres. Appointements des officiers; solde de la troupe; retrait de boni; bons de tabac. Désignation de l'officier devançant les colonnes.

Officier devançant les colonnes : Part un ou deux jours avant la première colonne.

Dans chaque gîte :

1º Se présente au commandant d'armes (situation numérique des différentes colonnes). Visite au maire;

2º Fait préparer le logement (officiers, sous-officiers et soldats de la même compagnie logés dans la même rue), billet établi pour les maisons où les hommes doivent loger réellement. Habitants prévenus de l'heure de l'arrivée;

3º S'assurer que les ordres relatifs au pain, aux fourrages, aux voitures, sont donnés, que les gîtes peuvent assurer l'alimentation des colonnes. Au besoin, passer des marchés (les maires interviennent dans la fixation du prix des denrées);

4º Laisser à la mairie une lettre pour le chef de la première colonne, l'informant des mesures prises pour le logement, les vivres, le transport et les marchés passés. En cas de détachements, demander au maire un guide pour chaque détachement. Pain porté avant l'arrivée de la troupe. Indication au chef de colonne des points où les détachements doivent se séparer de la colonne. Chaque chef de colonne donne à temps le même avis à celui qui marche après lui.

Logement : Composé des adjudants de bataillon, du plus ancien adjudant de compagnie du dépôt; des fourriers, des caporaux-adjoints, soldats par compagnie nécessaires pour les corvées. La garde de police commandée par un lieutenant ou sous-lieutenant, composée d'un sergent, tambour ou clairon et nombre d'escouades nécessaires. Le logement et la garde de police sont placés sous le commandement du capitaine de logement (capitaine de compagnie).

Capitaine de logement : Se rend chez le commandant d'armes; le prévient de l'heure probable d'arrivée de la colonne et prend ses ordres. Visite au maire. Vérifie le logement, répartit le service entre les adjudants de bataillons; désigne l'adjudant chargé de visiter les logements du colonel et du lieutenant-colonel; reconnaît les denrées; requiert au besoin un médecin civil; reconnaît le lieu où la colonne doit rompre, ainsi que le lieu de rassemblement. Prend à la mairie la lettre laissée par l'officier devançant la colonne. S'assure qu'il existe des voitures pour le transport (à charger le soir même) et se rend au-devant du chef de la colonne.

Officier de garde : Place une sentinelle devant le logement de l'officier chez qui le drapeau est déposé; reconnaît le local des hommes punis, recherche un emplacement pour décharger et placer les équipages; envoie un soldat au-devant d'eux pour les conduire. A l'arrivée de la colonne, se rend à la mairie pour recevoir les réclamations (y reste au moins deux heures).

Adjudant de bataillon : Distribue les billets de logement aux fourriers; remet au fourrier désigné ceux de l'adjudant-major et du médecin; visite les logements du chef de bataillon, de l'adjudant-major et du médecin.

Adjudant de semaine : Remet au fourrier désigné les billets de logement du major, trésorier, officier d'habillement, porte-drapeau, et au musicien, celui du chef de musique. Établit l'état indiquant les logements des officiers de l'état-major, des médecins, des capitaines, des adjudants et du vaguemestre (état affiché au poste de police). Va au-devant de la colonne jusqu'à la dernière halte et la conduit sur la place. Dans la journée, accompagné du caporal sapeur, ou du caporal tambour ou clairon, va reconnaître le chemin le plus court pour sortir du gîte le lendemain.

Fourriers et caporaux adjoints : Les fourriers reconnaissent les logements des officiers de leur compagnie ; dressent un état de logement de la compagnie (à communiquer aux officiers et à remettre au capitaine). Inscrivent au dos des billets de logement les noms des hommes logés (ordonnances et chevaux dans la même maison que les officiers ; un tambour ou clairon avec l'adjudant de compagnie), billets non employés remis à l'officier de garde. Vont attendre leur compagnie au lieu où la colonne doit rompre. Les caporaux adjoints vont à la distribution du pain.

DÉPART ET MARCHE

Logement part habituellement une heure avant la colonne ; une demi-heure avant l'heure fixée, le clairon de garde sonne aux champs en marchant ; le logement et la garde montante se rassemblent devant le poste de police et partent à l'heure fixée. Une demi-heure avant le départ de la colonne, les clairons sonnent le rappel. Les compagnies se rassemblent promptement ; les caporaux font l'appel (rendu à l'officier de semaine par l'adjudant de compagnie). Noms des manquants communiqués à l'officier de la garde descendante. Gendarmerie informée des déserteurs ; revue de la compagnie passée par le capitaine et les officiers (chaussures, paquetage, armes). Le capitaine conduit la compagnie au point de rassemblement ; fait son rapport au chef de bataillon. L'officier de semaine, accompagné du sergent de semaine, rend l'appel à l'adjudant-major de semaine ; le sergent ramène les punis. La compagnie du drapeau se rend devant le logement du colonel, ainsi que les tambours et clairons du bataillon, et la musique.

Garde descendante : Au rassemblement, remise

aux sergents de semaine des punis de salle de police et de prison; une partie de la garde, commandée par le sergent, escorte les soldats punis de cellule; à son arrivée, les remet au poste de police; l'autre partie de la garde, commandée par le caporal, escorte les équipages. L'officier de la garde descendante reste à la mairie pendant trois heures après le départ de la troupe et réclame un certificat indiquant qu'il n'y a ni plainte ni réclamation ou l'état des dégâts commis.

DÉPART ET ORDRE PENDANT LA MARCHE

Sapeurs en tête de la colonne; tambours et clairons à la tête de leur bataillon; musique derrière ceux du bataillon de tête. Les bataillons prennent alternativement la tête de la colonne; les compagnies alternent également dans chaque bataillon. Section hors rang, avec les équipages; voitures des cantinières avec leur bataillon. Dans les marches de nuit, l'adjudant-major du bataillon de tête laisse un caporal intelligent aux tournants et aux embranchements (caporal relevé par chaque bataillon). Surveiller la marche; éviter les à-coups.

Tambours et clairons : Sonnent en traversant les villes et les villages. Un clairon à la disposition du chef de colonne pour les sonneries indispensables; un clairon à la disposition du commandant de la compagnie de queue répète les sonneries venant de la tête; rappelle quand la queue ne peut suivre en ordre; sonne aux champs en marchant dès que la queue a serré.

Arrière-garde : Se compose d'un caporal par compagnie, commandée par un officier de la compagnie de queue. Un sergent de cette compagnie est adjoint. Pour un bataillon, l'arrière-garde, commandée par l'adjudant de la compagnie de queue, comprend un sergent de cette compagnie, un caporal et un soldat de 1re classe de chaque compagnie. Un médecin et un infirmier avec l'arrière-garde. L'arrière-garde marche environ à 100 mètres de la dernière compagnie et en avant des équipages. Elle arrête tous les militaires qui sont rencontrés dans le gîte d'étape sans permission après le départ; fait rejoindre les hommes en état de marcher ou les fait visiter par le médecin.

HALTES.

Haltes horaires : S'exécutent dans les conditions prescrites par le règlement sur le service en campagne.

Grande halte : Se fait ordinairement aux deux tiers de la route et à proximité d'un lieu habité; la dernière halte se fait à l'entrée du nouveau gîte (rectifier la tenue).

RENCONTRE D'UNE TROUPE.

Appuyer à droite; mettre l'arme sur l'épaule droite ou le sabre à la main. Une colonne arrêtée repose sur les armes. Sonnerie aux champs en marchant. Les chefs de colonne seuls se saluent.

DÉTACHEMENTS DE ROUTE.

Les détachements forment un service spécial commandé par compagnie de la droite à la gauche. Le tour est censé épuisé à l'arrivée à destination. Officier devançant la colonne et officier de logement informés des tours de services. Avant de quitter la colonne, prendre les ordres du chef de la colonne. Constituer un poste de police. Le petit état-major et la section hors rang logent toujours avec l'état-major.

ARRIVÉE AU GITE.

A la dernière halte, réunion du colonel, lieutenant-colonel, des chefs de bataillon, du major, du médecin-major, des adjudants-majors, du capitaine de logement, des adjudants de bataillon, du sous-chef de musique, du tambour-major, des sergents-majors et du sergent de semaine de la section hors rang. Les sergents-majors remettent à l'adjudant de bataillon les situations-rapports ; le lieutenant-colonel les présente au colonel qui statue. Le colonel dicte l'ordre, indiquant : lieu de rassemblement, tenue, service, distributions, visite des malades, appels, visites de corps, prix des denrées, heures des repas des officiers et ordres pour le départ du lendemain. L'adjudant-major commande le service. L'appel est fait dans les compagnies par les caporaux. Appel rendu à l'adjudant-major de semaine par le plus ancien lieutenant de semaine. L'ordre communiqué, la colonne est conduite sur la place ; les compagnies guidées par les fourriers sont conduites au centre du quartier qu'elles doivent occuper. Les adjudants de bataillon remettent à l'adjudant de semaine les situations administratives, les situations-rapports et les pièces à l'appui des mutations. L'adjudant de semaine établit la situation-rapport du régiment et l'envoie au colonel.

Distributions : Si elles ne sont pas faites avant l'arrivée de la troupe, le fourrier, aidé du caporal de semaine, réunit les hommes de corvée et les conduit au lieu de distribution. Le capitaine de logement fait faire les distributions. Les distributions terminées rendre compte au major, faire payer les fournisseurs, faire donner les reçus si des marchés ont été passés.

Nourriture et logement : Les aliments sont préparés par escouades. Les hommes ont droit au feu et à la lumière et aux ustensiles nécessaires. L'officier de peloton adresse à la mairie les réclamations des hommes qui lui ont été transmises par le sergent de section.

Visite dans les logements : Quelques heures après l'arrivée, visite des logements par les officiers qui reçoivent les rapports des sous-officiers et rendent compte au capitaine. Les officiers et sous-officiers s'assurent de l'entretien des chaussures, des armes et des effets (propreté personnelle).

Malades et éclopés : Présentés à la visite tous les

jours par les sergents de semaine (indiquer le logement des hommes qui ne peuvent venir au poste).

Appel du soir : A lieu les jours de marche sur l'ordre du colonel si l'appel est fait dans le cantonnement de chaque compagnie, l'adjudant rend l'appel à l'adjudant-major de semaine au poste de police.

Patrouilles : Faites sur l'ordre de l'adjudant-major de semaine. Faire rentrer à leurs logements les hommes de troupe rencontrés dans les rues après les heures fixées. Conduire au poste les soldats ivres. L'adjudant-major de semaine passe au poste avant le départ. Fait connaître aux commandants de compagnie le nom des hommes qui ont passé la nuit au poste avec le motif de leur arrestation.

Séjour : Après l'arrivée, changement de tenue; commandants de compagnie donnent des ordres pour que la chaussure, l'armement et l'équipement soient nettoyés et réparés. Mise à jour des registres de comptabilité. Revues passées dans la journée. Visite de corps s'il y a lieu.

Punitions : Sous-officiers punis de prison, caporaux et soldats punis de salle de police marchent avec leur compagnie, couchent dans un local spécial ou au poste. Les sous-officiers sont consignés dans leurs logements. Les soldats punis de cellule sont escortés par la garde descendante. Ils portent l'arme sur le bras droit en traversant les villes. La garde ne met pas la baïonnette au canon. Les militaires prévenus de crimes ou délits sont remis à la gendarmerie.

Equipages : Sous les ordres du vaguemestre. Escorte formée par la section hors rang et par une escouade de la garde descendante.

Chargement des voitures : Fait par les hommes de la garde descendante et de la section hors rang sous la direction du vaguemestre, doit être terminé une demi-heure avant le départ. Les voitures marchent dans l'ordre suivant : voitures de cantinières, voitures régimentaires de l'état-major, voitures régimentaires de bataillons, voitures des convois régimentaires, voitures louées. Le vaguemestre maintient l'ordre ; ne laisse monter personne sur les voitures, ni déposer de havresac sans un billet du médecin. A l'arrivée, les billets de logement ne sont remis aux hommes de la garde des équipages que lorsque les voitures sont déchargées. Le vaguemestre assure le service du convoi pour la route du lendemain et perçoit le fourrage.

ANNEXE II

Mouvements de troupe à l'intérieur en temps de paix.

(Instruction du 30 décembre 1899.)

Dès la réception de l'ordre de mouvement en adresser une copie conforme au sous-intendant militaire chargé du service de marche ; joindre une invitation de feuille de route en indiquant les effectifs en officiers, hommes de troupe, chevaux et voitures. Le sous-intendant adresse au corps la feuille de route et les pièces nécessaires (bon de convoi, etc.). Il indique les localités désignées comme gîtes sur l'ordre de mouvement où il existe des établissements en gestion directe.

Au reçu de ces pièces, le chef de corps fait connaître directement aux maires des communes désignées comme gîtes :

1° L'effectif de la troupe en officiers, hommes, chevaux et voitures ;

2° Les quantités de pain, viande, fourrages et autres denrées à acheter sur place ;

3° Le nombre de voitures dont il a besoin.

Il invite les maires à dresser des listes des commerçants et voituriers de la localité disposés à livrer les denrées ou les moyens de transports, avec indication des prix-courants. Ces listes seront présentées à l'officier·

devançant la colonne. Il informe le sous-intendant militaire qui a délivré la feuille de route, de la quantité des denrées qu'il désire percevoir dans les établissements en gestion directe.

Le commandant de la troupe qui se déplace désigne:

1° Un officier devançant la colonne (de 1 ou 2 jours): *prépare* l'installation et l'alimentation de la troupe;

2° Un officier de logement précédant la colonne de une plusieurs heures, *arrête* les mesures relatives à l'installation;

3° Un officier d'approvisionnement (marche avec l'officier de logement), *arrête* les mesures relatives à l'alimentation. Ces officiers reçoivent avant le départ toutes les instructions nécessaires.

A son arrivée au gîte, l'officier devançant la colonne se présente chez le commandant d'armes et prend ses instructions; il se rend ensuite à la mairie et s'entend avec le maire pour assurer l'installation et l'alimentation de la troupe. Il répartit les billets de logement entre les différentes unités du détachement. Avant de partir de la localité, l'officier devançant la colonne, laisse une lettre indiquant les mesures prises pour le logement et l'alimentation. Le commandant de logement prend connaissance de ces indications et arrête avec les municipalités les détails de l'installation.

Malades: Ceux pouvant être évacués sont envoyés à la station de chemin de fer ou à l'hôpital le plus proche. Les malades non transportables sont traités à l'hôpital de la commune: s'il n'en existe pas, le militaire est traité dans un local convenable de la commune et dirigé ensuite par les soins du maire sur l'hôpital le plus proche. En cas de décès, le maire prévient télégraphiquement le chef de corps.

Lorsqu'un animal ne peut continuer la route, le chef de la colonne décide s'il y a lieu de le diriger sur sa garnison ou de le laisser sur place.

Il informe le général commandant la subdivision et prévient le commandant d'armes si la localité est ville de garnison. Le chef de corps opère ensuite comme il suit :

1° Animal à renvoyer par les voies ferrées : (a), *le chef de détachement est officier.* Il demande au sous-intendant militaire un bon de chemin de fer; à défaut de sous-intendant militaire, il établit un ordre de mouvement en double expédition ; une expédition remise au chef de gare, une autre au conducteur.

(b) *Le chef de détachement n'est pas officier.* Il rend compte au commandant d'armes qui désigne le corps dans lequel l'homme et l'animal seront placés en subsistance; s'il n'y a pas de garnison, l'homme et le cheval sont confiés à la brigade de gendarmerie la plus proche. Le commandant de la brigade de gendarmerie demande sans retard un bon de chemin de fer au sous-intendant militaire.

2° Animal ne pouvant voyager par les voies ferrées : L'animal et le conducteur sont placés en subsistance dans un corps de la garnison. S'il n'y a pas de garnison, ils sont confiés à la gendarmerie ou, à défaut, au maire qui prévient la brigade de gendarmerie. Lorsque l'animal est rétabli, le commandant d'armes ou le commandant de la brigade de gendarmerie demande un bon de chemin de fer pour le renvoi de l'homme et de l'animal dans leur garnison. Les hommes laissés en arrière pour soigner les chevaux reçoivent des corps de troupe les mandats et indemnités de route auxquels ils ont droit.

Après le départ de la troupe, un officier reste à la mairie pendant trois heures pour y recevoir les plaintes des habitants et constater les dommages et dégâts causés par la troupe. Les indemnités sont évaluées à l'amiable dans les limites fixées par les chefs de corps. Elles sont réglées immédiatement. Si l'accord ne peut s'établir, l'officier établit un procès-verbal de constat en deux expéditions dont l'une est remise au chef de la colonne et l'autre au réclamant. Ces pièces sont signées par l'officier et le représentant de la municipalité. En tout cas, le certificat de bien-vivre sera retiré par l'officier. Toute réclamation non présentée dans les trois heures est irrecevable.

L'officier devançant la colonne se met en relation avec les divers commerçants ou entrepreneurs, susceptibles de fournir les denrées et les moyens de transport, etc..., dont il a besoin. Il leur fait connaître d'une manière approximative les quantités nécessaires, les dates et lieux de livraison et se renseigne sur les prix et conditions de fournitures ; il prévient les commandants que la fourniture de denrées, etc., fera l'objet de marchés qui seront passés avec l'officier d'approvisionnement.

ANNEXE III

Convoi.

(Réglement du 27 février 1894.)

Destiné à assurer le transport des menus bagages (caisses, papiers archives) et des hommes éclopés à la suite des corps et détachements voyageant par étapes. Comprend des voitures et des chevaux. Le droit des corps est établi par des bons de convoi délivrés par les sous-intendants militaires et leurs suppléants sur la production de la feuille de route (un bon par étape). Les bons sont mentionnés sur la feuille de route. Les maires ne peuvent délivrer des bons que pour une étape.

Allocations : 1 collier de 6 à 24 hommes sous le commandement d'un officier, 1 collier de 25 à 160 hommes avec ou sans officier ; 2 colliers de 161 à 320 hommes (officiers compris) et ainsi de suite, en ajoutant 1 collier pour le transport des bagages de détachement comptant 12 officiers (30 kilog. de bagages par officier). Si le corps possède des voitures régimentaires, il est déduit 1 collier par fourgon : par 2 voitures régimentaires à un cheval. Aucune diminution n'est faite pour une seule voiture régimentaire à un cheval.

Allocations supplémentaires : *Pour les malades ou éclopés.* Demande adressée au sous-intendant militaire accompagnée d'un certificat du médecin. Les chevaux de trait indisponibles peuvent être remplacés sur la demande du chef de détachement. Ces allocations ne sont accordées que pour une étape.

Fournitures des convois : Quand il existe un sous-intendant militaire dans le gîte, le chef de corps s'adresse directement aux voituriers qui lui sont signalés par ce fonctionnaire et arrête les conditions de fournitures ; inscrit sur le bon l'indication de l'heure et le point de réunion et fait signer le voiturier. Dans les autres localités présenter le bon au maire qui indique les voitures et vise le bon de convoi.

Payements : Effectués par le commandant de détachement ou l'officier payeur ; passible de timbre de quittance et de dimensions (dépenses à la charge du convoyeur). Certifier l'exécution et faire acquitter le bon de convoi. Les corps se font rembourser de leurs avances.

TABLE ANALYTIQUE DES MATIÈRES

Ire PARTIE

ORGANISATION

CHAPITRE I. — PERSONNEL

CHAPITRE II. — MATÉRIEL ET APPROVISIONNEMENT

IIe PARTIE

SERVICE DES OFFICIERS D'INFANTERIE EN CAMPAGNE

CHAPITRE I. — GÉNÉRALITÉS

CHAPITRE II. — MARCHES

CHAPITRE III. — Stationnement

CHAPITRE V. — COMBAT

IIIe PARTIE

RENSEIGNEMENTS SUR LES DIVERS SERVICES

CHAPITRE IV. — RENSEIGNEMENTS DIVERS

CHAPITRE V. — TRAVAUX DE CAMPAGNE

CHAPITRE VI. — TRANSPORTS EN CHEMIN DE FER

TABLE ALPHABÉTIQUE DES MATIÈRES

Paris et Limoges. — Imp. milit. Henri CHARLES LAVAUZELLE.